龙图腾

龙头战法⑰讲

求败 著

图书在版编目（CIP）数据

龙图腾：龙头战法17讲 / 求败著 . -- 北京：企业管理出版社, 2024. 8. -- ISBN 978-7-5164-3100-9

Ⅰ . F830.91

中国国家版本馆 CIP 数据核字第 20248TY850 号

书　　名：	龙图腾：龙头战法17讲
作　　者：	求败
责任编辑：	尚　尉
书　　号：	ISBN 978-7-5164-3100-9
出版发行：	企业管理出版社
地　　址：	北京市海淀区紫竹院南路17号　　邮编：100048
网　　址：	http：//www.emph.cn
电　　话：	编辑部（010）68414643　发行部（010）68417763　68414644
电子信箱：	qiguan1961@163.com
印　　刷：	三河市东方印刷有限公司
经　　销：	新华书店
规　　格：	160毫米×235毫米　16开本　17.25印张　218千字
版　　次：	2024年10月第1版　2024年10月第1次印刷
定　　价：	78.00元

版权所有　翻印必究・印装错误　负责调换

自序

关于龙头，我想引用杰西·利弗莫尔经典的一句话作为开场白：

> 如果，你不能在龙头股上赚钱，那么，你根本就不可能在股市里赚到钱。
>
> ——（美）杰西·利弗莫尔

2016年，出版社的一个朋友戏言："可否写一部关于龙头战法的书，让我们这些门外汉一窥龙头战法之究竟。"我当时以为是开玩笑，便婉言谢绝。拒绝的原因有二：一是觉得自己无论是对于市场还是龙头股，认知都不到位；第二，写书这件事情是一件耗心费力之事，需要花费大量的精力和心思去梳理，去整理，说白了，是一件吃力不讨好的事情。不过，那个时候，关于龙头战法的基本思路和大体框架已经在头脑中闪现。

随着近几年资本市场风云变幻，各种玩法风行于世。尤其是2020年后，龙头玩法已经和十年前大不相同，甚至更完善，更系统化。现在想想，相比较8年前写这本书，如今对于龙头战法的理解也更为深刻，思路更开阔，更全面，也更加系统。

　　龙头战法，无论是作为一个心法，还是一套完整而系统的交易体系，历来为交易者所青睐，甚至被奉为一种信仰。

　　纵观龙头战法的发展史，大概经历了三个阶段。

　　第一个阶段：2015年以前，那时候上市的企业相对比较少，据统计，截止到2015年，A股上市公司总数才2000多家。由于标的相对较少，无论是复盘工作，还是交易过程来说，都相对容易很多，打板成了那个时候最为流行，也是最简单、最直接的操作手法。截止到2023年底，A股上市公司已经接近6000家，随着市场扩容，市场标的也更多了，龙头玩法已经不像以前那么单一化，交易标的也更丰富，操作方式更多样化。

　　第二个阶段：2017年后，市场上出现了一种以连板梯队为基础的情绪周期战法。它是以连板梯队为基础、以市场最高板为攻击目标、以情绪周期为核心的情绪流玩法。至今，情绪周期玩法依然盛行于市，交易理念和交易体系更加完善，操作上更加简单可行。这是龙头战法发展的第二个阶段。

　　第三个阶段，随着高瓴资本创始人张磊的著作《价值》问世，2020年被称作是赛道股的元年。从这一年起，市场开始流行赛道股的玩法。赛道股不同于以往的波段趋势玩法，更强调行业的未来前景和市场容量。赛道股玩法的出现，是龙头战法的又一次极大的进步。这是龙头战法的第三个阶段。

　　从龙头战法发展以来的三个阶段来看，每一次新玩法的出现，都是对龙头战法的有效补充，更是对龙头战法的丰富和完善。

　　2024年，龙年。对我而言，《龙图腾：龙头战法17讲》既是送给我自己的一份礼物，也是送给所有热衷于龙头战法朋友的一份心意，更是送给所有"龍图腾"家人们的一份重要贺礼。

全书大致分为上中下三个篇章。

上篇：理论篇之戏说龙头。主要讲解龙头的定义和分类，让大家对龙头有个初步的认知和大概的认识。

中篇：技术篇之龙心与龙性。详细阐述了龙头战法的基本构成要素：涨停板、集合竞价、题材、量价关系、游资、龙头和妖股等等内容。从这里面，我们可以庖丁解牛式的对龙头的基本构成，成因以及诸多影响龙头股的要素去解析，进而更加深入地熟知龙头股，从而在龙头股的交易中更加游刃有余。

下篇：系统篇之构建龙头交易体系。结合市场和我自己这上十年的龙头股实战经验总结出来的一些心得体会，以及如何获得稳定、持续性的盈利的方法。鉴于这个多变复杂的资本市场，想要在市场中走得更稳，走得更远，作为交易者，我们需要根据自身实际情况制定出一套适合自己稳健的、可持续的交易系统。"工欲善其事，必先利其器"，而这个"器"，就是我们现在以及未来在股市里长期生存下去的制胜法宝。

龙头战法，既是心法，更是一种获利的方法。这个世界上，唯一不变的就是变化，市场在不断地发生着变化，龙头战法也不是一成不变的，也是在不断丰富和完善的。唯有以变化的眼光，以海纳百川的心态接受市场变化，运用新的手法来顺应这个多变的市场，做到"顺势而为"，才是我们长期屹立于这个市场不倒的不二法宝，才是我们每个人心目中真正的"龙头战法"。

目 录

上篇　戏说龙头

第一章　戏说龙头股 …………………………… 3

中国股市，也是有"龙脉"的，贯穿这条"龙脉"始终的便是各个时期、各个阶段的龙头股。研究中国A股，想厘清各个时期的政策，梳理清楚各个阶段股市行情发展的脉络。研究龙头股，是最为便捷，也是最为重要、最有效的途径。A股是个政策市，也是个资金市，对于国家政策，尤其是国家的重大战略极为敏感，会在股市里一一呈现出来，可以这么说，龙头是对国家政策的响应和重要体现。各个时期国家的重大政策，以及每个阶段资本市场发展的动向，A股都会以龙头股的方式给梳理清晰。包括国家政策的演变，游资手法的变化，资金在每个时期的布局倾向，市场会朝着哪个方向去演进等等这些问题，龙头都会给出清晰的答案。龙头股犹如一幅幅水彩画，各路资金就好比丹青妙手，在A股这个史诗级的巨幅画卷上留下浓墨重彩的一笔。

第二章　飞龙在天·················· 21

　　杜甫有诗《望岳》云："会当凌绝顶，一览众山小。"太有意境了，放在龙头股里再恰当不过。讲的就是飞龙在天，而且，这里专指飞龙。我们经常讲的一句俗语"横有多长，竖有多高"指的就是飞龙，描述的就是飞龙通过时间换空间的运作过程。因为飞龙没有任何抛压因素的干扰，没有套牢盘的抛压，没有获利盘的抛压，更没有指数环境带来的恐慌感，飞龙是最容易形成市场合力的，股价飙升也是最简单易行的，是历来是龙头选手的必选品种。

第三章　公龙和母龙·················· 29

　　物分阴阳，龙分公母。龙头，是有性别的，可以分为公龙和母龙。公龙，性躁，刚烈；而母龙，多情，喜缠绵，多反复。

中篇　龙心与龙性

第四章　涨停板及涨停基因·················· 47

　　欲说龙头股，就不能不提涨停板。如果说涨停，是龙头的基因。那么连板，就是龙头的骨架。由此可见，涨停板对于龙头股是何等的重要。

第五章　关于集合竞价和"核按钮"·················· 55

　　经过了一夜精心的准备，资金会在9:15分冲锋号一响冲入场内，集合竞价阶段是全天最活跃，短线资金投入兵力最多的时间段。所谓台上一分钟，台下十年功，在集合竞价上体现得淋漓尽致。短线资金会集中龙头股发动总攻，集合竞价阶段就是龙头选手最好的交易时间段，也许是短短的1秒钟，就有可能错过全天甚至是整个龙头最佳的买入和卖出时机。

第六章　题材，是龙头的第一生产力（上）············67

A股受政治政策影响大，比较依赖于国家的政策刺激。因为A股是个散户为主的市场，很多时候由于缺乏充分的论证，主力也更愿意讲故事，尤其是那些美丽而动人的故事。当然了，散户也喜欢听故事，尽管事后大家都知道这些故事纯属子虚乌有，但是，在那个爆发节点上，主力和散户之间达到了惊人的默契，一个美丽的"谎言"也就成"真"了。A股的炒作很多时候是需要"美丽的故事"的，正因为这些"美丽的故事"，赋予了一只股票以生命，赋予了它足够的想象力和想象空间。尤其对于龙头和妖股来说，题材的想象力是行情的催化剂。题材，是龙头的灵魂，是龙头诞生的第一生产力。

第七章　题材，是龙头的第一生产力（下）············83

第一性指的是哲学层面上的定义。意指事物最基本，最基础，最原始的东西，也就是事物的本身，是什么就是什么，是不允许更改和不可改变的。龙头的第一性，指的是首次，第一次提出来，以前从来没有出现过的现象、事件或者是政策。其重点强调首次、第一次，是原创性的。

第八章　量价关系，乃龙头的真谛 ····················91

量，不仅仅代表着资金，还代表着换手，代表着多空转换的频率，筹码交换的活跃度，而涨停呢，则代表着资金的实力和态度。一只票不涨停可以吗？当然可以了，不涨停却涨不停，这样的票比比皆是。可是龙头为什么必须要涨停呢？涨停彰显的是主力的态度和霸气，甚至是实力。

第九章　关于义阳博弈量能平台 ………………… 109

资金性质的判研只要通过成交量与K线图其实即可完成，成交量反映了资金活跃的现象，而K线图是反映这些资金的运作结果，通过成交量与K线图的配合观察分析个股的资金性质，这就叫博弈量能。K线是语言，成交量是思想！股票上涨的本质是什么：买的人多了就涨，卖的人多了就下跌；股票上涨的本质是跟参与股票交易的人有关，研究资金的本质就是研究人，因为人决定股票。

第十章　游资，龙头的驱动力 ………………… 121

游资多以涨停板为攻击目标，追求短线暴利，风格彪悍，作风犀利，操作上多以"短，平，快"和"稳，准，狠"为主。嗅觉极其敏锐，能及时发现并洞察市场风向，一旦发现目标股便以其为主要攻击目标，群起而攻之。市场上的龙头和妖股，多由这部分力量打造而成的，是龙头和妖股不折不扣的主力军。

第十一章　位置和空间：龙头的准则 ………………… 131

龙头股的位置，首先决定了它的类型和分类。是反弹，是反转，是起爆，还是飞龙在天，这三类龙头不同的位置关系，决定了龙头股的分类标准。其次，不同的龙头类型还决定了不同的操作方式。潜龙从底部崛起，首要问题就是要解决抛压问题，前期套牢盘，底部获利盘和指数环境带来的恐慌盘三重抛压。再一个，底部启动的龙头没有经过长期筹码沉淀，主力拿不到足够多的廉价筹码，所以只能采取边拉升，边吸货这种高举高打的方式，这就需要主力既要有来者不拒的魄力，更要有一举拿下的实力。从具体走势来看就是，底部启动的龙头，以高换手和巨大的实体涨停为主，这时候的操作模式无论盘中低吸，还是追涨，甚至是打板，都是正确的操作方式，需要特别注意的是，一旦底部崛起的涨停开始出现跳空高开加速涨停的时候，这个时候特别要当心，筹码开始出现了断层现象，大概率是要出货了。

第十二章　龙头和妖股 …… 141

　　龙头在初升阶段，以连板模式开启。但此时，龙头还不成其为龙头，顶多只能算作强势股。强势股在主升的过程中，必然要经历重重抛压，这个时候，还需要一个动作，才能完成强势股到龙头的质变过程，那就是震仓、强洗，进而完成由分歧转为一致，这个动作既是为了清晰获利盘的筹码，也是为了拿到相对廉价的筹码，更是为了后期拉升减少抛压，此时的震仓动作，可谓一举三得。需要注意的是，强势股在质变为龙头的过程中，多以单日完成震仓动作，最多不可超过三日，否则动作过多，拖沓，显得主力态度犹豫，影响人气度。

下篇　构建龙头交易体系

第十三章　情绪周期 …… 165

　　情绪周期，是一种合理运用短线资金轮转的一种周期性玩法，它是一种建立在连板梯队为基础，融合了情绪周期、题材、游资为一体的激进、暴利的玩法，也就是我们通常讲的"数板"战法。情绪周期，重在周期，关键在节点。

第十四章　细说赛道股 …… 177

　　近些年，赛道概念被二级市场从业者广泛使用于资本市场，指的是现代产业体系中涌现出来的新经济、新型产业和新崛起的高科技产业。它不但意味着新的发展机遇，而且在促进新旧动能转换中和产业升级中也将发挥着推动和引领作用。加快培育和发展新赛道，有助于推动经济结构平稳转型升级，加快实现中国经济的高质量、快速发展。

第十五章　中国赛道股的逻辑梳理 ················ 191

　　2020年，是中国资本市场的赛道元年。而这一年，也是中国资本市场的"大消费"赛道的元年。

第十六章　说说赛道股的玩法 ···················· 227

　　赛道股和情绪周期的玩法是有很明显的不同，既要有足够大的市场容量，又要保持高景气度和巨大的赚钱效应，同样还要有做长期持股的认知和足够的耐心，这就决定了赛道股的走势多以趋势为主。

第十七章　"龍图腾"龙头战法之交易体系 ········· 237

　　赛道系统和情绪周期这两大交易系统，便构成了"龍图腾"最核心的交易体系。二者都是市场在不同时期，不同行情下诞生出来的产物，更是应对不同市场环境下的不同交易策略，二者互为补充，合二为一，相辅相成。

附录：关于杰西·利弗莫尔 ······················ 249

上篇
戏说龙头

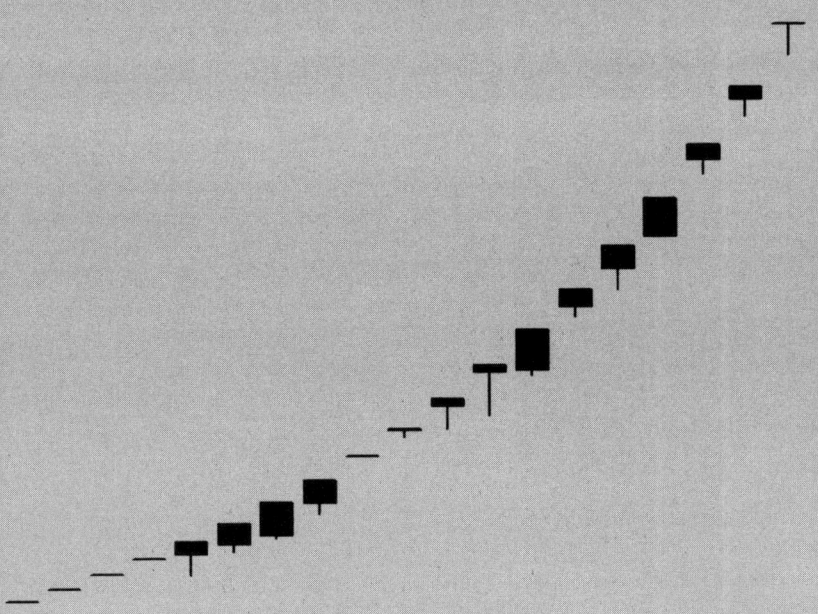

第一章 戏说龙头股

中国自古以来，就有龙的文化传统。龙，在中国有着特殊的地位和深远影响。

远古便有关于龙的传说"**角似鹿、头似驼（马）、眼似兔（龟）、项似蛇、腹似蜃、鳞似鱼、爪似鹰、掌似虎、耳似牛。**"到后来，随着封建王朝的建立、封建帝王的出现，"皇帝"便成了龙的化身，并自称"真龙天子"。龙，象征着皇权、神权，代表着至高无上的权力和地位，神圣而不可侵犯。社会对龙的崇拜，更多的是对至高无上的权力的向往和追求。随着时代的进步和科技的发展，龙，成为了吉祥物，走入了寻常百姓家。民间有赛龙舟、舞龙、贴春联、猜灯谜、贴窗花、穿龙服等等民俗，父母对儿女寄予厚望，对自己的后代"望子成龙，望女成凤"。

龙，成为了一个永恒不朽的主题。龙，也逐渐成为了中国人的"图腾"。

我是历史哲学专业毕业的，对历史有着浓厚的兴趣，尤其痴迷于中国历史。历代史学家研究中国历史，大致会从两个方面去着手：

第一，历朝历代帝王的更替。这是最为简单，也是最为明晰的一条主线，封建王朝史就是封建帝王史和封建王朝的家族史的合集。

第二，各个朝代的制度和文化。历朝历代的制度和文化更替和演变，形成了上下五千年辉煌、璀璨的中华文明史。

研究中国封建王朝史，了解并熟悉历朝历代封建帝王，便成为了研究中国历史非常重要且十分清晰的一条脉络，简称"龙脉"。

对中国股市，也是有"龙脉"的，贯穿这条"龙脉"始终的便是各个时期、各个阶段的龙头股。研究中国A股，想厘清各个时期的政策，梳理清楚各个阶段股市行情发展的脉络，通过研究龙头股，是最为便捷，也是最为重要、最有效的途径。A股是个政策市，也是个资金市，对于国家政策，尤其是国家的重大战略极为敏感，会在股市里一一呈现出来，可以这么说，龙头股是对国家政策的响应和重要体现。各个时期国家的重大政策，以及每个阶段资本市场发展的动向，A股都会以龙头股的方式给梳理清晰。包括国家政策的演变，游资手法的变化，资金在每个时期的布局倾向，市场会朝着哪个方向去演进等等这些问题，龙头都会给出清晰的答案。龙头股犹如一幅幅水彩画，各路资金就好比丹青妙手，在A股这一史诗级的画卷上留下浓墨重彩的一笔。

龙头股的定义及特征

龙头，王者，舵手，领袖是也。特指某一个阶段，某一个行业，或者某一个时期，能够起到引领作用，并能激发和带动人气和赚钱效应的领涨股。它是这个阶段的旗手、领袖和舵手。

第一章 戏说龙头股

龙头，除了具备带动引领作用，起到舵手的作用外，本身必须具备一些特质，就是我们常说的龙头是自带光环的，即我们所说的龙性。

第一，龙头必须具备领涨性。

领涨性是龙头股的第一属性，也是龙头所具备的最重要的特质。最直观的表现有两点：

①率先启动。在合适的时机，合理的位置，龙头股总是率先启动，领跑同行和同类。

②涨幅巨大，遥遥领先。正因为有巨大的涨幅，龙头才可以脱颖而出，出类拔萃，也可以在最短的时间内引起市场的关注，迅速建立人气，确立龙头地位。

比如2020年，国家为了刺激消费，提出"国内大循环，国内国外双循环"经济刺激政策，免税概念应运而生。王府井，中免股份，百联股份，鄂武商A纷纷启动，其中尤以王府井涨幅最为惊人。从2020年2月4日的低点10.55（元）到7月9日的78.54（元），短短的5个月时间，涨幅高达7倍之多。如图1-1所示。

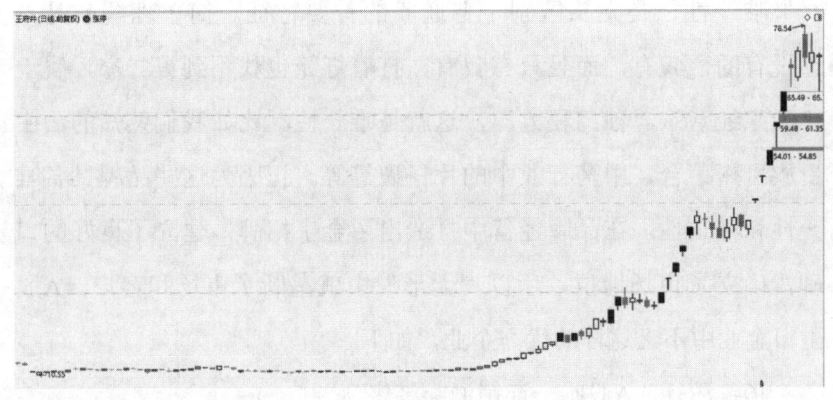

图1-1

第二，超强的人气和巨大的赚钱效应。

龙头股的人气度，必然是建立在巨大的涨幅基础之上，正因为有如此巨大的赚钱效应，才会具备超高的人气度。人气度和赚钱效应是龙头股领涨属性的派生品、衍生物。

细数历年来的龙头股行情：

2012年的金改。

2013年的上海自贸区。

2014年的"一带一路"。

2017年的雄安新区。

2019年的新冠疫情。

2020年的免税概念和医美赛道。

2021年的"双碳经济"。

2023年的人工智能赛道。

……

这些龙头股无不是超强人气度和巨大赚钱效应的典范之作。

第三，唯一性。

唯一性，是龙头区别于普通股的首要特征。简单理解就是，你没有的，我有，而且只有我有，打着灯笼也找不到第二家，属于"独家经营""独门秘方"，这就是唯一性。比如我们熟知的酒中贵族贵州茅台，中药行业中的片仔癀等等。正因为这些品牌具备唯一性和稀缺性，在品牌经营中打造出了金字招牌，建立了良好的口碑，确立了市场地位，所以"无形"中就垄断了市场和客户。A股上市企业中不乏这样的优秀企业，如下。

华致酒行，A股唯一连锁酒类零售商。

妙可蓝多，A股唯一主营儿童奶酪龙头企业。

云南白药，A股国家级保密配方唯一持有者。

我武生物，A股唯一脱敏药龙头企业。

安琪酵母，A股唯一酵母类上市公司。

长春高新，A股唯一生长素行业公司。

中公教育，A股唯一公考类公司。

蓝色光标，A股唯一公关类服务公司。

马应龙，A股唯一肛肠类医药龙头企业。

健民集团，A股唯一的体外牛黄企业。

……

这些企业，无论在自己所属的行业中，还是在细分领域中，都具有"唯一性"，毫无争议的行业龙头。

A股市场上，一些上市公司通过资源整合强强联手，进一步巩固并扩大在行业中的龙头地位，2015年南北车合并就是这种将"唯一性"展现得淋漓尽致的经典之作。

2014年，随着国家"一带一路"的推进，国资委决议合并中国南车和中国北车，共同组建"中国中车"。

12月27日，中国南车、中国北车同时公告称因有重要事项未公告，南北车停牌。

12月30日晚公告称：分离14年的中国南车和中国北车终于再度合体。双方技术上将采取南车吸收合并北车的方式进行合并。

自此，在国资委的牵头下，作为中国，乃至世界上行业规模最大，技术最为成熟的两大铁路公司，中国南车和中国北车合并为中国中车。

南北车合并，具有重大的战略意义。不仅仅是央企改革的一大进步，更是由"中国制造"向"中国创造"的转变。从此，合并后的中国中车成为中国，乃至世界上最大的高铁公司。随着"一带一路"的深入推进,中国中车把中国乃至全世界最先进的高铁技术这张世界级名片推向了全世界,被全世界人民所熟知。

12月31日,复牌后的中国中车连续6个一字,开启了一波浩浩荡荡的走势。如图1-2所示。

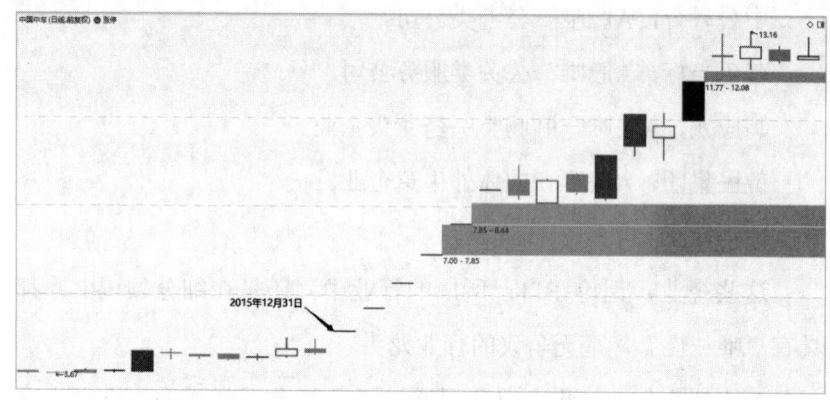

图 1-2

2015年3月5日,中国北车公告,中国南车、中国北车合并获得国资委批准。

3月5日公告后,中国中车再次启动,开启了极度疯狂的二波走势。如图1-3所示。

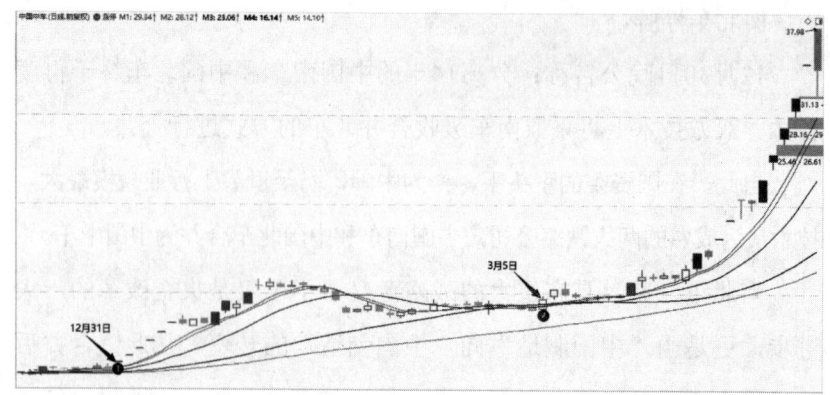

图 1-3

第四，稀缺性。

万事万物以稀为贵。龙头的稀缺性主要体现在三方面：

①题材的稀缺性，尤其是重大题材的稀缺性。

②龙头股的产生，一定是天时地利人和共同作用下，合力的产物。

③周期长，简单理解就是主升行情运行时间长。龙头股从启动，到初升，再到结束，是一个漫长而系统性的"工程"。在龙头整个运行周期里，时间之漫长，参与者众多，各方力量犬牙交错激烈博弈，远非普通股所能比。2015年大妖股特力A从底部启动到见顶，运行周期长达半年之久（2015年7月9日~2015年12月10日），参与的各方力量之多，集合了散户、游资、短线机构、私募等各方力量。单就这半年时间的总成交额就高达770亿（元）之多，涨幅更是达到了惊人的十几倍。如图1-4和图1-5所示。

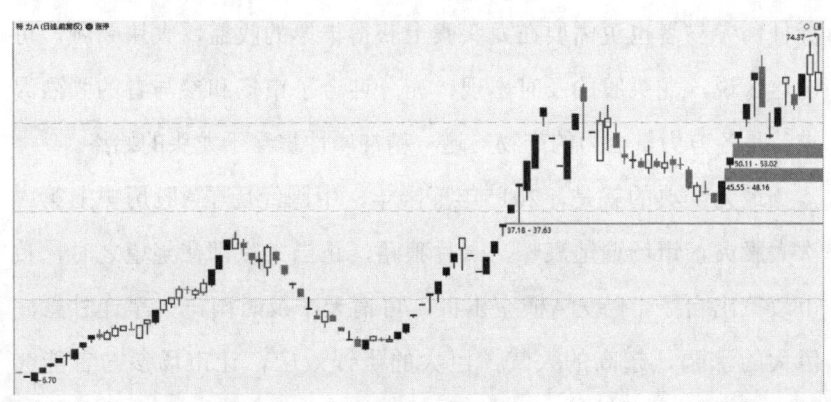

图 1-4

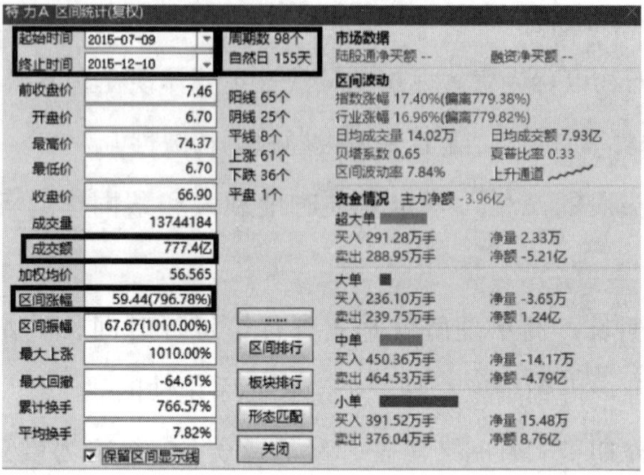

图 1-5

第五，特行独立，唯吾独尊。

这是龙头的精神属性，也是龙头的性格使然。龙，乃王者，必不同于凡鸟，不群于众人。特行独立，既是自身的需要，也是市场和资金的需要。市场需要龙头股，需要确立目标股，需要打造人气标杆，参与者也更需要在龙头股上获得丰厚的收益，大快朵颐。可以这么说，龙头股的及时出现，充分迎合了市场和参与者的强烈渴求，是各方力量合力的产物。这一精神属性贯穿于龙头的始终。

最为经典的就是，2015年下半年，中国经历了A股历史上第二次大股灾，市场遍地哀嚎，一片狼藉，正当大家都在绝望之时，救市政策出台了，特力A横空出世，可谓天干及时雨，久旱逢甘露。巨大的涨幅，超高的人气，巨大的赚钱效应，让市场参与者能够在特力A的参与中不仅获得了丰厚的收益，而且极大地提振了市场交易者的信心。特力A于2015年7月9日率先企稳反弹，连板启动后一路高举高打。从2015年7月9日低点6.70元到2015年12月10日高点74.37元，行情整整持续了半年之久，10倍大妖股就此诞生。如图1-6所示。

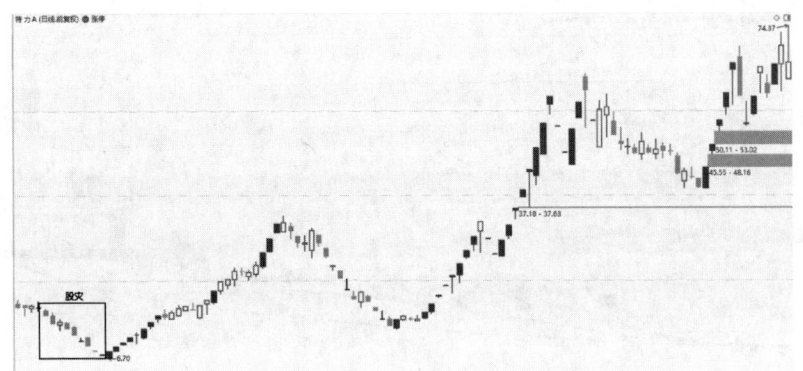

图 1-6

龙头的独立特性主要体现在以下几个方面：

①率先启动，率先发力。较之于指数率先企稳，较之于同板块率先发力，较之于同类个股一马当先。比如2020年免税概念，对比下王府井和鄂武商，虽同属一个板块，同一个概念，王府井提前布局，率先启动，当其他个股刚刚开始启动的时候，王府井已经确立了强势地位，遥遥领先。"春江水暖鸭先知"，龙头股对政策极为敏感，感知度非常之高，一旦相关政策出台，资金会迅速扑上去，快速发动进攻，开启行情，加之天时地利人和的有效配合，龙头便诞生了。如图1-7和1-8所示。

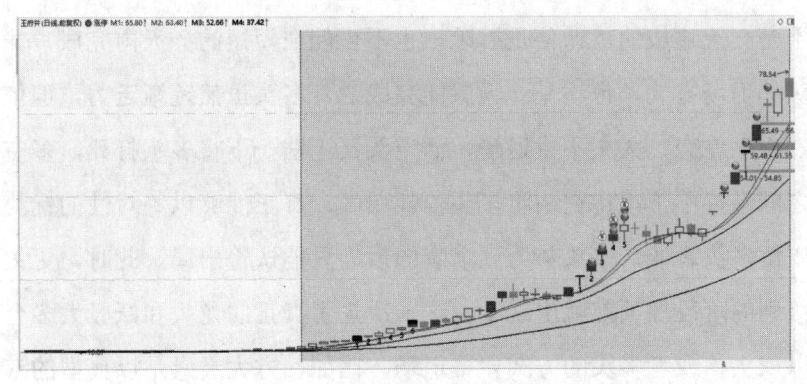

图 1-7

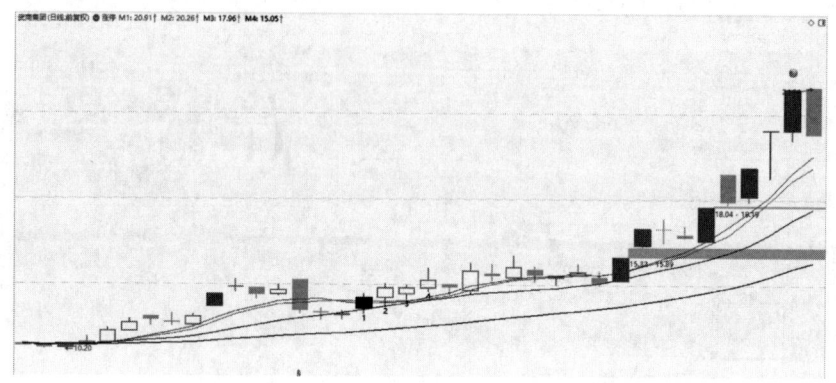

图 1-8

②主升过程中不畏抛压，扶摇直上，特立独行，我行我素。龙头在主升中，一定会面对来自于各方面的压力，比如由于涨幅过大面临着获利盘的抛压，比如指数带来的恐慌盘的抛压，甚至还会面对来自于各种媒体带来的消息面的利空。真龙会在极短的时间内消化掉这些利空并借助利空打压股价时获取筹码，进而继续推动股价的拉升。从另外一个角度来看，对于利空的应对，能否抗住抛压，以及是否能在短期内有效的消化利空后持续性走强，也是检验一只龙头是否是真龙的试验场。

③见顶方式非一日能完成。真龙因为资金介入程度较深，罗马不是一天建成的，即便是拆除，也不可能在短短的一天内完成。龙头的退场方式，也不是一天就能完成的，多头虽然逐渐乏力，但依然心生眷恋，久久不肯退场，而空头又无法一下将多头打死，多空之间僵持不下，待空头将多头消耗殆尽，真正能够以绝对性的优势压倒多头时候，多头势力逐渐衰弱后，只能认输出局。此时，更大级别的阶段性顶部就出现了。这就决定了真正的龙头和妖股大多会以双头，或者多头的方式谢幕退场。比如，方大炭素是以典型的双

头作为见顶标志，而妖股特力A则是以罕见的4头作为见顶标志。如图1-9和图1-10所示。

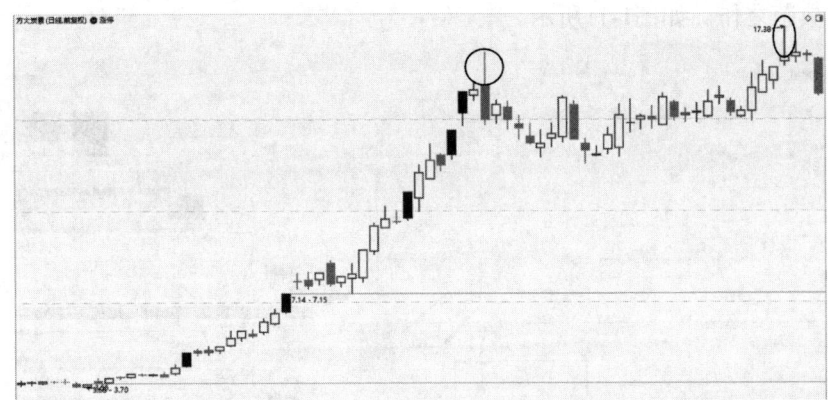

图 1-9

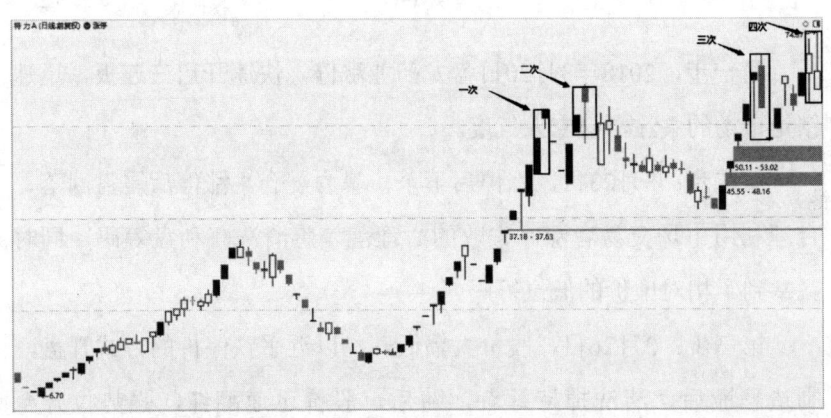

图 1-10

第六，龙头的霸气。

龙头之所以为龙，很大程度在于它的出场方式，以及初升过程中的暴力震仓方式。龙头以连板的形式突然发起行情，在最短的时间，以最有效的连板方式拿到低位相对廉价的筹码，并在极短的时间内确立龙头地位。而且在初升过程中以极其暴力、极端残忍的方式完成震仓动作的同时达到清洗浮筹的目的，震仓同时可以拿到相对廉价的筹码，进而完成整个主升过程。盘龙药业就属于这方面的典范之作。如图1-11所示。

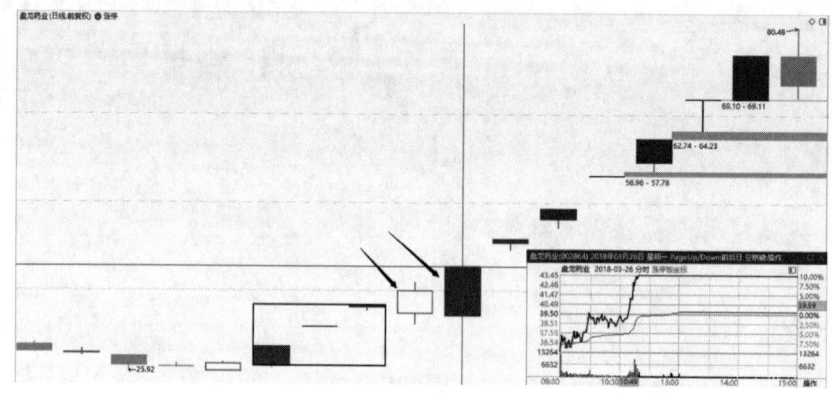

图 1-11

第一步，2018年3月20日盘龙药业涨停，快速开启三连板，迅速锁定市场的关注，建立人气度。

第二步：3月23日，涨停后下杀，暴力震仓。涨停后尾盘回落，合理利用市场交易者涨停失败的心理落差感清洗获利盘筹码，同时又拿到了相对廉价的低位筹码。

第三步：3月26日，股价大幅低开，以近乎跌停价的方式开盘，制造恐慌后，清洗掉持筹者，随后，股价迅速翻红，强势拉升至涨停。

盘龙药业在随后短短的一周时间，股价实现翻倍。其中的震仓手法娴熟而简练，老辣至极，怎一个妙字能形容！

较之盘龙药业这种次日震仓的手法，还有更为暴力的模式。当日完成震仓动作，洗筹和吸筹同步进行。以山东华鹏为例。如图1-12所示。山东华鹏经过连板后，于2015年5月19日这天涨停板下杀到几乎跌停价的位置，反手做多，快速拉升至涨停。这种震仓手法简单直接，震仓和吸筹同步进行，既清洗了前期巨大涨幅带来的获利盘，又拿到了相对廉价的筹码，一日之内完成震仓和吸筹动作，简单、高效，手法之精妙，令人叹为观止。如图1-12所示。

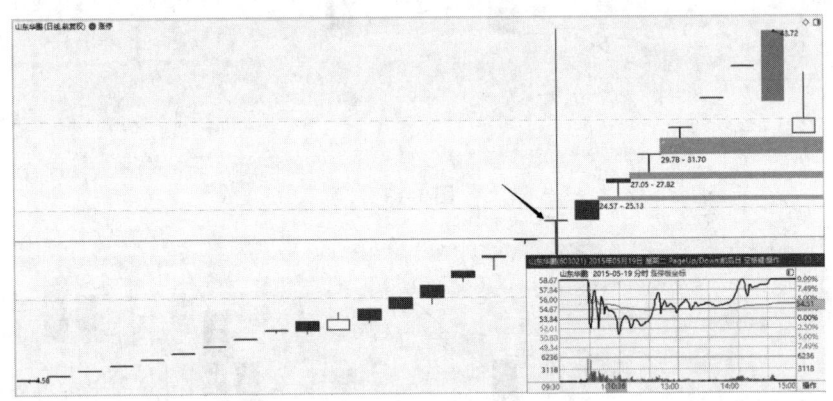

图 1-12

第七，可参与性和可参与度。

龙头股的人气，首要在于可参与度和可参与性上。

可不可以参与，以及能不能参与，是衡量龙头股的一个重要考量因素。可参与度，也是衡量一只龙头股人气的重要指标。龙头股，就像一场接力赛，是一场资金之间击鼓传花的游戏，你方唱罢我登场。资金强烈看多后市，吸引着各路资金不惜成本参与进来进行接力。如果一只股票，本身不具备可参与性，就会出现冷场现象，在人气度上就会大打折扣。

我们举例说明，2017年4月，中央首次设立国家级新区雄安新区，雄安新区上升为国家战略。雄安新区相关概念纷纷涨停，尤以两只票最为耀眼，冀东装备和青龙管业。如图1-13和图1-14所示。

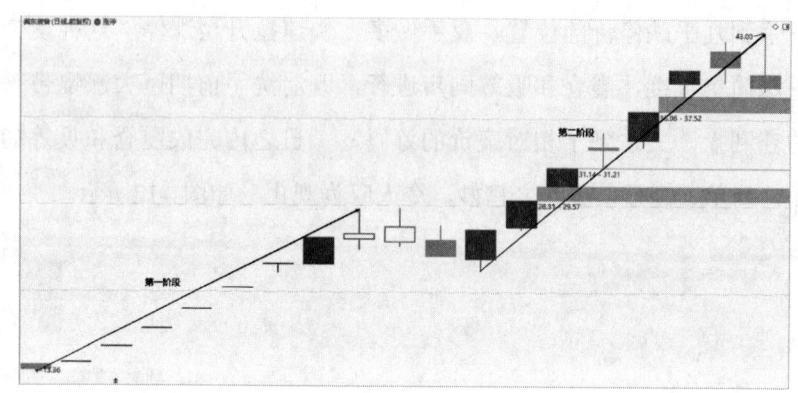

图 1-13

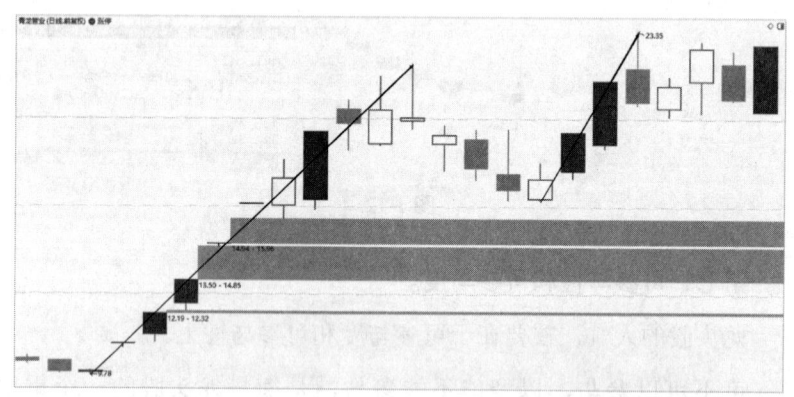

图 1-14

这个案例比较特殊，因为题材级别较大，出现了二波走势。

第一阶段，雄安概念一出来，个股集体涨停。那么，在雄安新区第一波涨势中，谁的人气度最高？是冀东装备和先河环保吗？显然不是。第一阶段的龙头，非青龙管业莫属。原因是什么呢？很简单，当个股纷纷涨停，看着满屏的一字板兴叹的时候，青龙管业却留下了活口，首板以T板开启，给了市场和交易者参与的机会。这就好比大家在一起享受美食的时候，把你一个人丢在门外，你只能眼睁睁地看着大家大快朵颐而不能解馋，口水直流。此时，你的心里只有哀怨和叫苦。什么意思呢？冷场了，你被大家给冷落了，你没有参与感了。同样的道理，持续的一字板达到的效果也是这样，由于缺乏交易者参与的机会，大家没有参与感，即便拉再多的一字板，市场参与不进来，必定会被市场所冷落，人气度方面就会大打折扣。反观青龙管业，这一波上去后，持股者大多已经翻倍。事后，当大家再度谈论雄安新区概念的时候，看着大家翻倍的丰厚利润时，而你只是充当了雄安新区概念这波超级大行情的看客，一个吃瓜群众而已。龙头股的人气，首要在于可参与度上，吃独食的票不能、也很难成为真正的龙头股。

第二阶段，第一波主升动作完成后，经过了几天洗盘，冀东装备从调整到结束，仅仅用了三天时间，而青龙管业用了6天时间完成调整。无论从调整的时间上，还是调整的幅度上来说，冀东装备都是最为强势的，当属上上之选。这里还有一个更为关键的动作，在雄安新区集体调整的过程中，冀东装备是以涨停板作为调整结束动作的标志。这说明，冀东装备是主力借助雄安整体调整之机作出的主动性行为，一旦板块调整结束，冀东股份率先涨停结束调整，此时，胜利的天平已经向冀东装备倾斜。事实证明，冀东装备以涨停板的方式结束调整后，股价又实现了翻倍，就是最好的佐证。如图1-15所示。

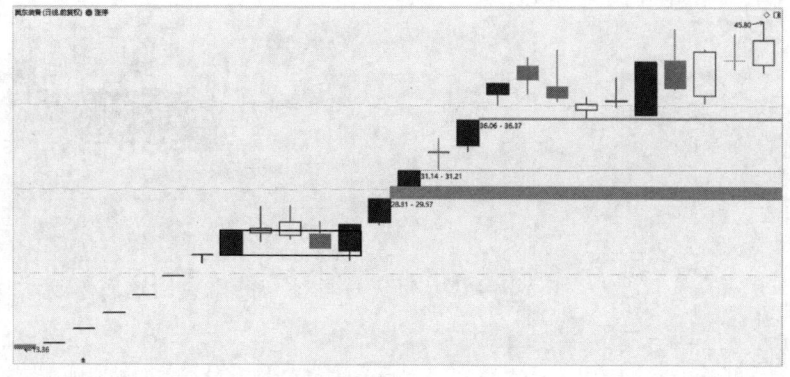

图 1-15

类似的经典案例不少。再比如，拿新股来说，张家港行和斯达半导这两只票。如图1-16和图1-17所示。同样是次新股，张家港行4板便给了市场和交易者参与的机会，而斯达半导一字板顶到头，都没有给市场和参与者一丝一毫交易的机会。而且，张家港行从低位开板后，一路上行，凡是参与者都获得了丰厚的利润。反观斯达半导这只次新股，自打上市以来，持续的二十几个一字板上去，完全不给市场和交易者交易的机会，开板时候，股价和位置都到了相对高位，剩下的也就是鱼尾行情。相较之下，谁的参与感更强？谁的人气度更高？谁的归属感更好？是不是就一目了然了？

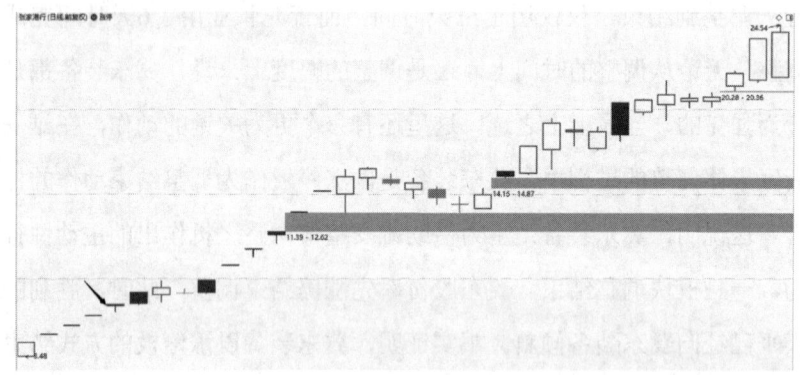

图 1-16

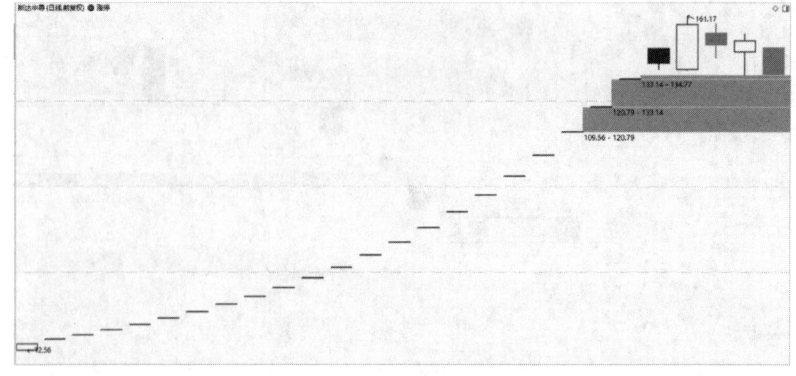

图 1-17

龙生九子，子子不同

传说，龙有九子。

龙生长子，囚牛，喜好音乐。

龙生次子，睚眦，平生好斗。

龙生三子，嘲风，平生好险又好望，乃龙中之"凤"。

龙生四子，蒲牢，好鸣好吼。

龙生五子，狻猊，喜静不喜动，好坐，又喜欢烟火。

龙生六子，霸下，又名赑屃，形似龟，力大无穷，好负重。

龙生七子，狴犴，又名宪章，形似虎，平生好讼，仗义威严。

龙生八子，负屃，似龙形，平生好文，斯文雅致。

龙生九子，螭吻，口阔噪粗，平生好吞。

龙，尚且有不同，不同的性格，不同的相貌特征，不同的兴趣爱好以及不同的象征意义和不同的用处。更何况龙头股呢？龙头股，也是有分类的。按照位置来分，可以分为潜龙，亢龙和飞龙。

潜龙：阶段性大底的龙头。

亢龙：阶段性平台突破的龙头。

飞龙：突破历史新高的龙头。

按照性别来分，可以分为公龙和母龙。

按照赛道属性来分，可以分为中军和先锋。

按照龙头的等级来分，可以分为强势股，龙头和妖股。

按照情绪周期来分，可以分为高度龙和补涨龙。

接下来，我们重点讲讲龙头股中的飞龙在天以及公龙和母龙。

第二章 飞龙在天

很多人看到涨停，就认为是龙头。且不说这个涨停能不能成为龙头，单就涨停板次日的溢价如何，资金是否具备超强的承接能力，能否形成连板，以及能不能走得出来形成趋势等等这些问题都没搞清楚，就妄言是龙头，这都是龙头操作中的大忌。

龙头发展到一定的阶段，会面对诸多"对手"盘。从筹码角度来说，这里所说的"对手"盘大体上可以分为三类。

> 前期的套牢盘筹码
> 底部的获利盘筹码
> 指数环境带来的恐慌盘筹码

这三类筹码，时时刻刻影响着并决定着股票在某一个时期或者某一个阶段的运行和发展，甚至从某种意义上来说，这些"对手"盘会决定，甚至改变股价的走势。所以，无论是龙头的启动阶段，还是突破阶段，甚至是主升阶段，考虑这些"对手"盘，是我们做龙头股的首要考虑因素，也是我们做龙头股的必备的工作前提。

有鉴于此，龙头，是可以分类的。而且，是必须进行分类的。

从位置和空间来分，可以分为潜龙，亢龙和飞龙。

所谓的潜龙，出自潜龙在渊一语。潜，顾名思义，就是深，底部之意。就是从底部一路上来的龙头。这样的龙头股，当股价回调到某一阶段低点位置后，受到利好消息的刺激，往往会在底部形成趋势的反转。从启动阶段到主升阶段，一路需要足够、且充分的换手，因为在长期的下跌过程中，积累了大量的套牢盘筹码需要去解放，如果没有足够的换手和超强的承接能力，主力面对前期套牢盘的重重抛压，很难走出来，甚至可能随时夭折。比如梅雁吉祥。如图3-1所示。经过了前期股价大幅下跌后，前期套牢盘沉重，此时的拉升就需要主力不急不慢，耐心拉升，万万不可操之过急，一旦出现快速拉升，很容易出现筹码的断层，进而引起恐慌盘的抛压，形成短期的头部。如图2-1所示的梅雁吉祥，经过了持续的下跌后，股价出现企稳迹象，连板启动后，持续的换手加上巨大的实体涨停推动着股价一路上行，后期股价出现缩量加速飙升，持续的跳空缺口加上实体涨停越来越小，此时往往意味着短期走势即将见顶。

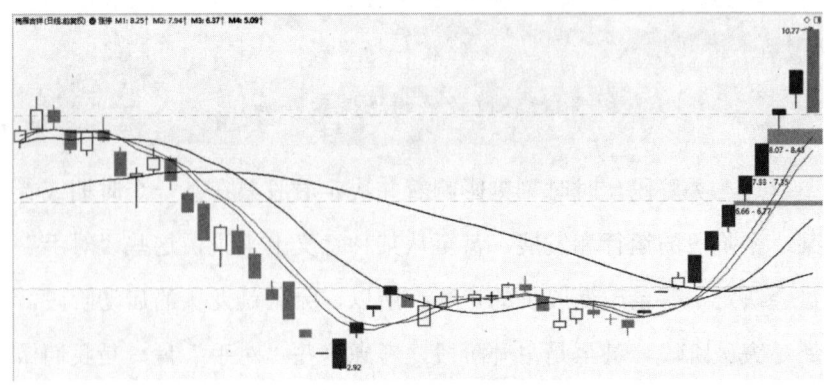

图 2-1

第二章 飞龙在天

亢龙，指的是涨停突破某一个高点，或者某一个阶段大的平台而起爆的龙头股，这里的阶段性高点可以是60日，120日或者周线、月线高点，甚至是更大级别的年度高点。需要说明一点的是，这里所说的亢龙有别于飞龙在天，飞龙在天特指突破历史新高。也就是说，亢龙包含飞龙，是泛指，而飞龙是特指，是亢龙的一个特殊品种。

相较于底部启动的潜龙会面对诸多的"对手"盘来说，亢龙少了前期套牢盘抛压这个因素，在突破阶段也就显得更为从容，更加的轻松，选股方面也更简单便捷，操作起来也更游刃有余。湖南发展经过长期底部横盘吸筹，于2022年4月22日首板启动，4月25日实现连板接力，同时也完成了突破年度新高的走势，既实现了资金的完美接力，又成功地完成了大周期平台的爆破，既能够在最短的时间内拿到低位相对廉价的筹码，还能够迅速引爆市场，引起全市场的关注。湖南发展无论是启动的时机，还是发力的位置和空间，主力的火候都拿捏得十分到位，堪称上等标的，如图2-2所示。

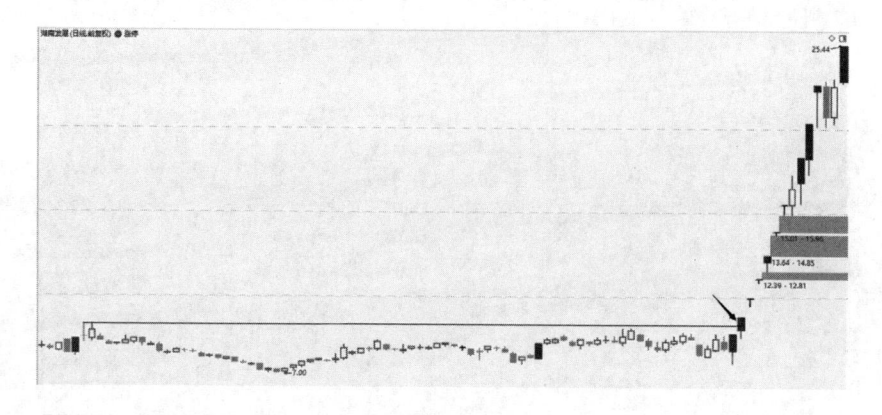

图 2-2

相比较潜龙和亢龙，飞龙自然是最为简单的。原因很简单，飞龙是突破了历史新高的标的，相比较潜龙和亢龙需要面临着层层的抛压和重重的"对手"盘来说，飞龙没有任何后顾之忧和羁绊，没有任何压力的存在。更为关键的是，飞龙是最为聪明的，它不仅没有抛压，而且还很聪明的将这些"压力"转换为股价上行的"动力"，短期内聚拢人气，形成巨大的赚钱效应，怂恿着市场资金哄抬股价，造成一票难求的局面。资金纷纷涌进来，形成合力，完成股价的一飞冲天。最为经典的当属远大控股（原名：如意集团），如图2-3和2-4所示。2015年1月19日，两连板后，股价成功突破历史新高，既完成了接力，打造了人气度，更实现了由强势股到龙头股的蜕变。会当凌绝顶，一览众山小。此时，股价已经突破了历史新高，俯瞰整个走势，所有的前期高点全都被踩在了脚下，犹如脱下了沉重的包袱，一身轻松。在短短的4个月时间，股价从9元附近飙升到了60多元，涨幅高达6倍之多（注：我们将远大控股的走势图略微放大了来仔细看看它是如何突破大平台，实现飞跃的）。

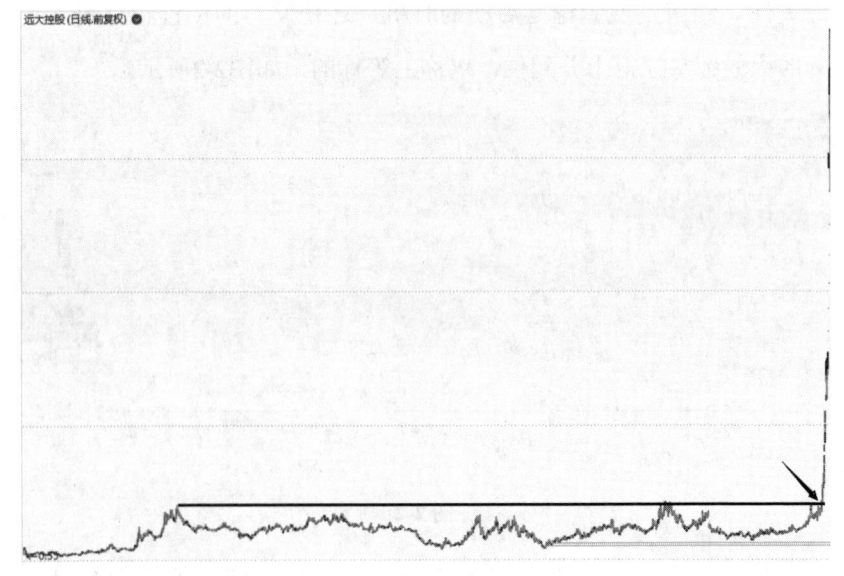

图 2-3

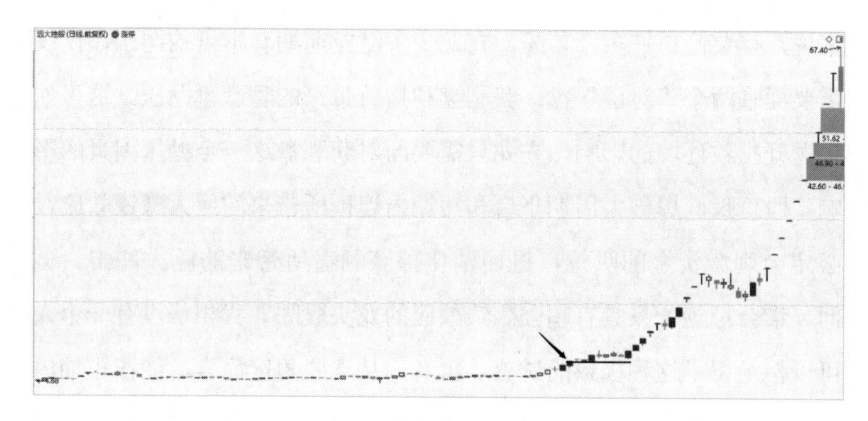

图 2-4

通过以上的讲解，我们初步认识了潜龙、亢龙和飞龙的基本情况。

那么，这三种龙头，到底谁的成功率更大些，操作性更强呢？众说纷纭，各执一词。当然，有人说了，底部涨停无论从性价比还是安全性的角度来看，都更好，当然是潜龙可操作性最强。我却不这么认为，其中一个很重要的原因就在于潜龙首先在辨识度上，就要远逊于亢龙和飞龙。底部涨停的标的非常之多，从选股角度来说，已经为我们增加了不少难度；其次呢，底部涨停的票，面临着前期套牢盘、底部获利盘，以及指数的恐慌带来的重重抛压，暂且不说能不能起得来，能不能完成由强势股到龙头股的蜕变，单说二板的接力过程就非常的艰难，如果没有重大利好的刺激，以及超强的承接能力，底部涨停很难蜕变为龙头股，可操作性难度非常之大。再者，从涨停的性质来看，底部起来的涨停，到底是超跌后的反弹，是反抽，还是趋势的反转都很难加以甄别。这也是为什么我很少玩潜龙的原因。

再来说说亢龙的操作要点和需要注意的问题。相比较潜龙的可操作性难度来说，亢龙无论是辨识度，还是选股策略，以及可操作性上来说，都要简单许多。首先，亢龙少了潜龙前期套牢盘的抛压，仅仅需要面临两个"对手"盘：获利盘和指数带来的恐慌盘抛压。这里如果抛开指数环境的影响，亢龙只需要面对获利盘这一个抛压因素的影响。股价瞬间爆破大周期平台和短期内连板所带来的巨大赚钱效应，必定会刺激资金的哄抢，进而消化掉获利盘所带来的巨大冲击。试问，谁会拒绝一只具有超强赚钱效应的龙头股呢？我相信没有一个人可以拒绝得了这种极致的诱惑。再者，从选股角度而言，能在短期内爆破平台的龙头，少之又少，且辨识度上也非常之高，这也为我们在选股策略上减少了不必要的困扰和麻烦。最重要的是，亢龙在操作上也更加简单，更加高效，一旦涨停爆破周期性的大平台，往往预示着一波大级别行情的开启，此时及时地上车，不失为一种明智的操作。

就拿2022年3月份的天保基建来说，如图2-5所示，经过了长期的底部吸筹运作后，3月16日首板启动，3月17日二板一字板承接。此时，天保基建已经具备了超强的承接能力和赚钱效应后，迅速吸引了全市场的注意力，然后在3月18日一气呵成实现3连板的同时，一举突破了前期平台，实现了完美的爆破。从3月16日启动到4月12日，短短的一个月时间股价从2元飙升到11元，涨幅高达5倍之多。

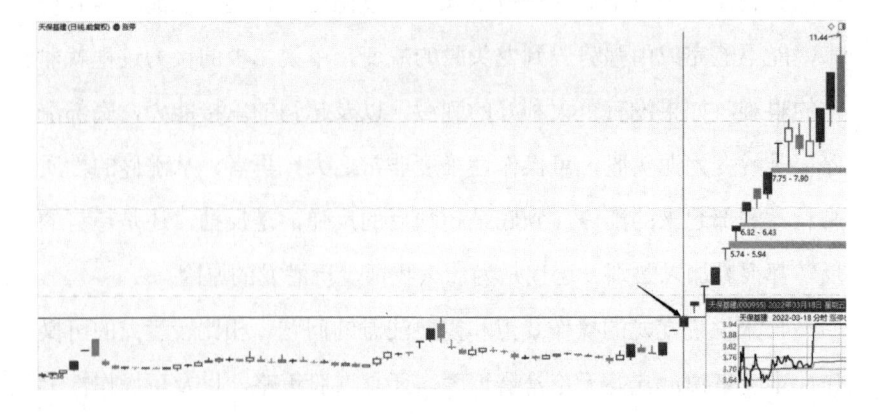

图 2-5

第二章 飞龙在天

而且，从实际操作和历史经验中来看，这三种龙头里，亢龙出票率最频繁。平均一个月就有一到两只，而且操作成功率非常之高，是三只龙头里胜率最大的一个品种。亢龙，是市场对于龙头选手的馈赠品，实乃龙头选手之幸也。

杜甫有诗《望岳》云："会当凌绝顶，一览众山小。"太有意境了，放在龙头股里再恰当不过。讲的就是飞龙在天，而且，这里专指飞龙。我们经常讲的一句俗语"横有多长，竖有多高"指的就是飞龙，描述的就是飞龙通过时间换空间的运作过程。因为飞龙没有任何抛压因素的干扰，没有套牢盘的抛压，没有获利盘的抛压，更没有指数环境带来的恐慌感，飞龙是最容易形成市场合力的，股价飙升也是最简单易行的，是历来是龙头选手的必选品种。

关于飞龙，我们经常挂在嘴边的一句话："龙头的下一站是飞龙，而飞龙的下一个方向是天空。"这句话，耐人寻味，包含着两层意思：既说明了飞龙的成因和来历，更说明了飞龙在天的含义，这里的天空，指的就是飞龙此时已经突破了历史新高，完美地实现了质的飞跃。

需要说明的是，飞龙是成妖的必经之路，也就是说，飞龙里是最容易出妖股的。关于这个问题，我会在以后的章节《龙头和妖股》里重点讲到。但同时值得注意的是，飞龙也存在几个弊端。

第一点，相比较亢龙，飞龙出票率并不高，一个月也难出一只，甚至几个月都不会出来。这很正常，妖股的一个基本要素，就是稀缺性嘛，首先重大题材非常稀少，其次从飞龙的整个运作周期来说非常之漫长。烂大街的票，怎么可能成为妖股呢？

第二点，飞龙往往会有陷阱，这里的陷阱主要是两方面造成的。

①底部长期的吸筹，股价运行了很长一段时间，前期巨大的涨

幅会带来巨大的获利盘的抛压。

②很容易出现涨停假突破的情况，涨停突破了历史新高后，如果不能快速脱离成本区，主力态度一旦犹豫不决，很容易出现高位反复纠缠，进而出现夭折的情况。所以，飞龙需要具备一个重要的因素就是暖场动作，这里讲的暖场，是说龙头需要有前期连板作为基础，需要人气打底，一旦人气再度被唤醒之时，便是飞龙在天之日。比较经典的当属2017年的跨年大妖股贵州燃气。如图2-6所示。

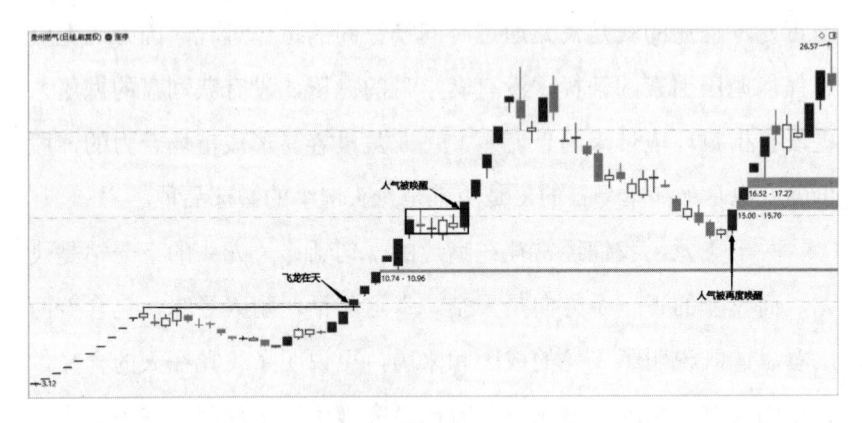

图 2-6

第一阶段，2017年12月12日，贵州燃气3连板形成完美接力，打造人气度，具备超强的赚钱效应。同时，3板这天也成功地突破了历史新高，形成飞龙在天的走势。

第二阶段，8连板飙升后，经过了短暂的休整，形成30F级别的平台调整，洗盘的同时，也完成筹码的收集和交换，进而酝酿第二波的崛起。1月10日一个涨停板便迅速唤醒人气，股价再度飙升。

第三阶段，经过股价大幅调整后，回吐到前期平台附近。2018年2月23日，首板启动，再度唤醒人气，形成了连板接力，开启了妖股的再度飙升。

第三章 公龙和母龙

龙头，是有性别的，可以分为公龙和母龙。

公龙，性躁，刚烈；而母龙，多情，喜缠绵，多反复。之所以提出龙头性别之分，主要是基于三点考虑。

①公龙和母龙走势的不同，从而引发介入模式和参与方式的不同。

②接力方式的不同。

③见顶方式的不同。

其实，最主要的原因在于，公龙是母龙，乃至妖股的必经过程，是由龙头质变为妖股必要条件。而母龙往往等同于妖股，妖股是母龙的化身。

所以，知道公龙和母龙的成因，以及演绎过程，对于我们了解龙头和妖股大有益处。我们先看两只票的走势。如图3-1和3-2所示。

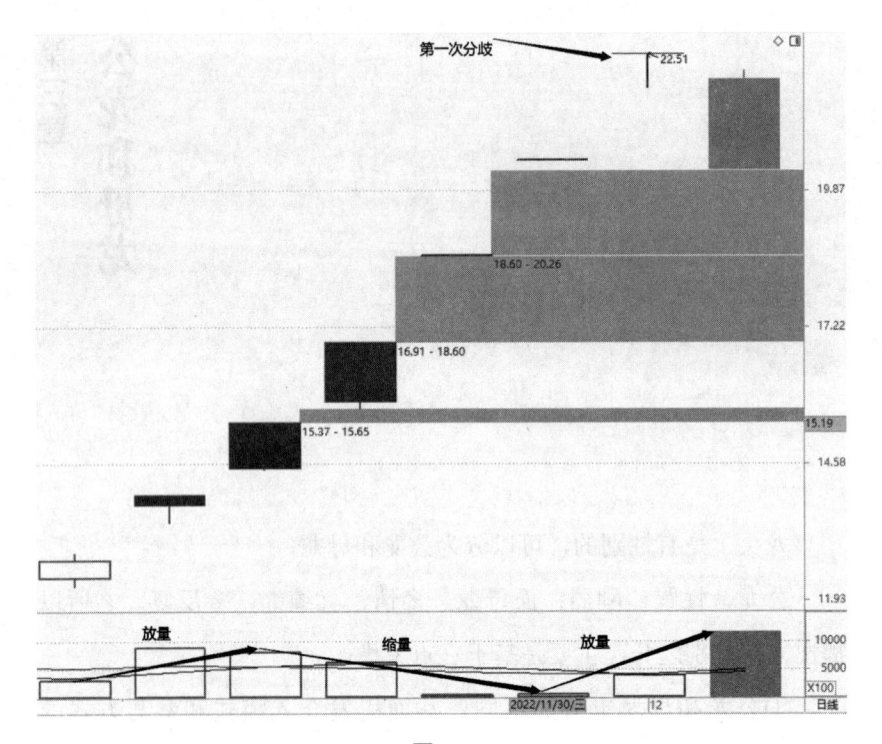

图 3-1

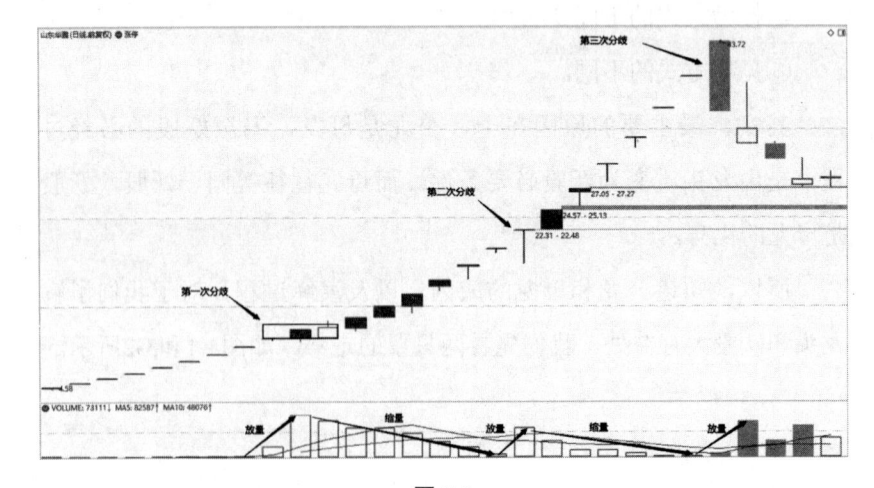

图 3-2

第三章 公龙和母龙

看看二者之间有什么不同之处呢？对比一下，不难发现，主要有三点区别。

第一，量的变化。龙头的初升，大多以先放量后再缩量为典型特征。公龙的量能是这样的过程：先放量，后缩量，再放量，结束。母龙的量能特征则是：先放量，后缩量，再放量，继续缩量，最后放量分歧，结束。简单的理解就是，当股票启动之初，市场在极度看好后市的情况下，会出现资金大幅涌入市场哄抢股价的情况，所以启动阶段初期会出现放量现象，这是第一步。等股价运行到一定阶段后，多空之间会出现分歧，空头在获利颇丰后由于对后市走势不明了，对后期走势产生悲观情绪，便急于兑现获利筹码纷纷抛出手中的筹码，而多头对后市产生乐观情绪，且强烈看多后市后会继续承接筹码，此时，多空僵持不下的时候，分歧就产生了。那么，到底多空之间谁能最终获胜呢？分歧板，就是多空之间力量失衡，最终多头以涨停收尾的方式暂时结束了分歧，是多头战胜了空头的信号和标志。为什么说是暂时的呢？因为分歧板只是当日多头战胜了空头，次日尚需进一步确认，防止空头形成反扑，一旦次日多头无法继续巩固并扩大优势地位，空头便会形成强烈的反扑，战胜多头，那么此时公龙阶段宣告结束。如果次日多头能够顺利阻击空头的反扑，继续维护胜利的果实并扩大战果，并且以确认板的方式确立多头的优势地位，那么，此时此刻，公龙便完成了向母龙的蜕变。

第二，分歧节点上。公龙属于一波流，量的表现方式为：放量——缩量——放量——结束，K线上表现为：启动——接力——加速——分歧——大阴线；而母龙要柔情的多，具体量能表现上为：放量——缩量——再放量——再缩量……K线上表现为：启动——接力——加速——分歧——加速——再加速——再分歧……通过二者量能和K线对比,不难发现,分歧节点,也就是分歧板和次日是否有确认板,是公龙和母龙的分水岭:一旦出现放量分歧,便是公龙结束之日;而母龙则不同,分歧之日,不是结束,而是又一个新的开始。

公龙底部放量涨停后,便迅速启动,加速飙升,完成主升。从量能上来看,出现放量—缩量再放量的量能变化。第一个放量是拿筹码阶段,会出现放量现象,拿到筹码后,出现缩量加速飙升的动作,股价上呈现出持续的跳空高开现象,K线实体上是越来越短,这是出现了资金哄抢的迹象,新多头不惜以高价买入,甚至打板介入的方式参与。我们从公龙的主升过程便可以知晓,受到利好消息刺激后,便迅速启动,一气呵成,完成主升。通过公龙整个运行过程,我们不难发现,公龙在底部是拿不到足够多的廉价筹码的,风口一来,也来不及浪费太多时间和精力去吸筹便迅速启动,这就决定了公龙只能以一波流的方式结束主升动作,同时也决定了公龙只能以短命的方式仓促的完成主升,草草地结束生命周期。而母龙则不同,母龙在公龙完成动作后,由于仓促的启动阶段没有拿到足够多的廉价筹码,此时,就需要通过在拉升过程中获取筹码,边拉升边吸筹,那么,剧烈的震仓动作便成为了母龙主升过程中最好的吸筹方式,既清洗了浮筹,减轻了后市拉升造成的抛压,又拿到相对廉价的筹码,可谓一箭双雕。这个过程少则一天,多则两到三天,更有周级别调整完成吸筹动作,从而继续走强。此情此景,犹如母龙,意犹未尽,久久不肯离开,经过了短暂的休憩,再行巫山之乐。虽是戏谑之词,可谓形象至极。在这个过程中,公龙和母龙的受众对象是不同的,公龙只管自己高速上涨,以自己高速上涨作为

第三章 公龙和母龙

结束的节点，而母龙则不同，母龙是以是否有"接力者"和"后来者"作为结束的节点。

这种现象，和开车是一样的道理，加大油门，换挡给油，车子会出现飙升，在惯性的作用下，这时候只需要很少的油量就能实现疾驰的效果。车子在经过了一段高速滑行的过程后，油箱油量逐渐减少，没油的时候，车子就戛然停下来，量能表现上，就会出现缩量，缩量，再缩量，一直缩量到近乎于无量状态下结束行情进而完成整个主升。

接下来，有个很重要的节点，也是值得我们警惕的地方，就是一旦出现加速飙升，量能缩到极致，近乎于无量的时候，同时伴随着一字板和逃逸性缺口出现，往往预示着变盘口的来临。要么短期见顶，要么分歧后继续走高。

说到这里，明眼人一看，就会问了，公龙质变为母龙，有一个重要的节点，就是分歧节点。没错，分歧是加油，更是换挡动作。换挡动作的熟练程度，高效性，时效性，对于由强势股转为龙头，由龙头转为妖股的华丽转变有着根本性的影响。相信大家都看过F1吧，F1比赛分秒必争，往往一秒钟就能决定比赛的成绩和名次。这时候就要求团队之间的协作，不仅动作娴熟，而且要团队之间的协作默契且高效，只需要短短上十秒就能完成一整套的动作，方能保证比赛的时效性和赛车手取得更好的名次。试想一下，如果在这个过程中，有人不配合，出现了掉链子的事情，或者车子突然熄火了，甚至是车子坏掉了，那会出现什么情况？一个熄火动作，可能就会决定比赛的输赢。作为龙头选手，除了对龙头要具备天生敏感度以外，还需要对龙头的分歧节点，质变动作有着熟练的认知，才能在龙头股的操作中游刃有余。

那么，又有人问了，你所说的母龙，不就是两个公龙的组合吗？如果单纯从外形上来看，确实是公龙与公龙的物理组合。可是，公龙和公龙组合就一定会发生质变吗？就一定会成为母龙吗？我看未必，连板后的分歧，次日短期见顶的票比比皆是。

公龙质变为母龙，分歧板是检验龙头成色和质地的首要标准。分歧板的质量决定着主力的态度，更决定着后期走势的高度和空间。

公龙到母龙的这种质变的过程，手段非常之多，大体上可以分为三个等级：

第一等级，当日完成分歧震仓动作，震仓和吸筹当日完成，最震撼的就是涨停下杀到水下，甚至从地板上拉起来，出现地天板。最为经典的当属于地天板和T板。如图3-3所示，山东华鹏在经过了连板后开启缩量加速飙升动作，于2015年5月19日盘中突然炸板，股价瞬间打到-8个点附近，凭借着超强的人气度和强大的板块效应（注："次新十君子"整体表现非常优异），股价迅速翻红后拉至涨停。

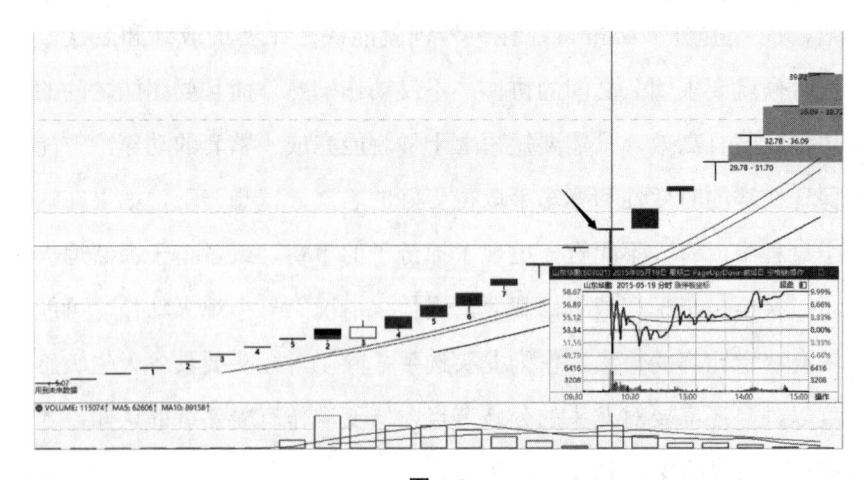

图 3-3

第二等级，涨停后次日完成震仓吸筹动作，再以涨停反包的方式继续主升动作。最经典的就是经过一天非涨停板的震仓动作后，次日出现涨停反包，且继续创新高的动作。如图3-4所示，宝鼎科技复牌后持续性地一字板飙升，次日于9月27日股价翻红接近于涨停价后尾盘回落完成震仓吸筹动作，次日涨停反包，继续上行。

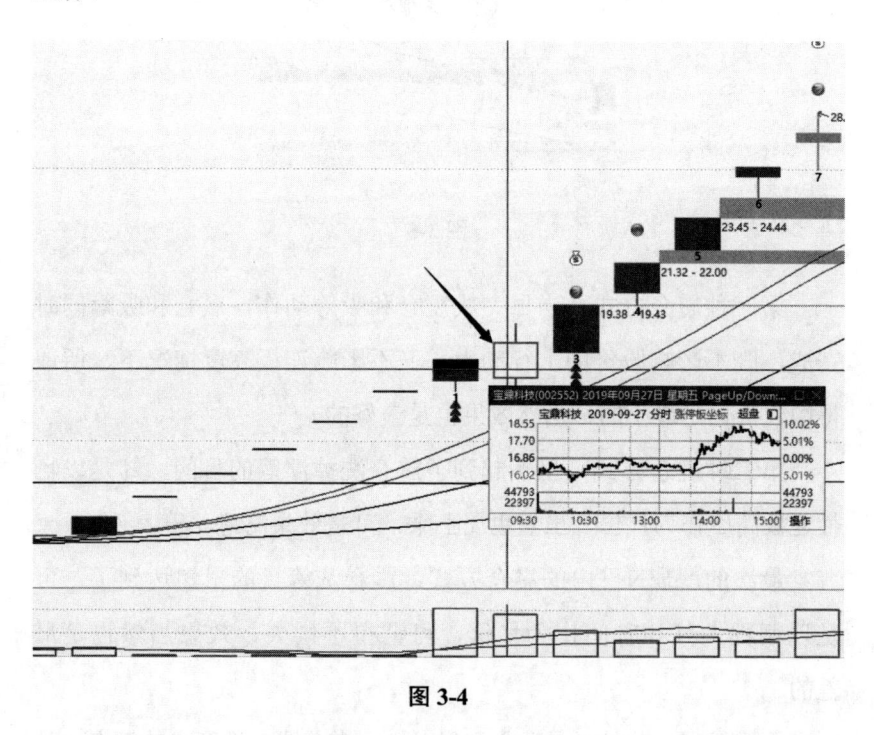

图 3-4

第三等级，N日内完成震仓和吸筹动作，震仓方式比较多样，揉搓，揉砸，中阴震仓等等。如图3-5中所示，涨停后通过揉搓完成震仓吸筹动作后，股价持续性连板。

这三个等级，震仓等级不同，带来的效果也大不同，对股价高度影响也自然不同。

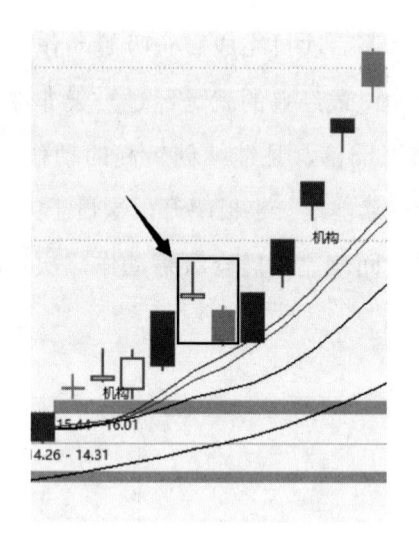

图 3-5

　　第一种震仓方式，当日完成震仓和吸筹动作，震仓和吸筹同时完成，既不影响股价的上行动力，又不影响连板高度情况下，所取得的代价也是最小的，当然效果也是最好的。

　　第二种震仓方式，虽然起到了震仓洗掉浮筹的目的，却是以牺牲连板高度作为代价，虽然也属上乘，可是效果略逊一筹。

　　最次的就属N日内的震仓方式，震仓洗筹目的虽然达到了，可是以牺牲人气和时间作为代价，可谓得不偿失，效果当然也是最差的。

　　不难发现，分歧板是公龙和母龙之间有着决定性意义的节点，除了能够检验龙头成色和质地外，更能看出主力的态度和决心。龙头的主升过程中，除了关注分歧阶段外，还应该关注以下两个要素。

　　第一点，分歧后的确认板。分歧只代表当日的动作，更为关键的是需要密切关注分歧后的确认动作，是否能够由分歧转为一致。分歧板是处理分歧，统一多空之间不同意见的最有效手段，而分歧板次日的确定性动作，才是主力真实意图和实力的见证。经过了昨日分歧板后，多空之间暂时性达成和解，多头控制住了局面。而次日，多头仍需防止空头反扑，需要继续巩固并强化多头的优势地位，分歧板后的次日板，既是确认动作，更是强化的手段。

比如盘龙药业，如图3-6所示，盘龙药业三连板，迅速建立人气，引起市场的关注。此后于2018年3月25日形成烂板，尾盘还一度跳水，其结果就是，走势不及预期，次日开盘大幅低开，股价以近似地板价开盘，依靠强大的人气翻红，这两日的动作都属于分歧阶段。3月26日，股价翻红后，从0轴直奔涨停，这个动作就是分歧走向统一的过程，是主力统一了大家的意见，强势做多的信号，态度之强硬，信心之坚决，由此可见一斑。次日股价高开8个点后，迅速涨停，走出了翻倍的走势。

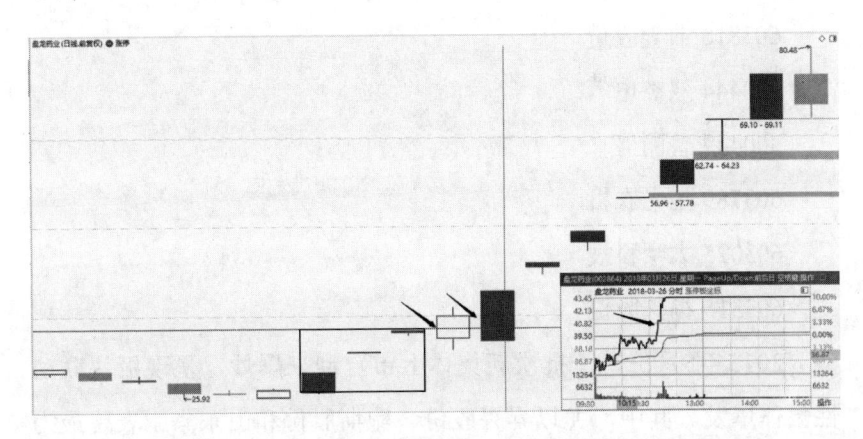

图 3-6

第二点，必须时刻关注量能的变化。股价飙升的过程中，一旦出现量能急剧萎缩，尤其是量能缩到极致，此时过度一致的情况下，量能不足以维持股价飙升的情况下，就应该特别谨慎。分歧随时随地可能发生，要么短期见顶，要么完成质变。

那么，具体到个股方面，更应该关注目标股之所以能持续飙升的原因。如果这只票的题材级别足够的大，想象空间足够大，或者以板块联动这种集体飙升的龙头股，在完成第一波主升后会产生第一次分歧，一旦这个分歧完成向一致转变后，便会开启第二个主升，甚至紧接着会出现第三次分歧和第三次主升。在理论条件允许的情况下，母龙可以形成N次分歧转一致，完成N次主升。

曾记得2015年5月的"次新十君子"吗？

002752 昇兴股份

300441 鲍斯股份

603021 山东华鹏

603703 盛洋科技

603818 曲美股份

300444 双杰电气

300442 普丽盛

603789 星光农机

603025 大豪科技

603315 福鞍股份

2015年5月份，一批次新集体上市，迎来爆炒，呈现板块联动性集体爆发。其中，尤以昇兴股份、鲍斯股份和山东华鹏表现最为突出，我们来欣赏下这三只龙头股的飙升盛宴。如图3-7、3-8和3-9所示。

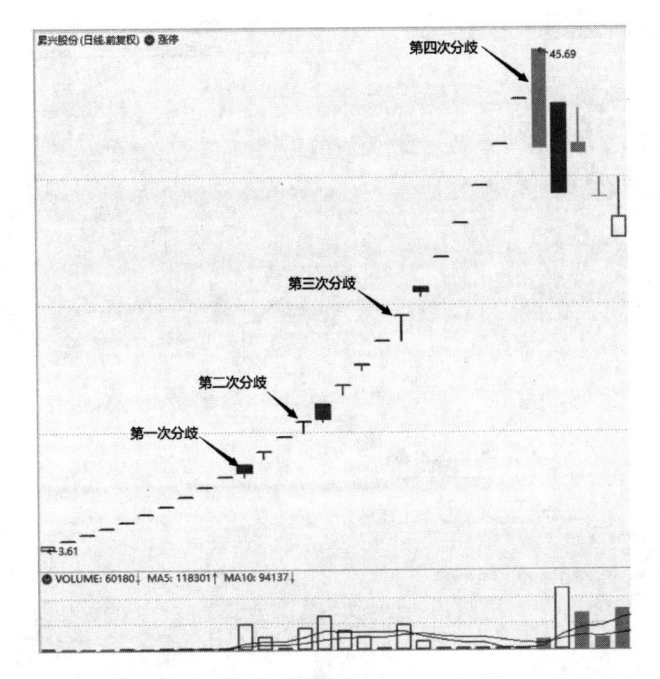

图 3-7

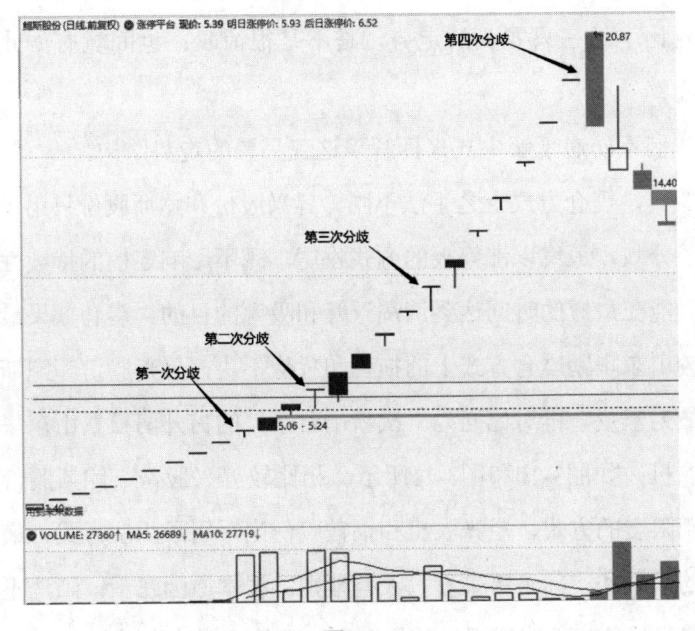

图 3-8

图 3-9

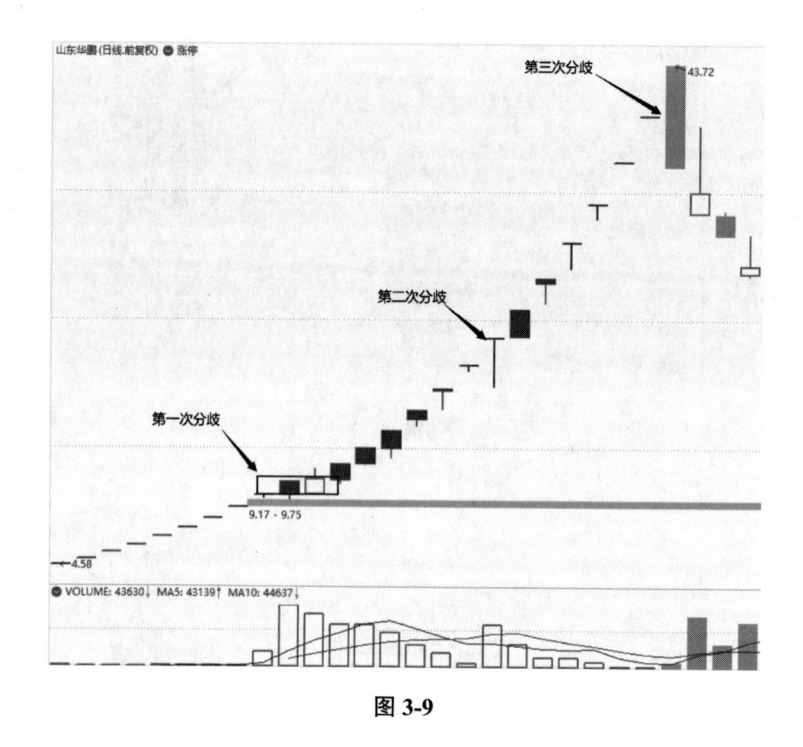

对比下这三只龙头的走势，是不是很惊叹：世间竟有如此妖艳的神物？

我们不妨庖丁解牛式来拆解下这三只票的走势结构。

第一，震仓方式上之手法不同。昇兴股份和鲍斯股份只用了一天完成了分歧，最终以涨停板的方式收尾，既不影响连板的持续性基础上，又能在最短的时间达到清洗浮筹和吸筹的目的，震仓效果最佳。相比较山东华鹏震仓方式上的拖沓和犹豫不决，昇兴股份和鲍斯股份态度最为坚决。再对比同为"次新十君子"的另外两只票山东华鹏和星光农机，如图3-10和图3-11所示，相比较昇兴股份、鲍斯股份和山东华鹏阳震的方式，星光农机和福鞍股份则采用了阴洗方式，最终所达到的效果和实际走势来看，天差地别。根本原因在于，阳洗不以牺牲人气为代价，而阴洗损伤的是人气，更是以牺牲连板高度为代价。

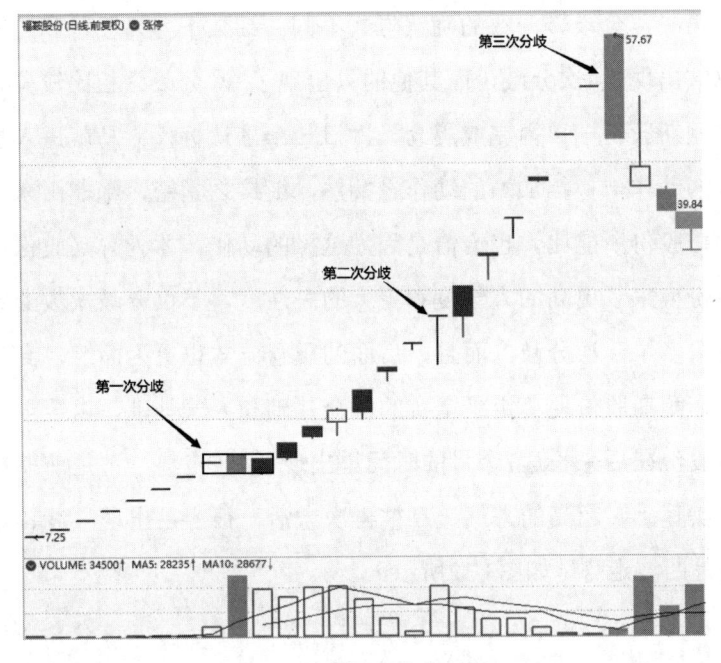

图 3-10

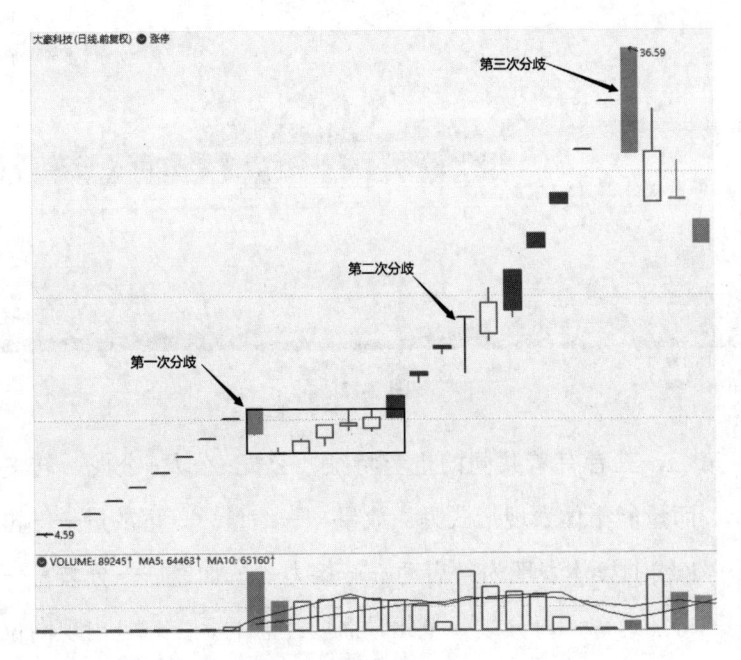

图 3-11

第二，分歧转一致的确认方式不同。细数下昇兴股份和鲍斯股份总共出现了4次分歧，而其他的只出现了3次分歧。相比较昇兴股份和鲍斯股份一日内完成震仓，次日一个确认板，立马就进入加速飙升的动作，换挡加油的动作之娴熟，衔接之紧密，绝非山东华鹏和福鞍股份所能比。也恰恰是因为这样的动作，才为昇兴股份和鲍斯股份换来了更高的人气度和更大的关注度，不仅分歧次数上比其他的票多了一次分歧，而且，后面的震仓方式也更为简练，高效。据此，鲍斯股份便奠定了坚实的群众基础和人气基础，以至于后来鲍斯股份在后来长达7个月的时间里出现了4波走势，都是前期打下的坚实基础，超高的人气一旦被再次激活，很容易出现二波、三波甚至是四波走势。如图3-12所示。

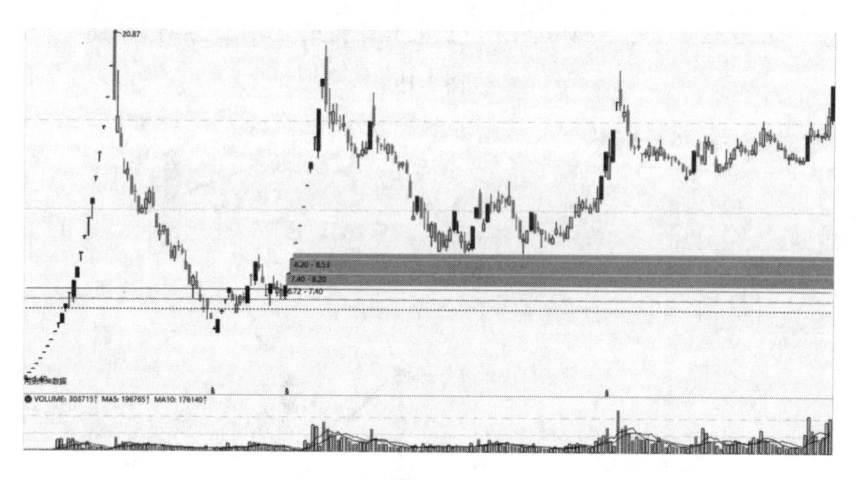

图 3-12

第三，三者有着共同的走势特征：公龙+公龙+公龙，转变为母龙。而量能集体表现形式为：放量——缩量——再放量——再缩量……K线上集体表现为：启动——接力——加速——分歧——加速——再加速——再分歧……此时需要注意的是，一旦出现高位爆量，出现极大分歧的时候，出现爆量断头大阴线，主升基本上宣告结束，操作上必须立马止盈，不可心存侥幸心理。

所以，公龙到母龙的华丽转身的这个质变过程，并不纯粹就是公龙和公龙之间简单的物理化的组合。根本上来说，一定是化学层面的结合，二者之间产生了化学反应，发生了质的变化，而能产生这种化学反应的根本性原因，必定是在"走势在外"的东西，这个"走势之外"的东西也正是我们盘后复盘要做的工作。

中篇
龙心与龙性

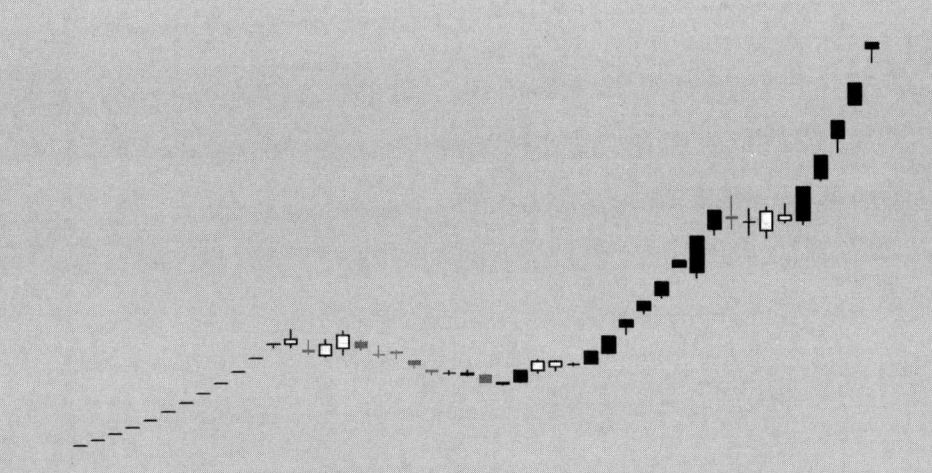

第四章 涨停板及涨停基因

欲说龙头股，就不能不提涨停板。

> 涨停，是龙头的基因。
> 连板，就是龙头的骨架。

由此可见，涨停板对于龙头股何等的重要。

涨停，是单根K线的最强形态，多头全胜，空头溃败的标志，是龙头的基因，决定着龙头的质量和高度。

既然提到涨停板，得先对涨停板进行分类。

首先，按照时间分类，可以分为早盘涨停，盘中涨停和尾盘涨停。

早盘涨停： 早盘30分钟内的涨停。

尾盘涨停： 临近尾盘30分钟内的涨停。

盘中涨停： 介于早盘和尾盘之间的涨停。

早盘涨停多头态度最为坚决，多数龙头的主升都是以早盘涨停打响主升的第一枪。早盘涨停往往会形成次日高开缺口，从而展开加速上行行情；若以早盘涨停迅速建底往往会形成趋势的逆转，井喷行情多数以早盘涨停为信号展开进而完成主升全过程。

尾盘涨停说明多头态度最为犹豫，多数发生在主升末端，筹码密集区，因多头消耗过多力量导致冲击力不足，通常是乏力的表现，持续性较弱。

盘中涨停最为中庸，其力道，态度介乎于两者之间，魄力有限但也不过于犹豫，可持续性一般。比如深中华A在2024年1月10日的涨停板，如图4-1所示。9:30瞬间就被顶到涨停价位置，以秒板的方式逼空，顺利地完成了二板接力，进而打开了上行的空间，足见主力的态度和信心。

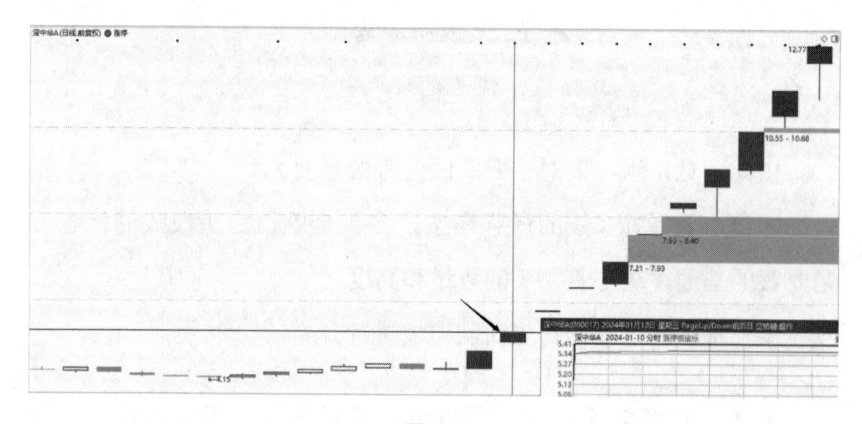

图 4-1

按照涨停空间可以分为：历史新低涨停，年度新高涨停，历史新高涨停三种。

历史新低涨停：历史新低位的涨停。

年度新高涨停：以涨停方式突破年内新高。需要注意的是，注意区分年度新高后的涨停和年新高涨停之间的区别。

历史新高涨停：突破历史新高，并创出新高的涨停。

所谓历史新低涨停：就是说经过一轮洗盘后，空头力度衰竭，此时多头组织强烈反击，止跌的同时快速收复失地，若有重大题材的配合，随后出现的井喷走势。K线形态上多以V型和W型新低板最具爆发力。例2023年11月8日西陇科学，如图4-2所示。

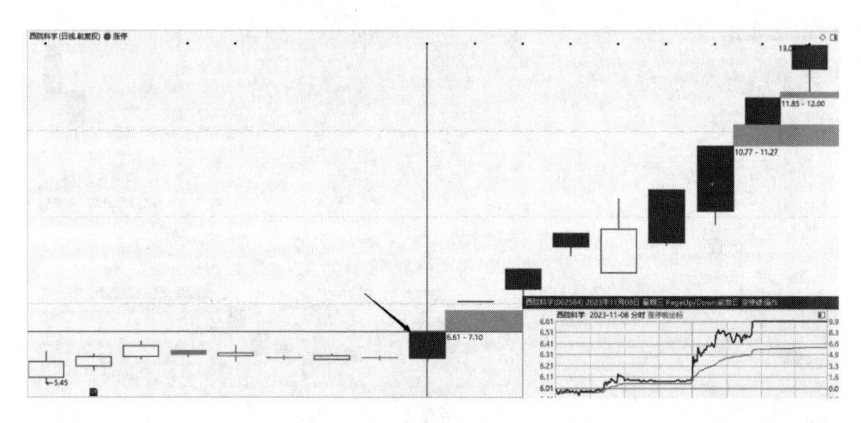

图 4-2

历史新高涨停：多头以高举高打的姿态，成功完成历史新高的突破同时扫清最后一道障碍。市场中多数个股创历史新高但不见涨停，随后拐头向下。所以说，没有新高的涨停是不道德的。例如2017年12月22日贵州燃气，如图4-3所示。

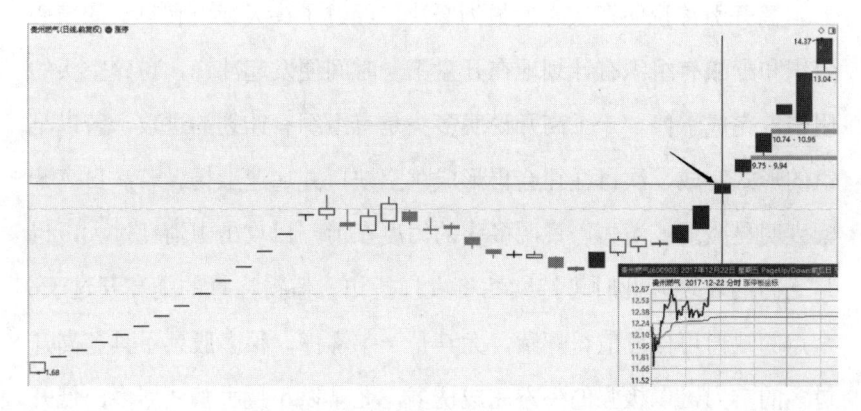

图 4-3

年度新高涨停：就等级而言低于历史新高涨停，但同时也不失关键节点对于多头的考验。需要注意的是，相比较历史新高的涨停的稀缺，年度新高涨停出现的频率非常之高，对于我们日常的操作具有非常重要的价值。例如2022年4月5日的湖南发展，如图4-4所示。

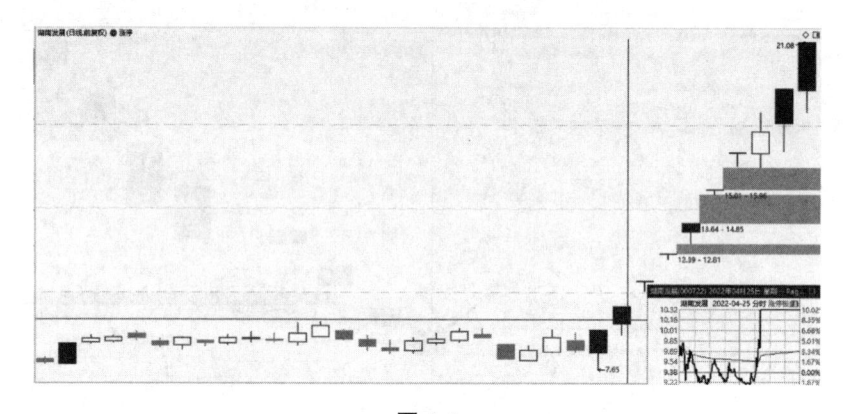

图 4-4

根据开盘情况，可以分为：高开涨停，低开涨停和平开涨停。

高开涨停：以跳空高开的形式完成的涨停。

低开涨停：以跳空低开的形式完成的涨停。

平开涨停：以平开的形式完成的涨停。

高开涨停说明多头态度最为坚决，经过了头天晚上和早盘的精心组织和酝酿有组织有计划地在开盘第一时间便发起冲锋，粉碎空头的阻击，完成涨停。一个高开说明多头是有组织有计划的进攻，若以早盘的形式完成，次日往往会再形成跳空缺口并加速上扬。若次日高开幅度明显减弱或消失，说明多头的力度在前一日攻击中消耗过大，也是乏力的表现，此时可持续性将大打折扣。值得注意的是高开过于6个点的缺口可信度值得怀疑，尤其是一字涨停。很多股票不具备高开过多的实力，以极强的姿态完成诱多，尤其以小换手骗钱居多。**低开涨停**往往出现在阶段性头部，筹码密集区包围之中，前一日通常有上影线，而上影线是多头溃败的痕迹，正因如此空头在承接上一日攻势进一步宣泄，最终导致早盘低开，但随之多头再次发起有效反击一举击溃空头。此类涨停因多空双飞不断发生攻击与阻击，一般会以尾盘涨停的形式出现。次日空头会再进行阻击，如多头不能以强悍的实力摆脱束缚，双方将再次进入胶着状态。突击性涨停（多以尾盘涨停居多）多以低开涨停的形式体现。很多突击性低开涨停需要一定的周期盘整，最终胜的一方主导市场。

平开涨停：其力道介乎于高开涨停和低开涨停之间，少了高开涨停的霸气，同时也没有低开板的"大伤元气"。以中庸的方式和态度完成涨停，其结果就是市场认可度方面大打折扣。开盘之初，多空势均力敌，但随着多头力度的增加最终完胜。若以早盘涨停的形式表现，说明多头不占绝对优势，空头次日反扑导致低开的概率颇高。

根据分时情况，可以分为：**多浪涨停，一字涨停，T板，箱体突破涨停**等等。

多浪涨停：分时发力之时以1、2、3浪甚至是N浪完成的涨停。如图4-5和4-6所示。

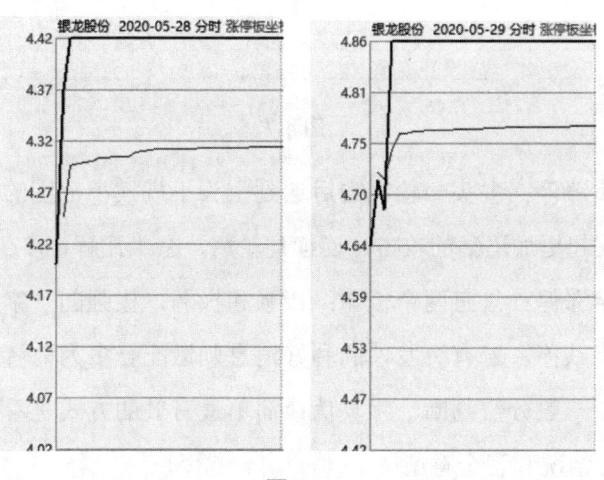

图 4-5

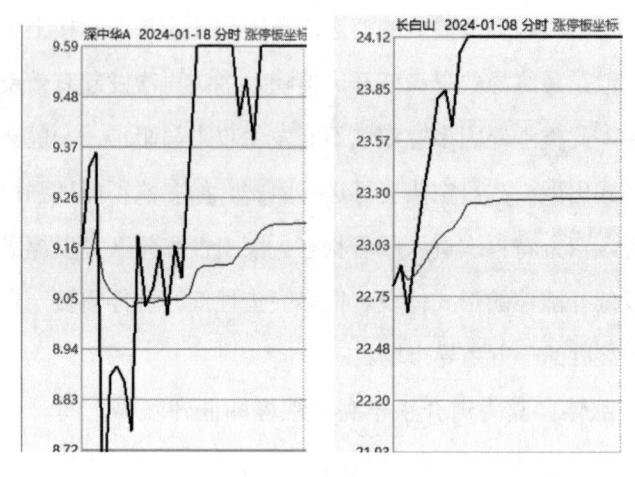

图 4-6

一字板涨停：开盘即涨停，且盘中并无开板情况发生。

T板：开盘涨停后盘中出现炸板，最终以涨停价收盘的K线形态。如图4-7所示。

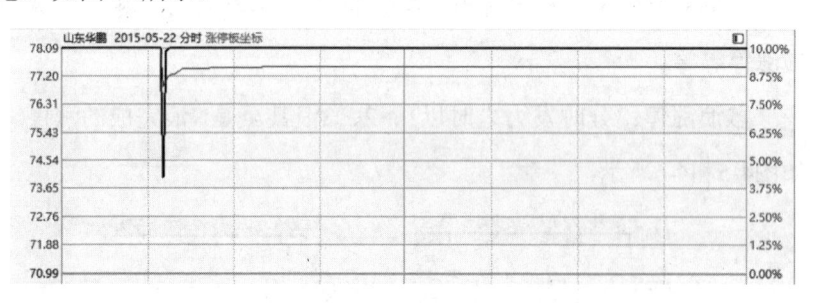

图 4-7

多浪涨停：多头一轮攻击后遇到空头小规模小范围的抵抗后，接着又发起更加迅猛的攻击，连续几轮后，空头瓦解，多头完胜。

一字涨停：只有两个极端：极强和极弱，极强的一字涨停和极弱的一字跌停。若有突发性的利好消息刺激配合多为前者，反之则为后者。一般分辨判断一字真伪最简单最有效的方式是看一字涨停后的接力情况和资金意愿。

根据涨停的质量可以分为：高质量涨停，低质量涨停和一般性涨停。

高质量涨停：发力之初到完成涨停的时间在30分钟内。除此之外，还要注意的是，高质量涨停和早盘涨停，盘中涨停和尾盘涨停之间没有明显的界限。换句话说，尾盘发力在30分钟内完成的快速涨停依然属于高质量板。

低质量涨停：冲板和封板的过程贯穿全天始终。

一般性涨停：介乎于高质量涨停和低质量涨停之间。

高质量涨停表明多头态度最为果断，最为坚决。一般性涨停比较中庸，态度也最为犹豫，如果一般性涨停没有与其他涨停分类重叠的话，一般不做分析比较。

根据涨停板的密度，可以分为孤立板，密集板和超密集板。

孤立板：周内只存在一个板。

密集板：周内只存在两个板。

超密集板：一周内板多于二个或一月内超过4个板。

偶然和必然的最大区别在于发生的频率上，偶然出现一次其可信度一般不高，当短期内频繁发生，即使不能称之为必然，至少偶然性会大大降低。涨停也一样，非关键节点的孤立板一般不作分析处理，但当密集板出现之后说明被市场认可，其可信度也陡然增加。龙头的主升多是以密集板为起爆点完成主升全过程。

按照涨停的性质，可以分为突破性涨停，突击性涨停和逆袭性涨停。

突破性涨停：突破关键点位形成的涨停，比如历史新高，关键位置，筹码密集区形成的涨停（比如年度新高，历史新高等等）。

突击性涨停：以涨停的形式出现，但依然没有完成关键点位突破的涨停。

逆袭性涨停： 以涨停形式完成底分型建立并一举突破上轨的涨停。

突破性涨停多头以坚定的态度向空头发起致命一击，突破前期高点并远离筹码密集区。不给空头一线想象空间，明显的逼空信号，若突破性涨停以早盘涨停形式完成，可信度最高，次日往往高开展开新一轮火爆行情。

突击性涨停因为处于筹码密集区内部，阶段性高点的空头力量未能全部消除，而这种力量会作拼死抵抗。若突击性涨停以尾盘涨停的形式出现，次日低开概率颇高，也是最复杂最危险的涨停，一般的诱多行为都以此形式完成。逆袭性涨停阶段性下挫后，多头趁空头力量衰竭之时发起强力反击，速度之快，力量之猛令空头猝不及防。

逆袭性涨停多数以早盘涨停的形式出现，反趋势井喷行情大部分以逆袭性涨停为打响反攻的第一枪进一步延续并完成主升过程。

最后值得注意的是，无论涨停质量多高，一定要结合位置和空间综合比对，单纯的分析涨停，或者纯粹的研究涨停板，毫无意义，需要探究涨停背后的原因，以及涨停所带来的意义和价值。没有无缘无故的爱，也没有无缘无故的恨，同样的道理，也没有无缘无故的涨停。要么是利好消息刺激，要么是趋势使然，必须知其然，更要知其所以然。从实战的角度来说，涨停往往是伴随着突破出现的，连板也是。突破有级别之分，可以分为日线级别，周级别，月级别，季级别和年线级别，关键取决于分析的级别大小，级别越大，其后表现可能更加迅猛，走势也更为持久。换言之，对于周级别的突破价值要远远大于日线级别突破的价值。

第五章 关于集合竞价和"核按钮"

关于竞价，我本不想写的，原因很简单，主要是历史竞价数据不可追溯，调阅不便等原因所致，而且怕有"马后炮"的嫌疑。

不写，又无法和涨停板形成互为呼应的效果。集合竞价作为涨停板非常重要的一个组成部分，涨停和竞价本身就是鱼儿和水的关系，密不可分，二者缺一不可。竞价不仅关系到开盘情况，还关系涨停质量、主力的态度，参与方式以及如何规避"交易陷阱"等等问题。所以，有必要对涨停板给予详细的说明和介绍。

首先，要认识和了解集合竞价的基本知识。

所谓的集合竞价，就是在当天还没有成交价出来的时候，你可以根据前一天的收盘价和对当日股市的预测来输入股票价格，而在这段时间里输入计算机主机的所有价格都是平等的，不需要根据时间优先和价格优先的原则交易，而是按照最大成交量的原则来定出股票的价格，这个价格就被称为集合竞价的价格，而这个过程被称为集合竞价。

集合竞价分为早盘竞价和尾盘竞价，大致由三个部分组成：匹配量、未匹配量和实时竞价。如图5-1所示。

①处是未匹配量，意思是竞价中委托买卖却并未成交的股数，红色柱子表示委托买进，绿色柱子表示委托卖出。

②处是匹配量，是指集合竞价中集中申报形成的虚拟成交数量，红色表示买入成交的数量，绿色表示卖出成交的数量。

③处是匹配价，指的是买卖双方经过集合竞价撮合而成的实时价格。

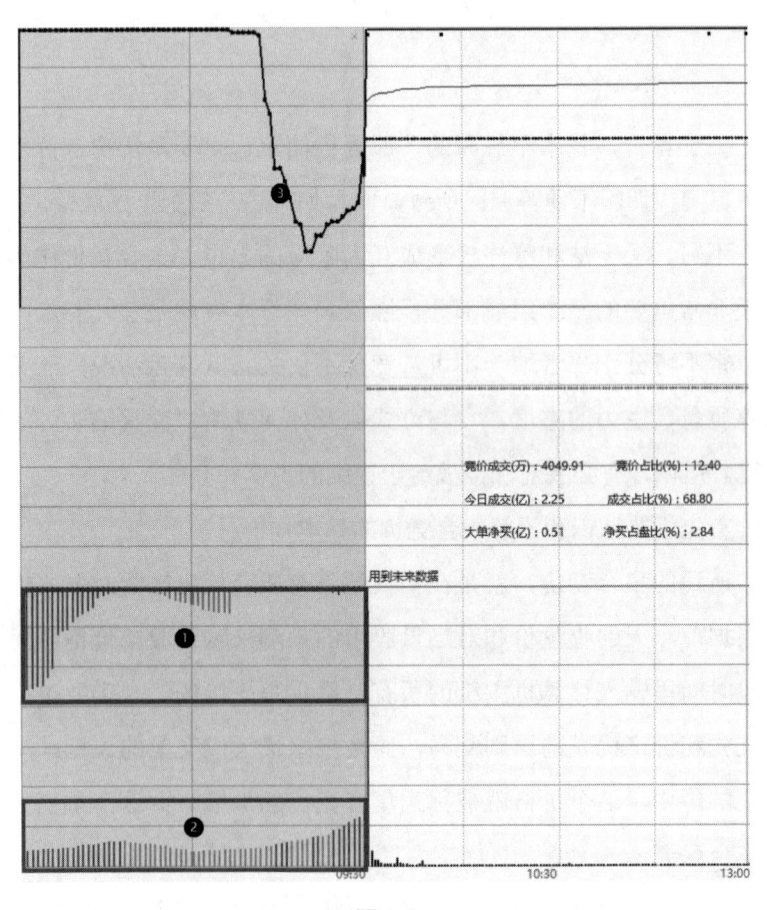

图 5-1

第五章 关于集合竞价和"核按钮"

既然知道了集合竞价的组成,我们来看看集合竞价的交易规则:

9:15~9:25是集合竞价时间。

这就是我们通常所说的集合竞价时间,而这个时间可以分为两个时间段:**9:15~9:20这5分钟是开放式集合竞价,这个时间段可以挂单也可以撤单。**这个时间段你看到的匹配量可能是虚假的,因为这5分钟内是可以撤单的,很多主力会在9:19:50左右撤单,当你委托买进时,你不撤单,他可以撤单,然后他就成功地卖给了你,因此在9:20分之前一定要把撤单键放在手上。**9:20~9:25这5分钟是开放式竞价,可以委托买进和卖出,但是不能撤单。**

有些投资者认为在这个时间段内撤单就完事儿了,事实上这5分钟内撤单是无效的。这5分钟内看到的委托是真实的、是有效的。因此,如果要想抢涨停或者挂跌停"核按钮",一定要看准这5分钟,好好利用这5分钟的宝贵交易时间。

9:25~9:30这5分钟时间不叫集合竞价时间,电脑在这5分钟内可以接受买入和卖出委托,也可以接受撤单。但是,电脑不做任何处理。

如果你进的委托价格估计能成交,那么你的撤单会排在后面是来不及的。对于高手而言,这5分钟换股票一定要好好利用起来。比如你集合竞价卖出股票,资金在9:25就可以利用,你可以在9:26买进另外一只股票。还有,如果你想拿到新股开盘价,你得开出高于开盘价的价格,而低于开盘价的资金会在9:25返回,这时你又可以再次利用这部分返还资金了。

9:25是我们经常所说的开盘时间,而不是新手认为的9:15或者9:30。

这个时间点才是集合竞价期间唯一一次真正的成交，所以会显示成交笔数。当然这期间可以挂单，也可以撤单，但是9:20到9:25是不能撤单的，集合竞价期间最好不要撤单，成功的概率很小，虽然允许撤单，但是还有许多其他原因导致撤单不那么容易成功。所以如果你想买入一只股票，你直接挂涨停价买入即可，如果你想卖出一只股票，你直接挂跌停价即可，这样基本都可以买到或抛出，但它的实际成交价格不是你所挂的涨停价或跌停价，而是9:25那一刻成交的价格，也就是开盘价。所有人的成交价格都是同一个价格，这个价格是根据最大成交量撮合出来的。当然如果是以涨停价或跌停价开盘的话，你就不一定可以买到或抛出。因为，集合竞价期间，价格第一优先，时间第二优先。

上面说的是早盘竞价，接下来，我们讲讲尾盘竞价。

沪深主板股票在收盘14:57~15:00，创业板14:57~15:30是收盘集合竞价时间，这段时间内可以进行委托买卖，但是不能撤单。

以上所说的就是集合竞价的基础知识和集合竞价的交易规则。

对于很多普通的股票来说，集合竞价就显得不那么重要。因为集合竞价是按照最大成交量来成交的，所以，对于普通股民来说，在集合竞价时间，只要打入的股票价格高于实际的成交价格就可以成交了。所以，通常可以把价格打得高一些，也并没有什么危险。因为普通股民买入股票的数量一般不会太大，不会影响到该股票集合竞价的价格。

但是，对于龙头选手来说，早盘集合竞价是十分宝贵，极其珍贵的时间。9:15~9:25这短短的10分钟，无论是对于指数当天的整体走势，还是强势股的整体走势，都有着非常关键的指导和参考意义。

第五章 关于集合竞价和"核按钮"

经过了一夜精心的准备，资金会在9:15分冲锋号一响冲入场内，集合竞价阶段是全天最活跃，短线资金投入兵力最多的时间段。所谓台上一分钟，台下十年功，在集合竞价上体现得淋漓尽致。短线资金会集中龙头股发动总攻，集合竞价阶段就是龙头选手最好的交易时间段，也许是短短的1秒钟，就有可能错过全天甚至是整个龙头最佳的买入和卖出时机。如图5-2和图5-3所示。

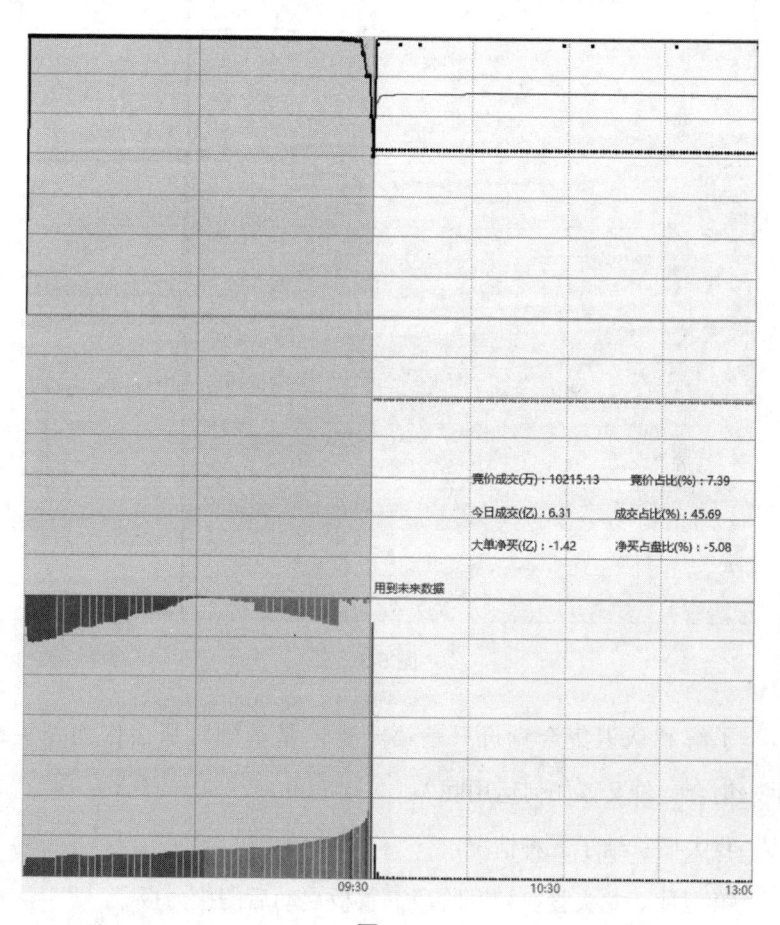

图 5-2

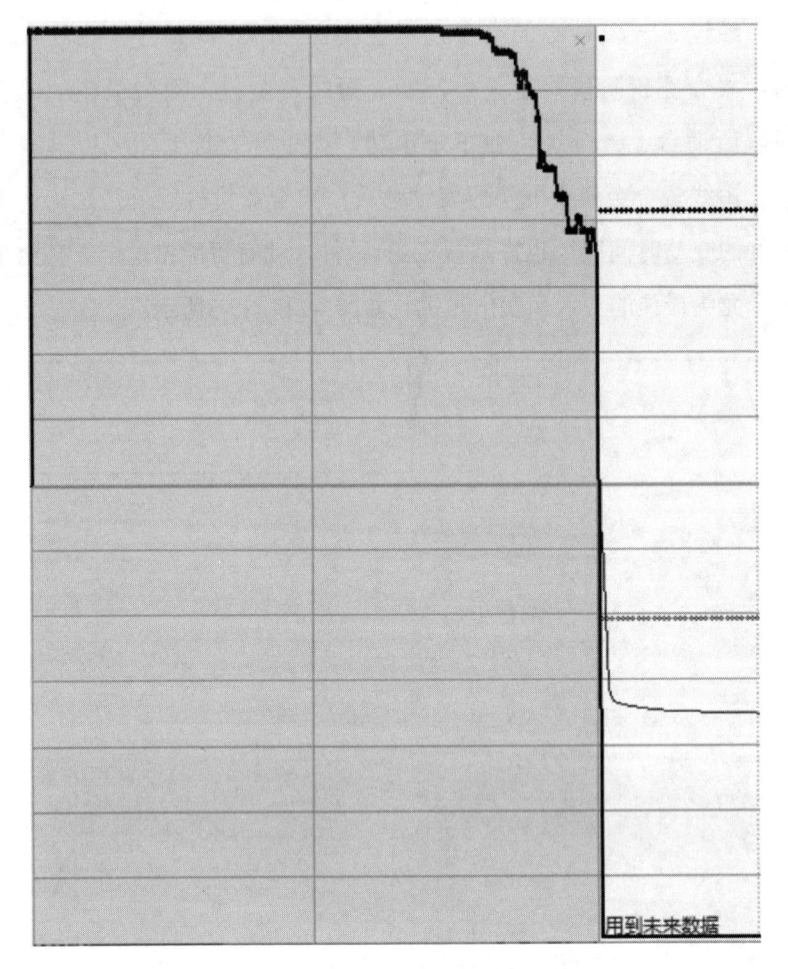

图 5-3

了解和认识集合竞价只是第一步,是基础。那么作为龙头选手,集合竞价又该如何运用呢?

我大概总结了三种情况。

第一种,龙头股在初升阶段,首板启动后的接力板。

如图5-4中佳电股份的二板,这个板既是首板启动后的接力,也是对首板的确认加速动作。对于类似这种高开加速动作,既想要占据最有利的位置抢得先手，又想要更好的价格成交，更想以最大金额成交，最佳的买入方式就是9:25之前挂涨停价，最终以开盘价成交。

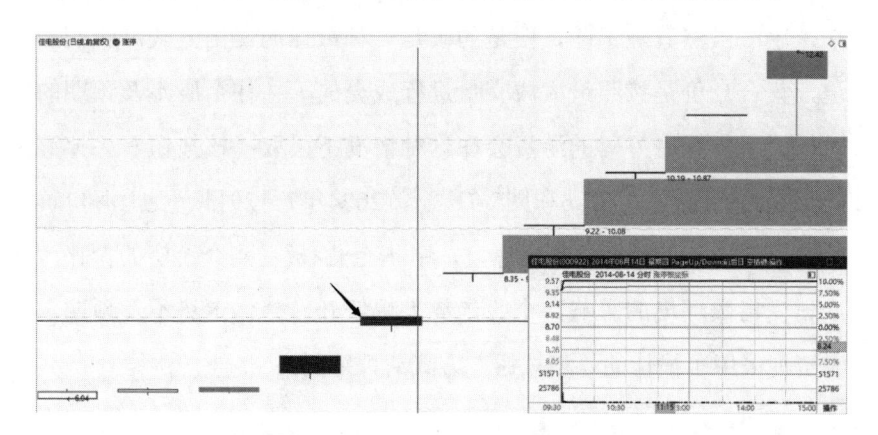

图 5-4

第二种，龙头持续加速飙升过程中的接力板。

龙头在持续加速过程中，量能出现急剧萎缩，如需继续上行，必须进行必要的换手进行接力，此时的接力板早盘竞价阶段就是最好的买入点。需要注意的是，这个接力板不可开得太高，开得太高易引起获利盘的出逃，最好开在3到5个点附近，一笔果断上拉冲板为最佳，切不可太过犹豫。如图5-5所示。

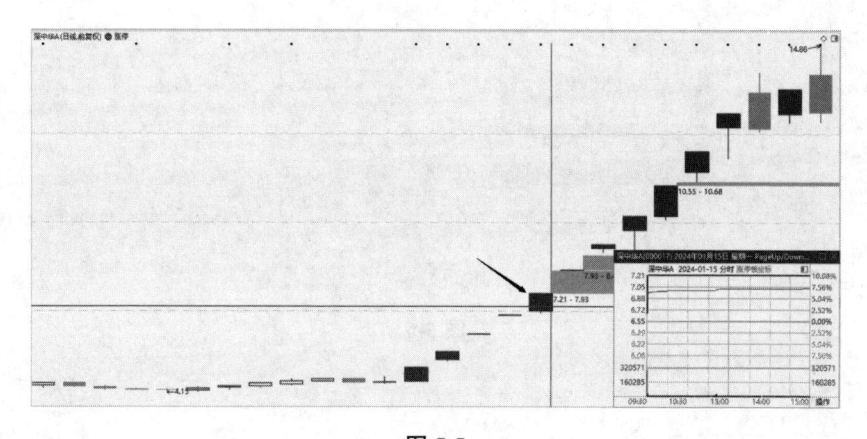

图 5-5

第三种，"核按钮"方式。"核按钮"是交易者通过在集合竞价阶段以挂跌停价成交的一种交易方式。这种交易方式，虽然极端，手法虽然丑陋了些，但是的确是一种最佳的卖出方式。我们知道，集合竞价是按照最大成交量进行成交的，往往个股不及预期的时候，手中握有筹码的游资会在这种情况下采取"核按钮"丢掉筹码，夺路而逃。如图5-6和图5-7所示，2024年7月29日，受上海自贸区消息刺激，上海板块集体爆发，中华企业4板受到众游资的青睐，次日受指数环境的影响，个股走势大幅低开，整体走势不及预期，游资便采用了最佳的"核按钮"方式清掉筹码。

上榜历史	中华企业 4.63 9.98% 当日成交额19.50亿元 多日龙虎榜统计			
2024-01-29	连续三个交易日内涨幅偏离值累计达20%的证券			
2024-01-25				
2024-01-24	买入总计：2.78亿 卖出总计：10.20亿 净额：-7.42亿			
2024-01-23	买入营业部前五	买入	卖出	净额
2023-10-30	中国银河大连黄河路营业部 陈小群	7733.30万	--	7733.30万
2023-08-31	财通杭州上塘路营业部 上塘路	7613.72万	--	7613.72万
	国泰君安南京太平南路营业部 作手新一	5621.43万	--	5621.43万
	国盛宁波桑田路营业部 宁波桑田路	3448.94万	--	3448.94万
	财通温岭中华路营业部 广东帮	3383.28万	--	3383.28万
	卖出营业部前五	买入	卖出	净额
	海通上海徐汇区柳州路营业部	--	5.44亿	-5.44亿
	广发深圳深南东路营业部	--	2.77亿	-2.77亿
	平安深圳金田路营业部 欢乐海岸	--	1.30亿	-1.30亿
	沪股通专用 沪股通专用	--	3585.05万	-3585.05万
	机构专用 机构专用	--	3258.01万	-3258.01万

图 5-6

第五章 关于集合竞价和"核按钮"

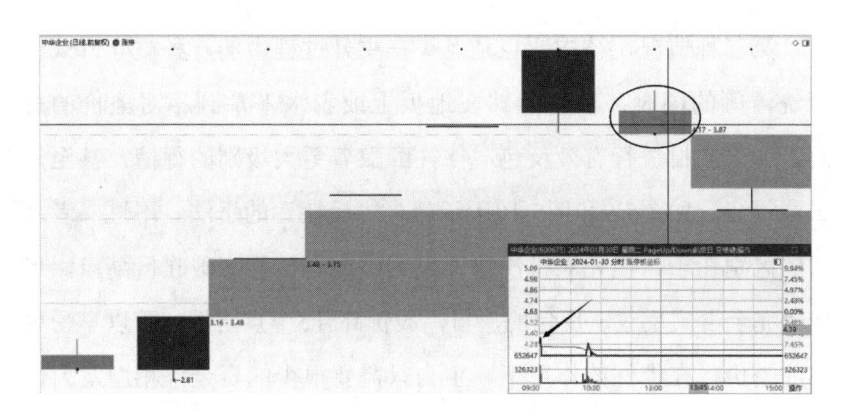

图 5-7

通常情况下,"核按钮"在以下几种情况,需要引起足够的重视。

第一种,股价刚启动,人气度建立之初,便采取"核按钮"这种方式,是可以口诛笔伐的。不过反过来想,一只股票在启动阶段能被核掉,本身也说明了,这样的股票成不了龙头。

第二种,龙头在启动之初,一旦确立龙头地位的时候,此时的"核按钮"往往会遇到多头力量强大的阻击,形成"反核"。这种"反核"最终以板的形式收盘,多头完胜空头,其实是对龙头的确认和人气度的加强。此时合理地利用这种"反核"方式,往往会有奇效,收效甚大。如图5-8所示。

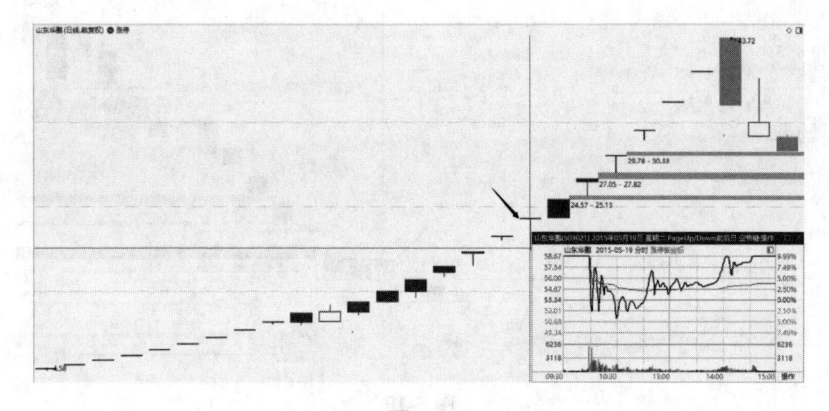

图 5-8

第三种情况,核按钮也是龙头在主升过程中的一种震仓方式,清洗浮筹的同时,往往能够在地板上或者水下拿到相对廉价的筹码,如果次日进行有效反包,往往酝酿着更大级别的行情,甚至是二波行情。如图5-9和图5-10所示就是"反核"的手法。不过二者之间的区别在于,星光农机次日反包突破或者即将突破昨日高点,形成"完全"式反包,反包的次日,股价高开5个点附近,可以享受更高的溢价,在惯性的作用下,主力只需要很少的资金,稍微发力便可以形成市场合力,将股价推升至涨停,形成连板走势;而像模塑

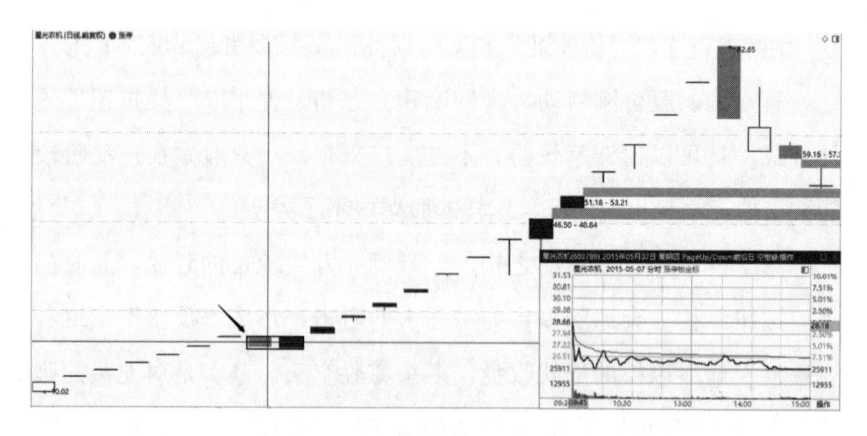

图 5-9

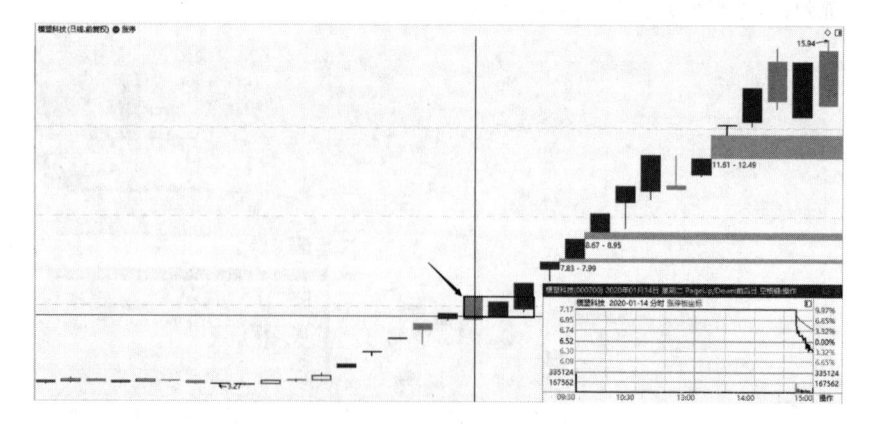

图 5-10

科技这种类型的"不完全"式反包，虽然次日涨停，但是涨停价没有"完全"突破昨日大阴线的最高点，甚至只能达到昨日大阴线实体二分之一位置，这样的"不完全"式反包，次日股价大多会平开或者略微低开。其原因就是，"不完全"式反包虽然以涨停收尾，但是昨日的套牢盘依然未被彻底解放，除非涨停质量非常之高，超预期涨停，否则很容易触发套牢盘的疯狂砸盘，而且，涨停反包的次日，主力依然需要面对套牢盘和获利盘的双重抛压。同样是反包，但是反包的效果以及享受的次日溢价，甚至对于未来股票的整体走势的影响是完全不同的，甚至是大相径庭。龙头在连板走势中合理地利用大阴线震仓是有必要的，可以拿到相对廉价筹码的同时，清理掉浮筹，为后市的拉升及时扫清障碍。不过，切记这种震仓手法的运用需要有个前提：需要建立在以连板为基础和强大的人气度基础上的主升行情，否则，胡乱使用"反核"方式，只能是偷鸡不成反蚀把米。

第四种，谨防高位核按钮。股价运行到高位时，一旦被"核按钮"，出现放量大阴线，则很容易形成股价的顶部。如图5-11所示。

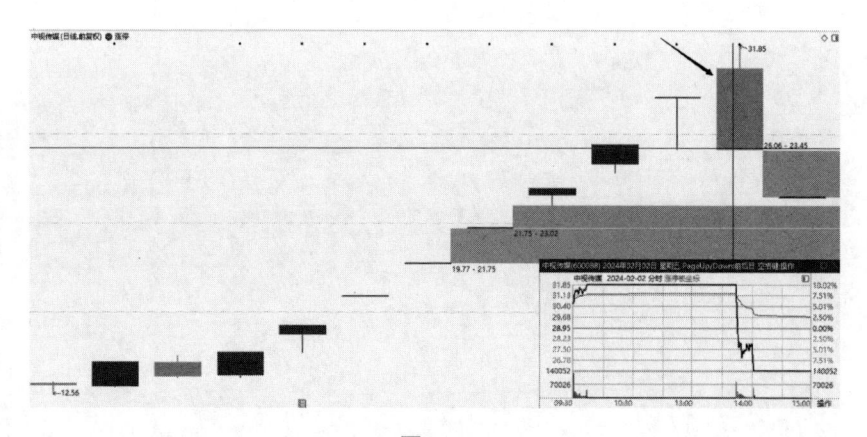

图 5-11

在这里，我有必要重点讲讲集合竞价中的"核按钮"。

很多人并不喜欢"核按钮"，很讨厌这种交易方式。认为这种出货方式过于极端，手法太丑陋，会严重的挫伤个股人气和市场交易者的积极性，影响股价的上行效率，包括我本人也并不喜欢，甚至是极度厌恶"核按钮"。但是，客观上来看，"核按钮"只是一种交易方式而已，也属于龙头战法的交易手段之一。在个股和市场环境极端恶劣的情况下，手中握有大量筹码，而又想要在合适的时机以理想的价位全部脱手，怎么办？唯有合理充分地利用集合竞价，而此时的成交量是最大的，且成交的价格是最佳的，游资便采取了这种"非常规"的极端交易方式，虽然看似不合理，不近人情。其实是以最不合理的方式完成了最为合理的交易行为。可以说，"核按钮"是集合竞价的交易部分，本身并没有过错，是市场的选择。所以，我们对待"核按钮"可以嗤之以鼻，但是还是需要理性对待，跟"核按钮"生气，其实就是跟市场生气，一点儿好处也没有。

第六章 题材,是龙头的第一生产力(上)

炒作的目的通常是激活市场,让自己能随时以某个价位抛出大宗股票。

大多数炒作的目的是以最好的价格把股票卖给散户。与其说是卖出,不如说叫分散出货更合理一些。如果你不能引诱散户从你的手上承接股票,抬高股价就没有意义。

要让一只股票一路上涨,第一步是让它先涨起来。你得通过宣传并落实你的实际意图来扩大结果,而最好的宣传方式莫过于让这只股票真的变得活跃而且走势强劲。万事俱备后,世上最有力的宣传工具就是行情走势,世界上最有效的广告媒介就是行情走势。我只要让这只股票变得热门,就可以达到所有这些理想的效果。

——(美)杰西·利弗莫尔

题材,是龙头诞生的土壤,是龙头的第一生产力。

那么,什么是题材?什么又是概念呢?很多人分不清二者之间的区别。

题材，就是事物本身的行业属性，自身的特性。某只股票属于制造业板块，属于制造行业，这是它的题材属性。而概念，是由题材引申出来的衍生品，富有想象力和想象空间的东西。就好比我姓李，名四，我是个英雄。李四，是我的名字，而英雄这个光荣的称号，是别人赋予我的一个特殊的殊荣，是大家对我的肯定和赞誉，英雄仅仅是个概念，是一份荣誉而已。

曾经看过这么一个短视频，小女孩儿哭闹着回到家中，妈妈问为什么哭呢？小女孩儿说：班上有个小男生说我丑，说我是只丑小鸭。

妈妈很聪明，也很善于开导小女孩儿。

妈妈：你叫什么名字？

女儿：我叫李**。

妈妈：这个名字，好听吗？

女儿：好听。

妈妈：你觉得自己长得好看吗？

女儿自豪地说道：好看，不仅好看，还特别聪明，我会跳很多舞蹈呢。

妈妈说：那李**是什么，是不是你的名字，是不是事实？

女儿：是的。

妈妈：那别的小朋友说你的长得丑，说你是丑小鸭，那是什么？

女儿：那是别人的观点和看法。

妈妈：对喽，事实是我们很漂亮，可别人不喜欢我们，说我们是丑小鸭，那是别人的看法，你觉得别人的看法对不对？

女儿开心得笑起来：不对，我是最棒的！

第六章 题材,是龙头的第一生产力(上)

虽然是一个短小的故事,却很形象地说明了事实和观点二者之间的区别。同样的道理,机器人属于制造业,制造业就是它本身的属性,是题材;而概念是由题材这个事物的本身属性延伸、派发出来的东西,市场可以赋予它很多概念:比如人工智能、AI、工业4.0等等,这是概念。

这下,是不是对题材和概念就区分清楚了呢?

我们知道,A股是个政治市,更是个政策市,比较依赖于国家的政策刺激。因为A股是个散户为主的市场,很多时候由于缺乏充分的论证,主力也更愿意讲故事,尤其是那些美丽而动人的故事。当然了,散户也喜欢听故事,尽管事后大家都知道这些故事纯属子虚乌有,但是,在那个爆发节点上,主力和散户之间达到了惊人的默契,一个美丽的"谎言"也就成"真"了。A股的炒作很多时候是需要"美丽的故事"的,正因为这些"美丽的故事",赋予了一只股票以生命,赋予了它足够的想象力和想象空间。尤其对于龙头和妖股来说,题材的想象力是行情的催化剂。

题材,是龙头的灵魂,是龙头诞生的第一生产力。

殊不知,**题材和概念也是有等级的**。

最强的当属国家新政。国家重大的政策,就是最直接,最重大的题材,直接影响着A股的市场表现。因为A股是经济市,更是政策市,政策也是国家意志的重大体现。A股时刻响应着国家的号召,并时刻做出及时的反应。对政策极为敏感,尤其是中央发布的一些新的、重大政策更是反应强烈。

细数近几年的国家级重大政策,比比皆是。

2012年中国金融改革率先从浙江开始,打响了中国金融改革的第一枪,浙江东日率先发力,涨幅高达3倍。如图6-1所示。

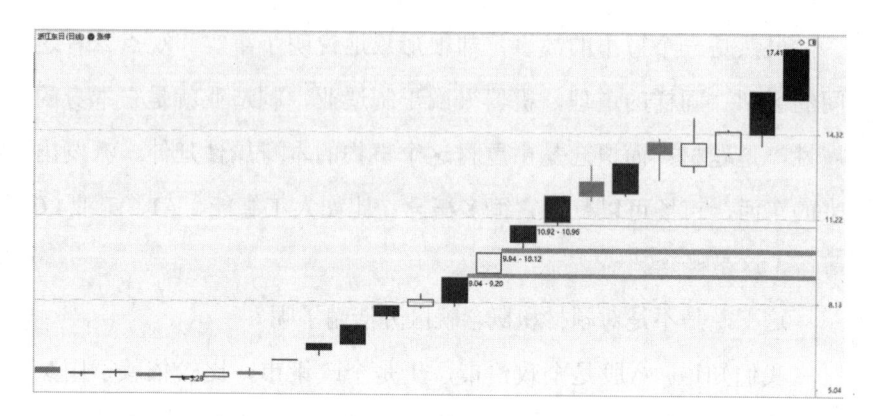

图 6-1

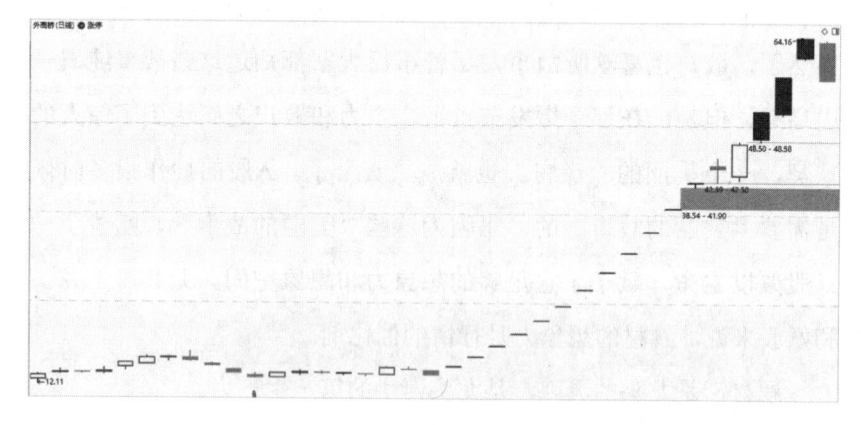

图 6-2

2013年，国家决定在上海设立自贸区，上海率先在全国推行自贸区试验，催生了一大批诸如外高桥、陆家嘴、上港集团、上海物贸等一批上海国资龙头股。其中，尤以上海物贸表现最为突出，从2013年7月到9月底，短短的两个月时间，涨幅惊人，高达6倍之多。如图6-3所示。

2013年3月底，国务院总理李克强在上海调研期间考察了位于浦东的外高桥保税区，并表示鼓励支持上海积极探索，在现有综合保税区基础上，研究如何试点先行在28平方千米内建立一个自由贸易试验区。同年7月3日，李克强主持召开国务院常务会议。会议原则通过了《中国（上海）自由贸易试验区总体方案》。

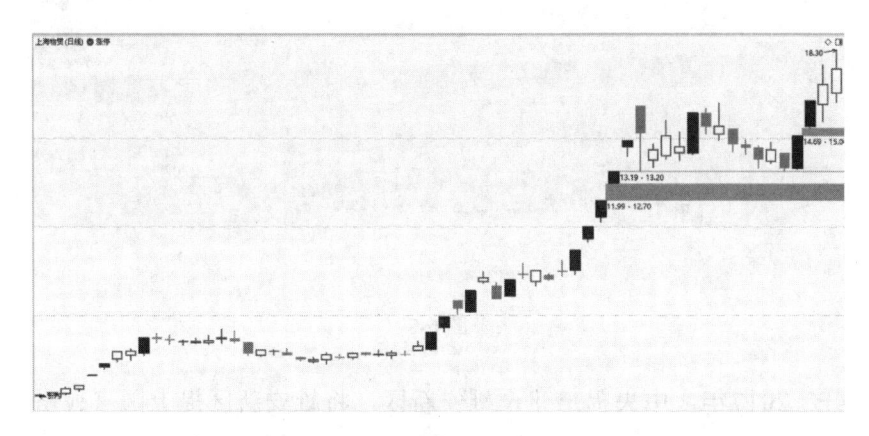

图 6-3

2014年，"一带一路"概念股崛起。中国铁建，中国中铁，中铁二局一路飙升，涨幅高达10倍之多。后来随着南北车合并为中国中车，更是将一带一路推向了高潮。2015年12月31日，南北车合并为中国中车重组复牌，一口气拉出了6连板，在长达半年之久的行情中，涨幅达到了惊人的6倍之多。如图6-4和6-5所示。

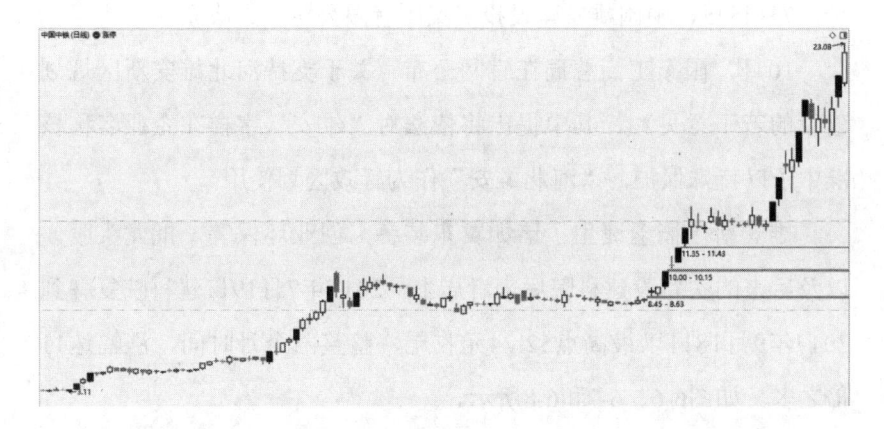

图 6-4

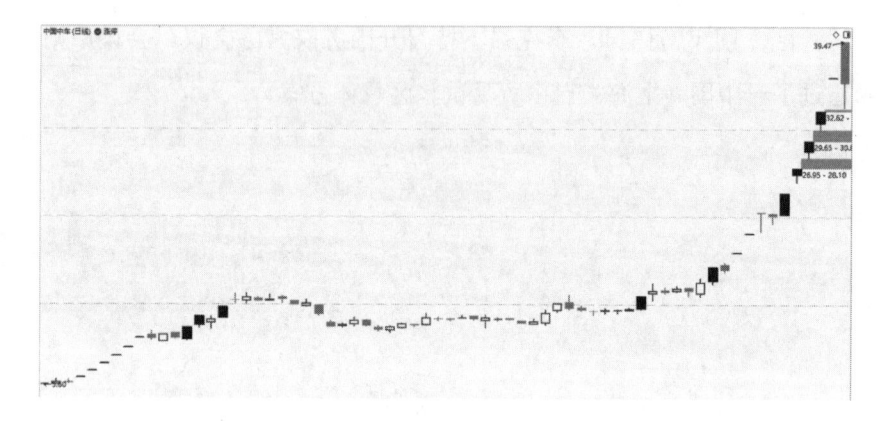

图 6-5

2017年，中央提出建设雄安新区，将雄安新区提上国家战略层面。

2017年2月23日，河北雄安新区规划建设工作座谈会召开。

4月1日，中共中央、国务院印发通知，决定设立河北雄安新区。

6月，中国共产党河北雄安新区工作委员会、河北雄安新区管理委员会获批设立，为中共河北省委、河北省人民政府派出机构。

7月18日，中国雄安建设投资集团有限公司正式成立。

10月，国家工商总局在官网公布《关于支持河北雄安新区规划建设的若干意见》，其中提出将依法对"雄安"字样在企业名称核准中予以特殊保护，"河北雄安"作为行政区划使用。

雄安新区概念诞生了诸如冀东装备，创业环保等一批龙头股，以及后来的次新股建科院后来者居上，2017年7月19日建科院复牌到2017年9月18日以最高点52.74元收尾，整整两个月时间，涨幅达11倍之多。如图6-6、6-7和6-8所示。

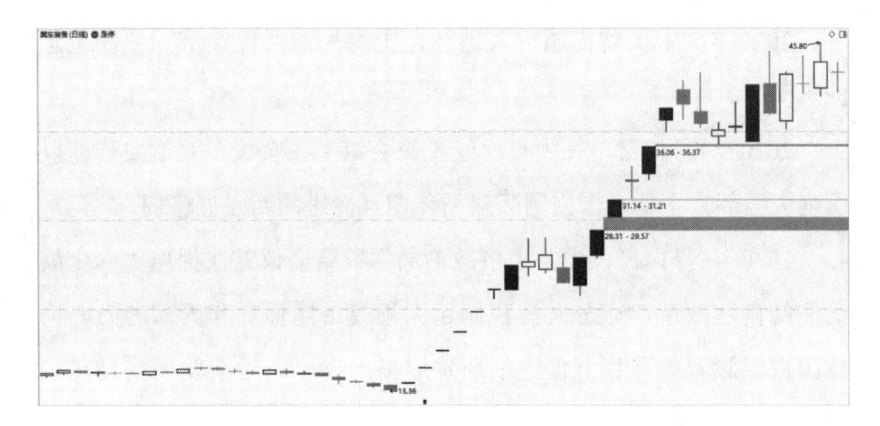

第六章 题材，是龙头的第一生产力（上）

图 6-6

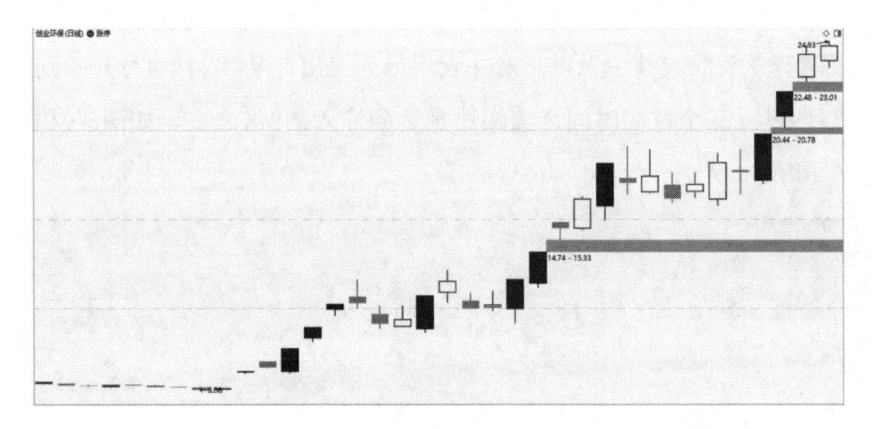

图 6-7

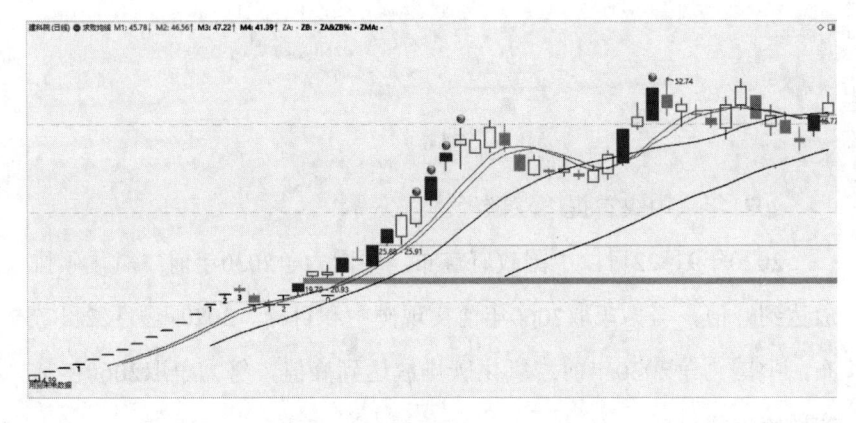

图 6-8

2020年，中央首提国内大循环，国内外双循环经济，免税概念应运而生。

2020年4月10日，在中央财经委员会第七次会议，强调要构建以国内大循环为主体、国内国际双循环相互促进的新发展格局。

2020年5月14日，中共中央政治局常委会会议首次提出"深化供给侧结构性改革，充分发挥我国超大规模市场优势和内需潜力，构建国内国际双循环相互促进的新发展格局"，之后新发展格局在多次重要会议中被提及。

免税概念催生了一批诸如中国中免、王府井、百联股份和鄂武商A等龙头股。其中尤以王府井表现最为突出，从2024年4月开始到7月9日，三个月的时间，涨幅更是达到惊人的8倍之多。如图6-9和6-10所示。

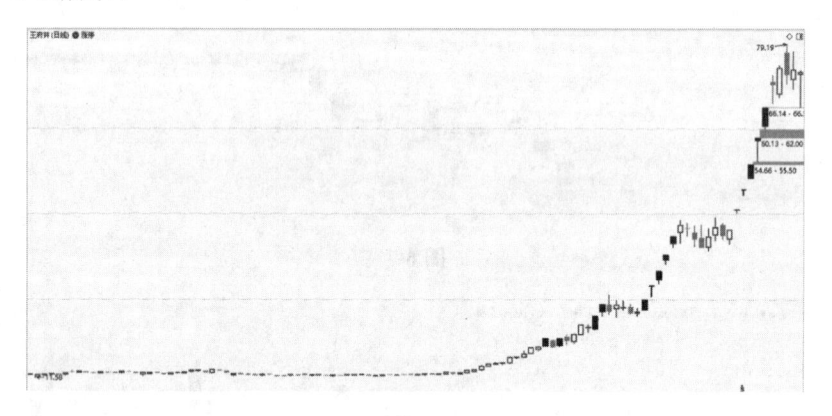

图 6-9

2021年，中央首提"双碳经济"。

2020年9月22日，中国政府宣布，中国力争2030年前二氧化碳排放达到峰值，努力争取2060年前实现碳中和目标。2020年9月22日宣布，中国力争2030年前二氧化碳排放达到峰值，努力争取2060年前实现碳中和目标。

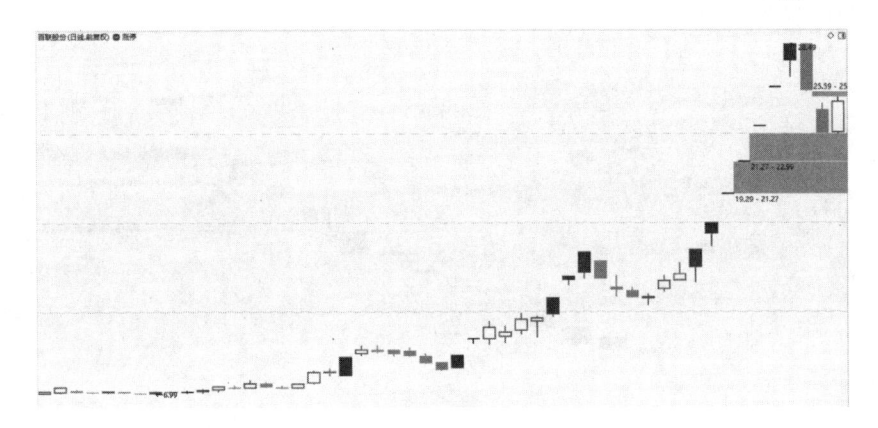

第六章 题材，是龙头的第一生产力（上）

图 6-10

2021年5月26日，碳达峰碳中和工作领导小组第一次全体会议在北京召开。

2021年10月24日，中共中央、国务院印发的《关于完整准确全面贯彻新发展理念做好碳达峰碳中和工作的意见》发布。作为碳达峰碳中和"1+N"政策体系中的"1"，意见为碳达峰碳中和这项重大工作进行系统谋划、总体部署。

2021年10月，《关于完整准确全面贯彻新发展理念做好碳达峰碳中和工作的意见》以及《2030年前碳达峰行动方案》，这两个重要文件的相继出台，共同构建了中国碳达峰、碳中和"1+N"政策体系的顶层设计，而重点领域和行业的配套政策也将围绕以上意见及方案陆续出台。

一大批"双碳经济"龙头股诞生，诸如顺控发展，南网能源，长源电力和华银电力等。其中，尤以新股顺控发展和南网能源表现最为惊艳。顺控发展自2021年3月3日到4月4日长达一个月的时间里，涨幅达到了10倍，而南网能源在长达3个月的时间里，涨幅居然高达15倍之多。如图6-11、6-12和6-13所示。

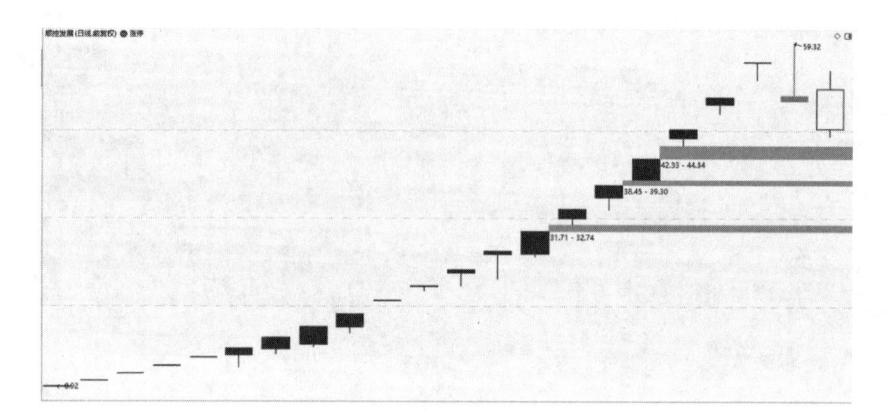

图 6-11

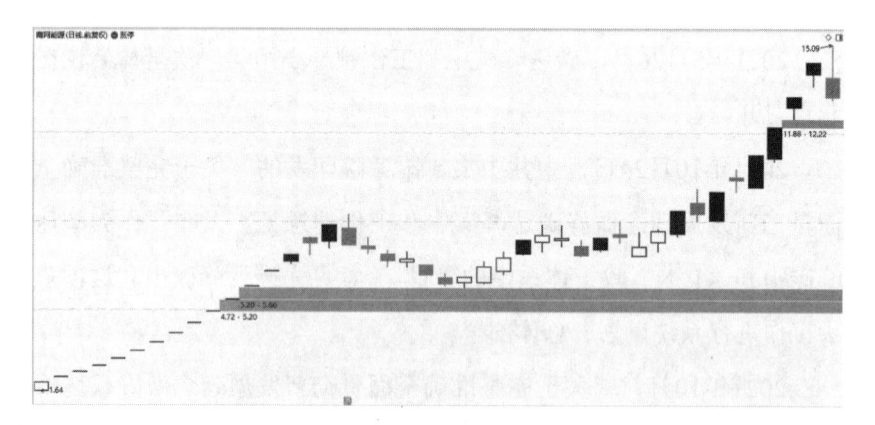

图 6-12

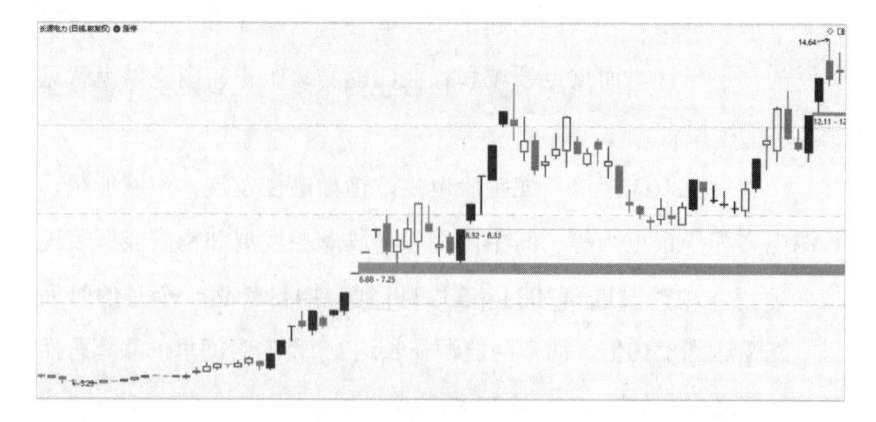

图 6-13

诸如此类，不胜枚举。不难发现，每次国家级重大政策，A股都会给予热烈的回应，以龙头的形式展现出来，走出波澜壮阔的行情。

第二等级，新技术，新产业。这是一个从0到1，从无到有的技术突破，这些新技术的出现往往会对社会或者某一个行业产生重大的突破性进展，甚至对中国乃至世界产生重大的技术变革，形成重大而深远的影响。

自人类发明了钻木取火，到中国农业社会的造纸术、印刷术、火药术和指南针四大发明，直至近现代工业社会出现的四次工业革命：

第一次工业革命：发生在18世纪60年代至19世纪中期，以蒸汽机的广泛应用为标志，极大地提升了生产效率，推动了交通运输业的重大革新。

第二次工业革命：发生在19世纪10年代至20世纪初，以电力和内燃机的广泛应用为标志，推动了通讯、交通、工业生产等各个领域的进步。

第三次工业革命：发生在20世纪后半期，以计算机和原子能技术的广泛应用为标志，推动了信息处理和通信技术的飞速发展。

第四次工业革命：发生在21世纪初至今，以人工智能、清洁能源、机器人技术、量子信息技术、虚拟现实以及生物技术等技术的广泛应用为标志，推动了人类社会向数字化、智能化和自动化的方向发展。

不难发现，四次工业革命的历程，都是以新技术的出现、重大的发明创造为标志，这些新技术、新发明和新创造不仅大大地提升了生产效率，极大地推动了人类和社会的进步，对人类的生活方式也产生了深远的影响。比如，国内核电技术的重大技术性突破，例如佳电股份。如图6-14所示。

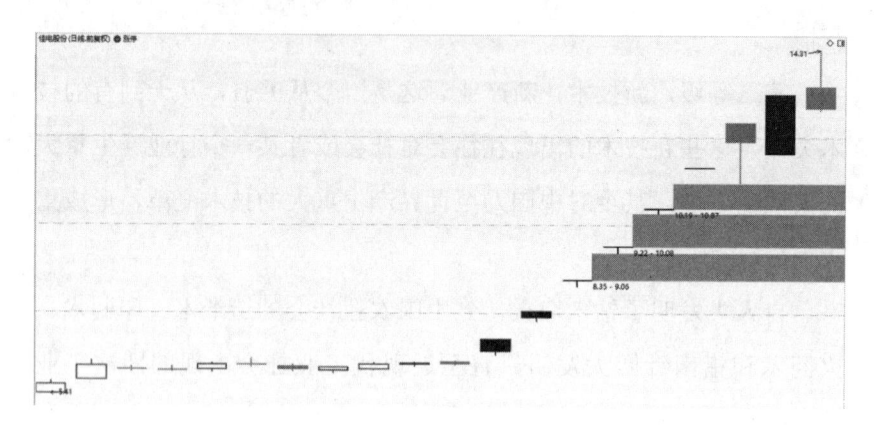

图 6-14

再比如，新能源汽车的诞生，最典型的就是特斯拉。随着特斯拉的诞生，对国内外新能源汽车产生了重大而深远的影响，尤其是颠覆了国内外传统车企上百年依靠燃油的历史，以电能替代了燃油，进而催生了国内外新能源汽车的产业链爆发。比如模塑科技和赛力斯。如图6-15和图6-16所示。

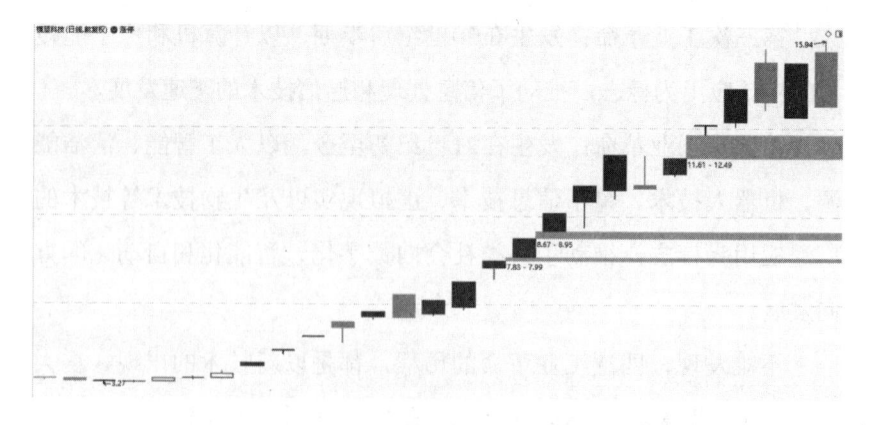

图 6-15

第六章 题材，是龙头的第一生产力（上）

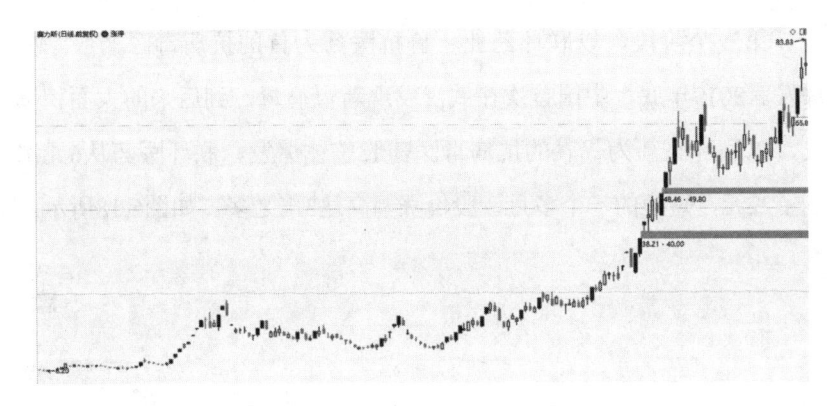

图 6-16

第三等级，新事件。比如重大地质灾害，突发事件，包括地震，海啸，火灾，战争等等。

值得注意的是，这些新事件需要区分国内外，根据事件大小、影响深远程度不同，对行情的刺激也有所不同。

比如2008年汶川特大地震，刺激了以四川路桥和重庆路桥为首的基建的爆发。如图6-17所示。

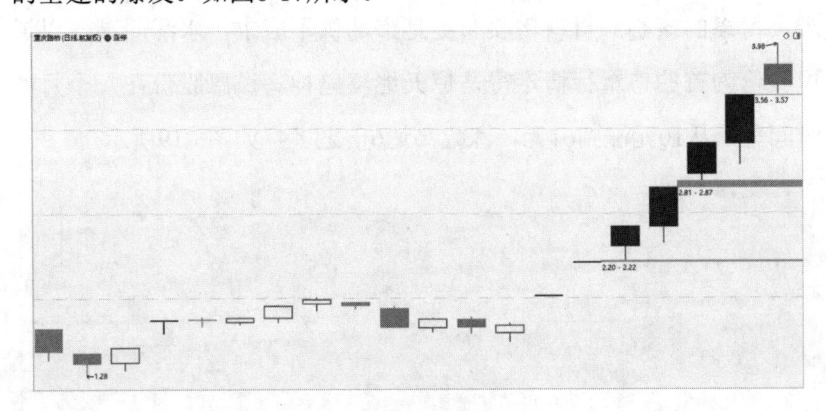

图 6-17

再比如2019年全球爆发的新冠疫情，疫情席卷全球，刺激并带动了医药股的长牛行情。医药行情整整持续了三年之久，大致可以分为三个阶段：

第一个阶段，以联环药业、鲁抗医药为首的抗病毒医药股率先爆发。2019年底，中国首次在武汉发现新冠病毒，到后来的大面积爆发，以联环医药为代表的抗病毒医药股整体爆发，联环医药从6元涨到了22元，短短的一个多月，股价涨幅高达3倍之多。如图6-18所示。

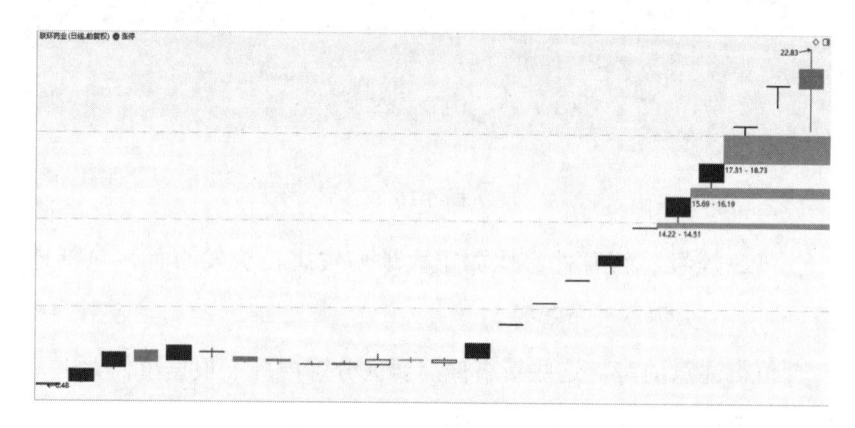

图 6-18

第二个阶段，受新冠疫情影响，国内口罩奇缺，各地供不应求，口罩的核心原材料熔喷布更是市场供不应求，水涨船高。以道恩股份为首的口罩行情走得是惊天地泣鬼神。道恩股份在一个月的时间里，从10元涨到61元，涨幅高达6倍之多。如图6-19所示。

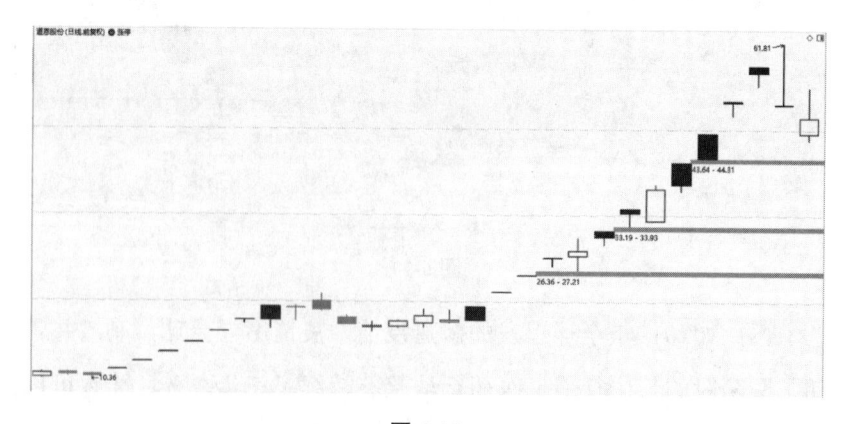

图 6-19

第三个阶段，疫情肆虐全球，全世界开始着手研发抗新冠病毒疫苗。其中以中国医药、新华制药为首的疫苗股顺势崛起。如图6-20所示。

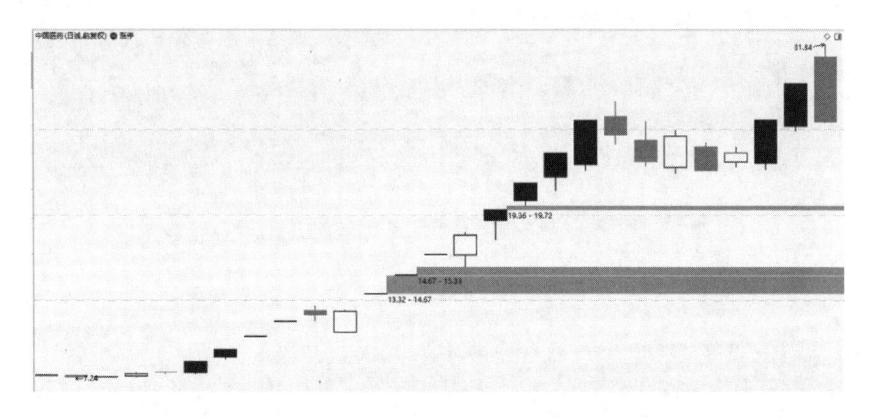

图 6-20

当然了，还有一些零散的概念性题材，比如高送转、重组题材、摘帽、借壳上市、涨价等等。这里不多做详细解读。

第七章 题材，是龙头的第一生产力（上）

上一章节，我们大致梳理了近十年来国内重大的政策以及相关题材和概念。不难发现，无论从爆发力上来说，还是从短期涨幅和长远影响力上来讲，最强的是国家新政，其次是新技术和新发明，最弱的当属于新事件。

当然，还有个别属于例外。比如：

2015年新能源汽车产业的出现和发展。

2019年新冠疫情。

2021年储能。

2023年AI。

……

这些题材持续周期之长，资金布局之深，影响之深远，绝非短期炒作所能达到。我们针对这种情况，根据市场表现，赋予它赛道股的概念，后面的章节中我们有专门的论述。

单就新政来说，也是有等级之分的。2013年，国家首次在上海浦东设立自贸区，回头看看涨幅多少？上海物贸从2013年6月25日低点3.69元到9月25日，整整三个月，股价涨幅达6倍之多。如图7-1所示，上海物贸。

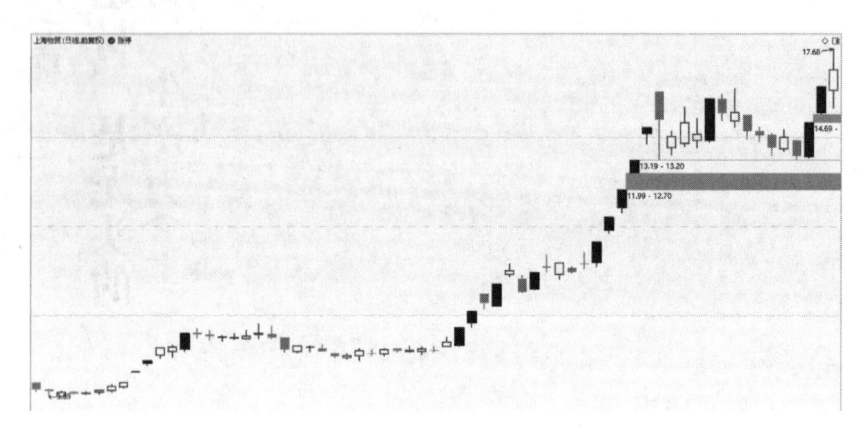

图 7-1

相继国家又推出了天津自贸区、平潭自贸区。我们来看看天津自贸区和福建自贸区的龙头股走势如何：以福建自贸区厦门国贸为例，如图7-2所示，厦门国贸。

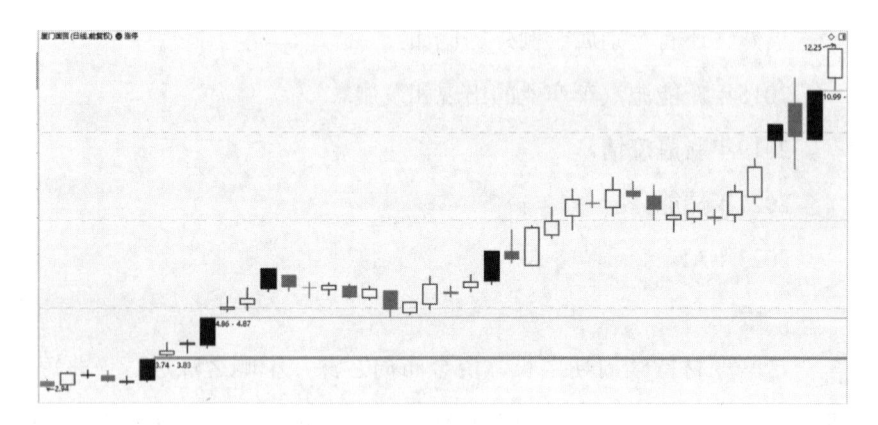

图 7-2

两相对比，就可以看出来，无论是从短期涨幅，还是板块的集群效应和联动性，还是从影响的深度和广度上来说，上海自贸区概念市场表现都要远优于天津自贸区和福建自贸区。

第七章 题材,是龙头的第一生产力(下)

而且,包括后面设立的新疆自贸区,陕西自贸区等等,市场表现是呈现依次递减的。以及市场后来反复炒作自贸区概念,行情的级别和涨幅同上海自贸区相去甚远。虽然是自贸区改革,明显上海自贸区涨幅和板块效应最为突出,涨幅最大。天津自贸区和福建自贸区涨幅已经远远小于上海自贸区了,后来的湖北自贸区,陕西自贸区市场反馈一般,基本上都没掀起多大的行情。同样是自贸区,为什么区别这么大呢?同是自贸区,不过是再扩大,再延伸罢了,也就是说,已经不是新料了,市场认可度也不一样了,市场不再有过多过高的期望值,自然资金就不会掀起更大的行情了。

为什么会出现这种情况呢?原因很简单,上海自贸区是国家首次提出设立自贸区,具有开创性和划时代意义,自贸区概念是个新生事物,是一个从无到有,从0到1的过程,属第一次。无论是概念的新颖性,还是市场的接受度上,后来者都是没法比的,是第一个吃螃蟹的。市场后来又有过几次频繁炒作自贸区概念,可是大家就没有新鲜感了,给人一种老调重弹,吃剩饭的感觉。资金也吊不起胃口了,也不再发力,顶多就是短炒而已,不会再掀起大级别行情。

所以,无论任何题材和概念都讲究一个新字。

新,是开创精神,是从0到1,从无到有的过程,具有原创意义。

这个新,主要体现在两方面:

第一方面,第一性。所谓的第一性,我们可以引用它的定义来诠释。

第一性原理:概念源自古希腊哲学家的逻辑学说,尤其是亚里士多德提出的观点:"每个系统中存在一个最基本的命题,它不能被违背或删除。"这一理念在现代科学中被广泛接受和应用，特别是在科学研究和技术创新的思维模式中。

第一性原理的含义：

它指出要找到事物背后的最基础的条件或原理，通常是最基本的假设或命题，这些原则被认为是不可改变的，也不应被忽略或删除。

第一性原理可以是哲学上的，也可以是科学上的，它们构成了系统的基础，并提供了推理和分析的基础。

应用第一性原理时，需要从最基本的元素开始，逐步构建起复杂的问题或系统的理解。

这里的第一性指的是哲学层面上的定义。意指事物最基本，最基础，最原始的东西，也就是事物的本身，是什么就是什么，是不允许更改和不可改变的。

龙头的第一性，指的是首次，第一次提出来，以前从来没有出现过的现象、事件或者是政策。其重点强调首次、第一次，是原创性的。

2012年，国家率先从浙江开始金融改革，在温州设立金融示范区，打响了金融改革的第一枪

2013年，提出"一带一路"倡议。

2013年，国务院批准设立中国（上海）自贸区。

2017年，国家首次在雄安设立雄安新区，雄安新区上升为国家战略。

2020年，中央首次提出"国内大循环，国内国际双循环"。

……

第七章 题材，是龙头的第一生产力（下）

这些都是首次提出，具有原创意义。推动中国和世界前进的动力是创新。

这些国家层面的革新，深远影响着并改变着中国，积极推动着中国迈向世界先进发达国家行列。

再比如2015年新年新春晚会上，首次使用了电子支付红包，这就属于新的东西。中国几千年以来，无论是逢年过节，还是婚宴酒席，大家发红包都是把现金装进红包里面，这样既显得正式，又得体，一直沿用至今。电子红包首次在央视这种国家级媒体正式出现，颠覆了大家的几千年来传统的支付理念和支付习惯，既便捷，又安全。而且，还催生了后来一批支付宝和微信等支付巨头。虽然我们现在使用起来得心应手，顺理成章，可放在当时，可是一件意义非常深远的重大事件。最典型的就是新的支付方式的出现，催生了当时的大牛股生意宝。生意宝从2015年1月开始，4连板起步，行情持续到2015年6月，达半年之久，涨幅高达7倍。如图7-3所示。

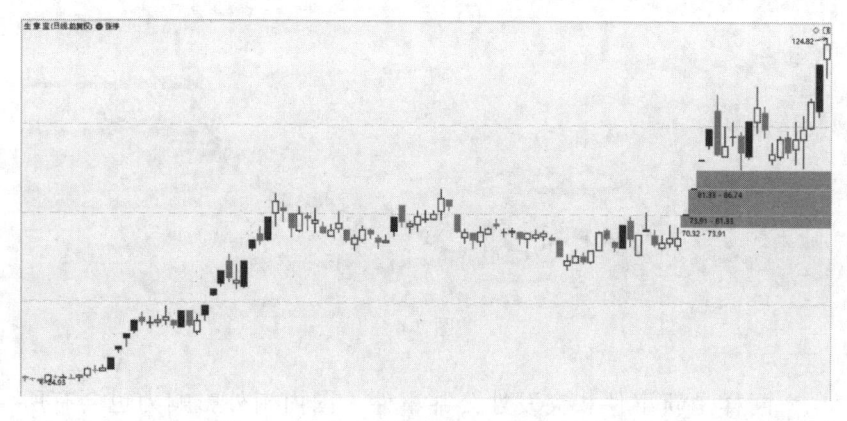

图 7-3

第二方面，新的具体表现形式是唯一性，即独一无二。 第一性讲究首次，第一次和原创性。而唯一性讲究你有我也有，你没有我还有，而且，独此一家，属于独门生意。大家熟知的贵州茅台无论从原材料，还是酿酒制造工艺方面，在全国甚至全世界独此一家，没有第二家。类似的有很多，比如"中药之王"片仔癀，苹果手机的IOS操作系统等等。

特斯拉颠覆了传统车企，也影响着中国电动汽车行业。华为利用自身软件、系统的技术性优势，和传统车企合作，强强联手，开发新能源电动车。华为的合作方小康汽车，就是独一份，这里面既有品牌与品牌之间的强强合作，也有国家战略层面的深远考虑，小康汽车横空出世。小康汽车（注：现改名赛力斯）从2020年9月到2021年6月，长达10个月的时间，股价整整翻了10倍。如图7-4所示。

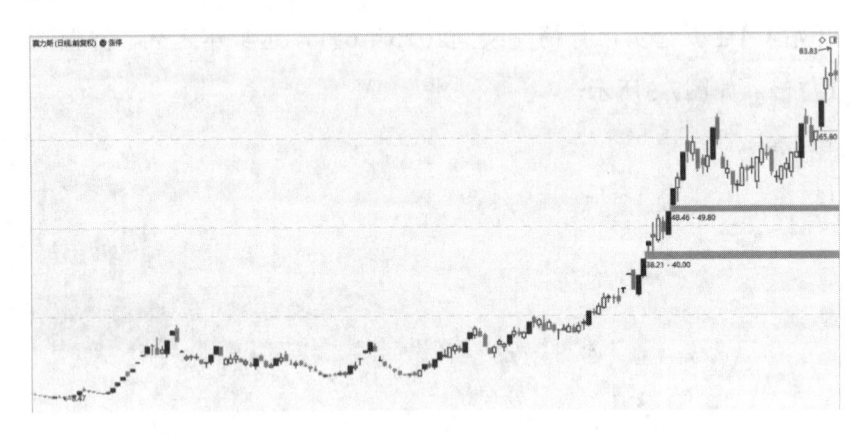

图 7-4

同样是新事件和突发性公共事件，国内国外影响力也会有所不同。

需要注意一点的是，这些题材需要区分国内外，以及是否对国

第七章 题材,是龙头的第一生产力(下)

内产生重大而深远的影响。就拿战争和战役来说,战役指的是局部地区的冲突,而战争则不同,无论从规模,地域还是影响上,都是战役所不能比的,战争对社会的影响一定是大于战役的。这样,就不难理解为什么东南洋海啸、日本地震等等这些突发事件对国内的影响微乎其微了。

第八章 量价关系,乃龙头的真谛

2018年,北京。离2008年,已经整整10年了,再次回到北京大学,很熟悉,很亲切的感觉。10来人,聚在一个咖啡厅里。

关于量和价的问题,历来纷争不断,时至今日,也没有个具体的定论。

这个问题的核心焦点,不在于量和价谁更重要,更有价值的问题。而是,量和价谁在先,谁在后的问题。

这次粉丝见面会,因为平时大家都彼此熟悉,见面也就没什么寒暄之词,开门见山地开始了。

求败 今天,我们讨论讨论量和价的问题吧。

A 我先说吧,量在价先。我觉得量为先,因为量代表着资金,资金是否入场,是我们参照的标的,就像个股一样,如果没有大资金青睐,我是不会关注这只个股的。如果没有大资金入驻,无论是指数还是个股,都不可能持续性上涨。这是我判断的依据。

求败 那如果只有量,而没有价呢?会怎样?

A 大资金入驻,量能突变,形成量能平台。如果股价站上去,表示多头占优;如果没有站上去,表示空头占优。所以,我觉得先得有量，有主力入驻，这是进场信号，至于股价是否站上量能平台，才是我们是否进场的信号和标准。

求败 如果没猜错，你学过义阳的《博弈量能平台》吧？

A 对的。我很早就学过，而且获益匪浅，实战效果也相当不错。

（备注：关于义阳的《博弈量能平台》，后面我会单独设一章节详细论述。今天，不用过多赘述。）

求败微微笑了一下。

这时候，离求败最远处的一个人发话了。

B 我玩股票这么久了，我觉得量和价都很重要。量价完美配合，股价才能飙升。

求败 是的。然后呢？

B 继续补充道：只有价，而没有量，股票走不远；而只有量，没有价，不足以显示这个股票的质地和特质。

求败 说得很好，那么问题来了，量价怎么配合才能走得更完美呢？

B 量价齐升，最好。我通常会观察启动板的量，再看看次日接力是缩量还是放量，如果缩量的话，连板后面是需要继续补量的，也就是说需要分歧板的产生，有个质变的过程，由强势股质变为龙头，这是龙头产生的必要前提。

听到这里的时候，大家都盯着他，投出了羡慕的眼神，这眼神里有光。

求败 那如果次日接力放量怎么办呢？

B 那得看次日接力板放量是温和放量，还是剧烈放量？如果温和放量的话，这股绝对是个好的标的，如果放量太剧烈，有可能主力就跑掉了。

第八章 量价关系，乃龙头的真谛

求败这时候笑了起来，看着大家。

求败 难道我们不该给点儿掌声吗？大家一起来。

大家一起热烈地鼓起掌来，异口同声，讲得真好！

求败 那么，放多大的量比较合适呢？有没有具体的量化标准呢？

B 我通常会把首板，也就是启动板的量作为基准量，再看接力板的量标准是：平量，倍量，还是N倍量。

求败 难道你不关注涨停的质量和涨停板的成色吗？

B 当然关注。涨停板的质量决定了主力的态度和主力的实力。

求败 比如呢？

B 次日接力，无非分为这么几种。

① 接力失败。

② 缩量秒板。

③ 放量分歧板。

④ 放量，且分歧转一致板。

大概就这么几种吧。

求败 那你更喜欢哪种呢？

B 我最喜欢第4种，这首先意味着有资金承接，其次，分歧后转为一致板，意味着3板会加速。这样，我既可以在2板从容介入，又可以在3板享受高溢价，即便3板不涨停，我也可以安全脱手。

求败 哦。

这时候，大家安静了下来，目光投向求败，似乎是在寻求答案。

这时候，求败笑了笑。

求败 那你有没有考虑一个问题呢？

有没有考虑这个涨停板的位置和空间问题呢？

B 好像想起了什么，连忙补充道：对对对，这点很重要哈。

求败 我一直强调一句话，12个字：

> 位置，决定风险。
>
> 空间，决定收益。

涨停板，不是无缘无故产生的，也就是说，单个的涨停是毫无意义的。连板从某种意义上来说，是市场的认可，或者是对突然出现利好消息的确认和积极反馈。撇开位置和空间，或者其他因素单纯的聊涨停，是毫无意义的，是空洞的，是乏味的。无论质量多高的涨停，也无论放多大的量，位置和空间是必须且首要考量的一个因素。当你复盘的时候，首先应该习惯性的是先复盘涨停板。然后在这一堆涨停板里面，第一要做的就是看哪些涨停板的质量和成色最好，哪些涨停板位置和空间最佳，哪些涨停板最有龙头潜力，对吧！而具体到某一只票上来说，就是看看它前期有没有高点，这些高点是否有压力，是否有套牢盘，目前的股价是否已经突破前期压力位，获利盘是多少，这是我们选择涨停目标股的第一习惯性动作。一般而言，底部放量涨停，远比高位放量涨停要好得多。

B 那如何界定一只股票位置高与低呢？您是什么标准和依据呢？

求败 这个问题嘛，其实，很简单哈。底部大家都看得出来，对吧？那么，如何界定位置的高与低呢？有两个标准：第一个标准：看这波启动的绝对低点位置，通常意义上来讲，这个绝对低点，大多数情况下，只具备参考价值，而不具备特别有意义的实战价值，甚至对我们的操作也够不上什么帮助，因为这个绝对低点是留给主力建仓的，毕竟主力建仓需要一个相当长的建仓周期。相比较而言，我更喜欢第二个启动位置，也就是距离首板时间最近的那个相对的低点位置，这个相对低点，无论是参考价值，还是实战价

第八章 量价关系，乃龙头的真谛

值，都是非常关键的。原因嘛，很简单。从绝对低点到相对低点这段时间，主力已经经过了相当长的运作周期，吸足了筹码，拿足了货，已经完全具备了随时启动拉升的条件。知道潜龙为什么最难做吗？因为潜龙通常是股价被打到一个绝对低点后的强势反弹，此时的涨停板，甚至是连板，看似安全，实则最不安全，因为它需要解决拉升过程中各种的抛压，比如获利盘的抛压，比如前期套牢盘的抛压，甚至还需要面对指数环境带来的恐慌盘的抛压。但是，有一种情况除外，那就是经过长期底部盘整，筹码消化的差不多了，在这个底部构建新的筹码峰，就是我们通常说的"一线天"，这种票另当别论。相比较底部启动，我更喜欢平台型爆发的涨停，也就是我们经常讲的亢龙，因为这种票具备两个特质：

① 主力建仓完成，筹码已经在底部拿足了，具备拉升的前提条件。

② 平台型爆发的涨停，已经部分的，或者是彻底的消化了前期套牢盘，那么，在启动的时候就不会有过多套牢盘的抛压，主升过程中更容易形成合力，完成飙升动作。

求败 来，大家可以参考下图。

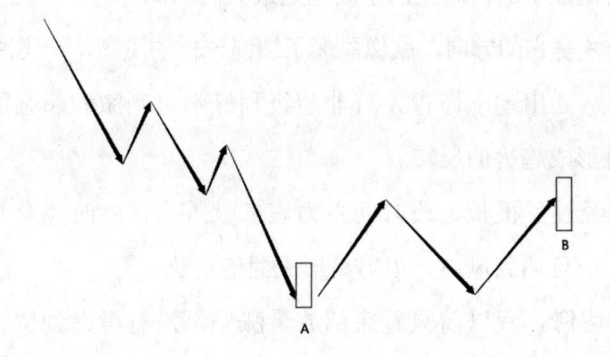

股价经过了一波下跌后，出现了两个涨停。

A 绝对低点附近出现了涨停。

B 经过了一段时间后，B处出现了涨停。

你们觉得哪个涨停板更好呢？更具实战价值？

求败此时略微停顿了下，环顾了下四周的人，发现他们全都聚精会神地听着，眼睛盯着，好像被一种神秘的力量拉住了一样。

求败 想必大家都听过我以前经常给大家讲的龙头按照位置的分类标准吧。

这时候，有人立马补充道：知道，潜龙在渊，亢龙有悔和飞龙在天。

求败 很好，大家都还记得哈。那么，渊是什么，顾名思义，渊就是底部，就是阶段性大底，就是底部启动一路飙升起来的龙头；那么什么叫亢龙有悔呢？简单点儿来说，就是阶段性平台爆发型的涨停，比如涨停突破前期某个时期的高点形成的平台，这个平台可以是60天，120天，周级别，甚至是年度高点等等。至于飞龙在天嘛，这个大家都理解，历史新高的涨停，这样的涨停，往往是龙头和妖股的诞生地，原因嘛，很简单，一览众山小，股价此时已经没有了任何的抛压，阻力是最小的，向上的空间也是最大的。此时的涨停已经不设限了，天空才是它的方向，就像脱离了缰绳一样的飞鸟，一飞冲天。

图中的A处出现涨停板，若非超级利好消息刺激和超强的承接能力，很难形成趋势的反转。

而B处经过了很长一段时间主力底部吸筹后，此时完全具备爆破的条件，一旦遇到风口，很容易形成翻倍走势。

B 谢谢您，我以前只看底部放量涨停，没有考虑到位置和空间还有这么大的作用，今天学到了很多，真是不虚此行哈。

第八章 量价关系，乃龙头的真谛

求败继续补充道：涨停质量固然重要，但是，位置和空间更加重要。关于位置和空间这个问题，是龙头的核心问题，下午我们会重点深入地讲。

12:00，午饭时间到了。

午餐很丰盛，美味佳肴，配上飞天。

在这里，顺带聊点儿题外话哈。他们都知道我钟爱飞天，理由嘛，大致有两个，一个是我曾经做过飞天的销售业务，另外一个原因嘛，自然是图个吉利嘛，飞天飞天，飞龙在天。

午餐后，大家回酒店休息了两个小时。

14:30，还是这家咖啡厅。

这家咖啡厅不大。说是咖啡厅，其实是书店和咖啡厅同时经营。古色古香，各种陈设都有些陈旧。大概分为两间格局，外面是书店，这家书店非常之大，图书非常齐全，且大多都是学术性的图书，毕竟周边都是著名学府，来来往往的顾客多以学生、学者和教授居多。里间就是咖啡厅，书店配咖啡厅，这格调也是别具一格，颇有些小资主义。顾客买完书后，可以在咖啡厅休息会儿，顺带点杯咖啡，边看书边享受着咖啡的滋润，很是惬意。咖啡厅里的几只猫咪在阳光的温暖下慵懒地窝在沙发上，享受着这暖洋洋的阳光。

北京的秋天，是金黄色的，是温暖的。温暖的阳光洒在咖啡厅里，弥漫着咖啡的香气，那种感觉，妙极了。

15:00，陆陆续续的人到齐了，下午的探讨会开始了。

C 老师，上午了解到了量和价的关系，以及龙头的位置和空间重要性，那么，我还是有个疑问哈，量和价到底谁在先，谁在后？到底谁更重要呢？

求败 别叫我老师哈，我们现在就是纯粹的探讨，彼此之间没有师徒名分。顺便问个问题，你有没有学过量学？

C 学过，而且很多年了。

求败 那你觉得谁先谁后，谁更重要呢？

C 量为先，价为后；量代表资金，当然量更重要。

求败 是这样的，量，不仅仅代表着资金，还代表着换手，代表着多空转换的频率，筹码交换的活跃度，而涨停呢，则代表着资金的实力和态度。一只票不涨停可以吗？当然可以了，不涨停却涨不停，这样的票比比皆是。可是龙头为什么必须要涨停呢？涨停彰显的是主力的态度和霸气，甚至是实力。复盘的时候，环顾下市场情况，总是涨停最具吸引力，最具人气效应，这个道理就是这么简单哈。只有量而没有涨停，不足以显示出这个量的质地，不足以彰显龙头的霸气；而只有价，却无量，好比持续性的一字板，虽然是连板，但是少了参与感和参与度，人气方面会大打折扣，就好比一个奢侈品，单有昂贵的价格，却无市，你觉得它是龙头吗？显然不是。

求败 上午的一个问题，我们现在再延伸下。接力板是缩量好呢，还是放量好？

话锋一转，好像大家摸不着头脑了。顿时，陷入了一片沉思。

D 二板放量比较好，说明有新的主力接力。

求败 那二板缩量，就没有新主力接力了吗？

D 那我们该怎么确定接力板是放量好？还是缩量好呢？

求败笑了笑，继续说到：放量和缩量，放多大的量，缩多小的量……其实是个很模糊的概念。但是，我为什么要这么问呢？问的目的是什么呢？主要是让大家了解量的重要性和意义。

龙头的启动是从连板开始的。那么，连板的意义在哪里呢？

D 怎么讲呢？

第八章 量价关系，乃龙头的真谛

求败 问你们个问题，你们平时复盘会从哪里着手？

D 先从涨停板开始复盘。

求败 为什么呢？

D 因为涨停板的票强势啊！

求败 那二板票更强势，为什么不从二板开始复盘呢？

D 我是做首板票的，主要玩1进2的票。所以，我关注最多的是1板票。

求败 1板票那么多，你怎么知道哪个票会1进2接力成功？哪个票会晋级呢？

D 收盘后，我会复盘。通过第二天早盘竞价情况选出2到3只，然后，分仓买入。这样的话，通过后期走势逐个淘汰，弱的我淘汰掉，强势的我会继续加仓。

求败 你这种方法也可行。不过，我不推荐。

D 怎么讲呢？

求败 首先，你得搞清楚，龙头为什么会从二板起步。

D 为什么呢？

求败 龙头的启动，一定是从二板开始的。首先，2板已经淘汰了很多票，这是其一。其二，通过2板我们可以看到主力的态度和实力。

我问你们一个问题，龙头成立首先需要做的一个动作是什么？

D 震仓，或者洗盘，把获利盘给清洗掉，便于后期拉升。

求败 如果初升前就震仓，这会大大影响龙头的上行效率。龙头初升前，在启动阶段，首要的问题就是如何打造人气，建立市场的关注度，引起市场的注意力。

D 没错，那然后呢？

求败 人气度是怎么来的呢？首先，是建立市场关注度，然后，才是参与度，市场关注度有了，参与度有了，人气自然就来了。从2板着手，既淘汰了很多票，更简化了复盘流程。

D　但是，很多票在2板启动后，就会连续一字了。那样岂不是错过了最佳时机和最佳的切入点了吗？

求败　这个问题很好解决。那你去看下这个首板处于什么情绪周期中。如果这个首板刚好就是目前市场情绪的冰点期脱颖而出的，那么，继续看高一线。再看看2板是否有合适的切入时机。如果这个2板仅仅是补涨属性，或者市场最高标不是它，那说明，这个2板仅仅是依附于目前的连板梯队，从属于最高标，属于跟风标，即便是质量很高的连板，也缺乏参与价值。

D　那又该如何去参与呢？

求败　首先，你得确认市场冰点期。一旦确认市场冰点期这个节点，就意味着新周期的开始，那么，此时出现的首板启动后的2板大概率会有切入的机会，也是最佳的切入机会。原因嘛，首板启动后，2板接力，既确认了新的周期开启，更确认了市场对这个首板的认可。

众人表示不理解。

求败　好吧，我来举例说明吧。

比如，深中华A这个票，在2024年1月9日这天，出现了首板。2B我们是否值得去参与呢？如图8-1所示。

D　这是个好票啊，我会次日抽出一部分资金去排2板。

求败　次日，深中华A开盘秒板，成功完成了接力，连板形成了。这个2板就是绝佳的介入机会。

第八章 量价关系，乃龙头的真谛

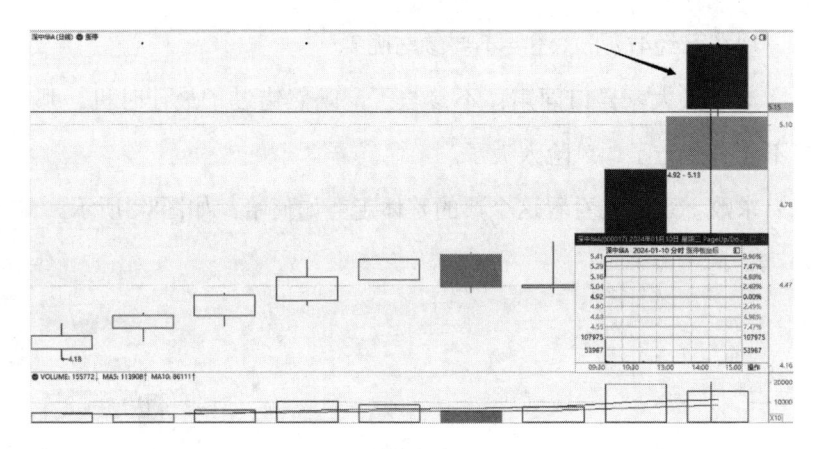

图 8-1

求败继续问道：如果错过了2板这个介入机会，你们还会去参与3B吗？

C　我不会去了，即便3板给了机会，也是加速板。更何况，今天缩量板，而且是秒板。我有些担心。

……

这时候，大家开始纷纷议论起来。

看到大家也没讨论出个结果出来，求败示意大家安静下来。

求败继续说道：那我们继续看接下来的走势。如图8-2所示。

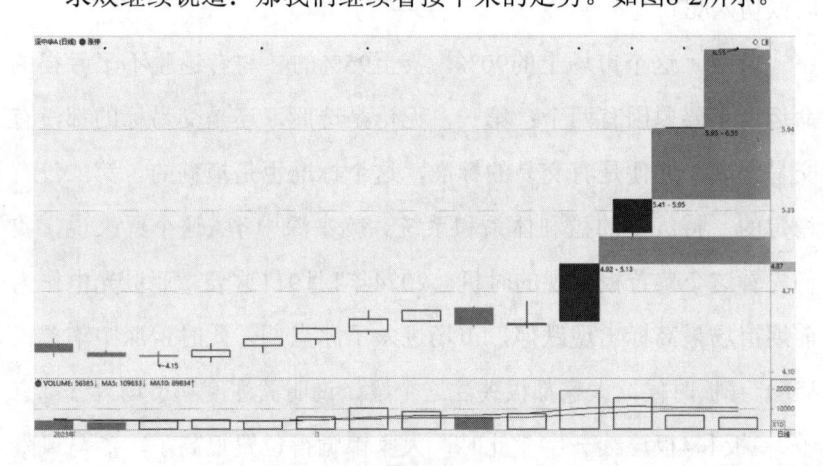

图 8-2

现在已经4板了,还要不要参与呢?

这时候大家异口同声:不参与了,既然错过了最佳时机,那就更不能去参与了,风险太大了。

求败 那我们看看这个票的整体走势如何哈。如图8-3所示。

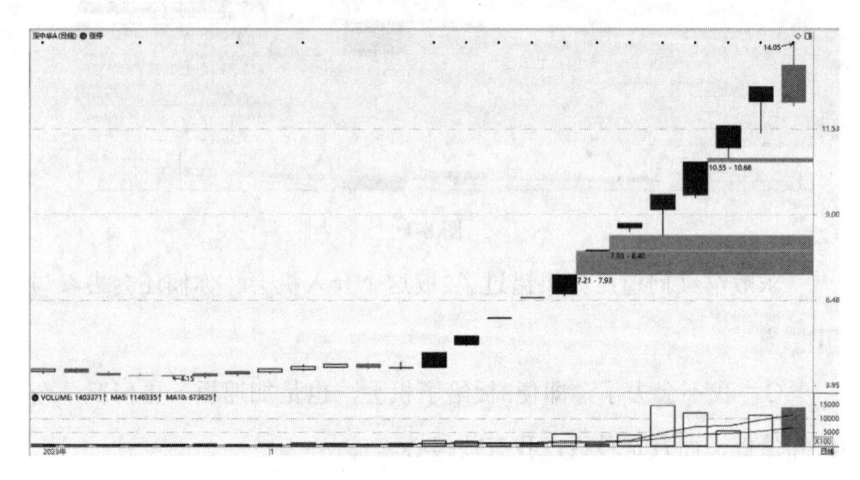

图 8-3

众人不觉发出惊叹,甚至是不可思议的声音。

这时候,D突然发问:那到底龙头股我们该怎么介入呢?什么时候切入呢?

求败 这个市场上的90%,甚至95%的参与者逃脱不了亏损的命运。主要原因有两个:第一,无论是选股,还是交易标的都没有交易标准,即便是有交易的标准,这个标准也是模糊的。第二没有稳定的、持续性的盈利体系和系统。就拿深中华A这个票来说,我们先看这个票首板出现的时机。2024年1月9日这天,亚世光电作为前期市场最高标出现跌停,市场进入了冰点期,此时,深中华首板启动。2板时候,大家都很关注这个票,说明关注度和市场人气都有了。3板和4板连续一字,此时,大家都觉得位置很高了,参与风险很大。因为有了这些心理障碍，在5板的时候，很多人是不敢去参与的，也就是说，你们已经为这只股票设限了，哪怕就是机会出现了，你们也没有足够的信心和胆量去参与，恐惧感战胜了你们的理智。从这个角度来讲，绝大部分的交易者在交易过程中都是没有标准的，大部分的交易都是无效交易，甚至是盲目交易。

接下来，我们用市场和"龍图腾"系统帮我们分析下这个票的成因和过程。

求败 2024年1月9日，这天的市场最高标是谁？

E 是长白山。长白山这时候是6板。

求败 不对。从小周期来看，目前长白山仅仅6板，而大周期是谁？

E 亚世光电。

求败 对。这里就牵扯到情绪周期的节点问题。情绪周期分为大周期和小周期。虽然长白山已经6板了，但是，依然处于亚世光电这个大周期里。可是，这天亚世光电跌停了，说明了什么？

E 说明了市场大周期的结束，市场进入了真正的冰点期。

求败点头示意，肯定了E的说法：对的，说明了现在进入了市场真正的冰点期。

求败继续问道：那此时，我们该怎么办呢？

众人纷纷摇头，表示不懂。

求败 当市场真正的冰点期到来的时候，我们可以关注市场的首板票和2板。你们可以回过头看看1月9日这天，首板和2板里有没有辨识度比较高的票。

E 2板里有两只，中兴商业还行。首板里面嘛，位置和形态比较好的，也就深中华A了。

求败 对喽,当真正情绪冰点期来的时候,市场是会给我们容错的机会的。我们次日可以分仓做这两只票。果然,次日深中华A给了很好的介入机会。

E 那如果错过了深中华A的2板机会呢?后面是否可以继续参与呢?

求败 当然。只不过很可惜深中华A因为新周期的开启,情绪太过一致,连续一字板,直到5板才给了开板参与的机会。

E 那您是怎么确定5板依然可以参与呢?

求败 这个问题问得非常好。首先,深中华A启动的时候,市场刚好是亚世光电跌停之日,也就是说,刚好是市场冰点期,这是其一。其二呢,我们来看看市场的连板梯队。1月12日,深中华A已经4板了,成为了真正的市场情绪新周期。加之,1月13日,深中华A略微高开,既防止了资金的溃逃,又给了绝佳的介入机会,开盘后,一笔上拉,直接冲板,更确定了深中华A就是市场真正的新周期。

这时候,大家如释重负,露出了欣喜的笑容。

说到这里,求败继续问道:那么,量和价谁更重要?谁在先,谁在后?

此时,好像大家找到了一个新的突破口能够解决量价关系的最好方式。所以,对于量和价谁先谁后,谁更重要这个问题并没那么关心了。

求败继续说道:量,是什么?量是换手,是参与者之间筹码的交换频率,高换手,说明这个票的关注度较高,参与度较好。但是,光有很高的参与度,却没有质的提升,依然成不了龙头。而这个质的提升和飞跃,就是涨停板,或者是连板。就好比大家经常在

第八章 量价关系，乃龙头的真谛

逛街时候看到的一元店，每个人都想进店去逛逛，看看能不能淘点儿自己喜欢的物件。虽然一元店人流量比较大，但是，单品价格摆在那里。最终成交额也是有限的。

C 可否深入举例说明呢？

求败 这很好理解。比如现在有三款产品ABC。

甲产品：定价10万元，一个月只能销售1件。

乙产品：定价1万元，一个月能销售100件。

丙产品：是一家一元店店里的东西以1~20元居多，一个月能销售10000件。

那么，我想问问，你们觉得谁最有可能成为龙头？

C 我觉得是甲。首先，龙头的定价很重要，奢侈品嘛，本身就不是以大众作为目标客户，奢侈品给人的第一直觉，肯定是价格嘛。其次，奢侈品可以通过品牌影响力来刺激和带动消费，从而获得销量。

这时候，D打断了C：我觉得应该是丙产品，龙头多以低价为主，毕竟低价为王嘛，价格低廉，受众范围广，一年下来也有不错的销售业绩。

此时，大家都静默了，眼光齐齐地投向求败。

求败轻轻弹了下烟灰，说道：量，代表着资金，也代表着换手。如果放在实体行业里，那就代表着一个产品的转换率，说白了，就是销量；而价格嘛，必然是考量的重要因素，价格过高，受众小，销量上不去，如果价格太低，又不足以显示这个产品的品质和地位。涨停，就是价格，连板就是接受度和认可度，而量嘛，就是销量。所以一只龙头的产生，一定是量价的完美配合。涨停，代表着市场对这个票的认可度，而量则代表着这个市场的参与度。只有认可度，没有参与度，好比连续一字板，缺乏足够的参与感，参与者只能望而生畏，敬而远之，必然会被市场所冷淡；而只有参与度，没有认可度，这样的票顶多算是一只强势股，不足以彰显龙头的霸气和实力。龙头，一定是量价的完美而终极的融合。怎么讲呢？龙头，非是一个人的龙头，而是全市场的龙头，既要得到市场和参与者的认可，还要有足够的参与感。这就是为什么大多数的龙头都是持续换手上去的原因。

大家看看2017年跨年大妖股贵州燃气。如图8-4所示。

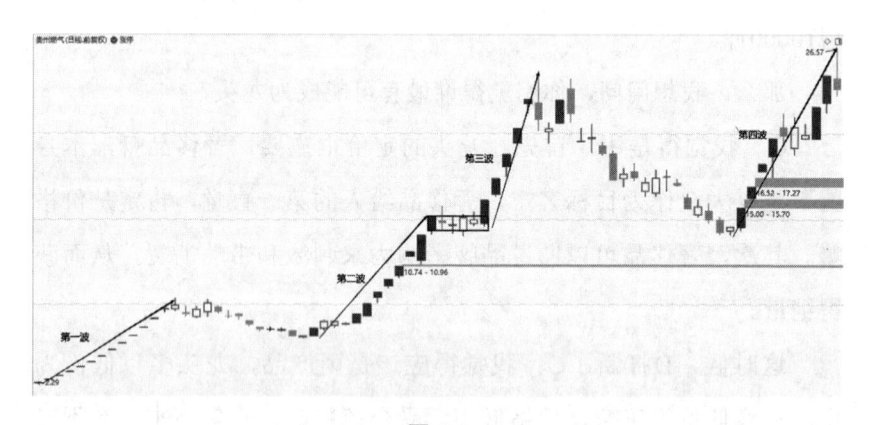

图 8-4

第一波持续地一字板上去，认可度有吗？有，可是参与度和参与感极差，就好比我们今天的探讨会，如果我们大家聚在一起聊得火热，而让你在门外，不参与探讨，你会怎么想呢？是不是觉得大家冷落了你，疏远了你呢？你会不会感觉到很失落？

第二波，持续地换手上去，加上高质量的连板，在第一时间，就能迅速锁定市场的目光，吸引全市场的注意力，刺激市场的人气，引来资金的参与。持续的赚钱效应，加上超高的人气，龙头非他莫属。

第八章 量价关系，乃龙头的真谛

其实，贵州燃气总共是走了四波。二波结束后，构建30F中枢，经过短暂调整后，继续飙升，其实就是二波打下的人气基础，一旦短暂调整结束，一个涨停就能迅速唤醒市场的人气，引来资金的接力。

至于第四波嘛，其实还是市场人气的再度被唤醒，一旦调整结束，涨停启动，人气再度被激活，那么赚钱效应来了，资金自然就纷至沓来，纷纷投身到这只跨年妖王身上了。

说得直白点儿，无论是龙头，还是妖股，就是销量和质量的完美融合，认可度和参与度的共振，也是量价的共振，完美的配合，一场资金的击鼓传花游戏而已。所谓人气所至，龙头生，便是此意。

C 那么，请问下，如何发现并如何切入到这些龙头上呢？

求败笑了笑：这个问题嘛，说起来也简单，这里牵扯到一些技术层面的东西，比如位置和空间的关系，再比如地量的运用以及情绪周期等等问题，以后有时间我们会继续聊哈。

此时，大家都听得入神了。

求败 我这次来北京，还没有四处逛逛呢，2008年离开北京到现在整整10年了，还没四处逛逛呢，你们这里有北京的，带我去转转哈，顺便回北京大学看看。

第九章 关于义阳博弈量能平台

据传义阳是广西人，关于更多个人信息，网传较多，无从考证。义阳博弈量能平台，大概诞生于2011年。最初是以视频的形式广为传播，因为简单易学，很快流行于股市，受到粉丝们的热捧。

我接触这套战法，始于2012年，属于较早的一批。无意间提起义阳博弈量能平台，勾起了我很多的回忆，那时候逢票必画图，以至于很多人会认为我是搞工程测量专业，或者是美工出身，当然这只是笑谈，足以说明那时候对义阳的博弈量能平台已经达到了如痴如醉的地步。更重要的是，义阳的博弈量能平台，是打开我股市生涯的一扇窗户，无论是我对龙头的认知，还是实践操作，这套系统的理论早已经融入到我的理念和实际操作中，获益匪浅。

现在回过头去找原文，网上都是一些支离破碎的文字和片段，无法全面系统的了解义阳关于博弈量能平台的理念和思维。幸运的是，我还保留着2012年关于这套理论的完整文字和片段，现将这套理论摘抄如下，仅供学习和参考。

义阳博弈量能平台，大致分为三个部分。

首先，义阳在这里并没有说量能，取而代之的是资金，而且给了资金简明扼要的定义和简单的区分。

资金性质的研判只要通过成交量与K线图其实即可完成，成交量反映了资金活跃的现象，而K线图是反映这些资金的运作结果，通过成交量与K线图的配合观察分析个股的资金性质，这就叫博弈量能。

K线是语言，成交量是思想！

股票上涨的本质是什么：买的人多了就涨，卖的人多了就下跌；股票上涨的本质是跟参与股票交易的人有关，研究资金的本质就是研究人，因为人决定股票。

所以，**资金分为长线资金和短线资金**。

长线资金：资金规模较大，吸货周期长，为锁仓慢牛走势；股价在上攻过程中，不断创新高，成交量为不断萎缩，这意味着这种主力资金是不断锁仓拉升。这种资金被称为中线资金；看看再度翻番！相对高位股票再出现拉升，这种股票一般都是前期有超强主力介入。

短线资金：股票成交量集中，成一堆型成交量，形成快速有力拉升，一波完成见顶。这种是短线资金。资金市值规模不大，吸货周期短，量能活跃快速拉升。

资金分为优良资金，和不良资金，判断标准为量能平台；在量能平台上运行的股票资金为优良资金，否则为不良资金。

那么，既然提到长线资金和短线资金，必然有个具体的判断标准。这时候，义阳便给及时的引入了博弈量能平台这个判断标准。

我们知道交易软件中唯一不会骗人的是成交量。庄家可以画出很漂亮的K线图，可以把各项指标反着做，其中不乏大单买进、小单卖出对倒、压盘、打压震仓等手段，但唯一无法作假的就是成交

第九章 关于义阳博弈量能平台

量。那些凶狠的庄家再隐蔽，也难逃在成交量上露出马脚，因为这项指标能准确、及时反映人在股市中的活动情况即交易行为。股价涨是因为买量大；股价跌是因为卖量大，但无论买的人多还是卖的人多，势必要在VOL成交量指标上显现量堆，因此我们可以观察这些量堆来研究人以量能（成交量）最大的那天K线的收盘价为标准，在这个收盘价格基础上划一根横线，这根线就作为主力资金性质的判断标准，这个也称为博弈量能平台。

是不是非常简单，非常容易理解？好，既然知道了博弈量能平台，那么博弈量能平台该如何去寻找和界定呢？

散户要在股市中赚钱，必须跟着（主力）资金走，这已是当前中国股市的一种特色、一个颠扑不破的真理。既然资金进场必须留下痕迹，什么痕迹值得我们去关注呢？量能突变。何谓量能突变呢？找到当天的成交量比前一天成交量（也可能比前一段时期）放大一倍以上，换手率在1%以上的个股就找到了量能突变的个股。

成交量较前一日放大一倍以上，即我们所说的倍量。需要解释一点的是，由于义阳当时所处的股市环境和当下市场有很大的不同，这里的1%换手率已经过时，还望大家有所甄别。

既然有了博弈量能平台和量能突变这两个标准，我们的脑子里是不是一幅清晰的画面就浮现出来了？量能平台的设置方法就再简单不过了。

找到了能量突变的个股，说明（主力）资金有启动的意愿，这么大的成交量不可能是散户所为，但此时仅因为（主力）资金有启动的意愿，就盲目跟进是不可取的，原因在于我们不知道这些资金是好资金还是坏资金，好资金我们称它为优良资金；坏资金我们称它为不良资金。为什么资金还有好、坏之分呢？所谓好（优良）资金，就是能让我们赚上钱的资金；而坏（不良）资金就是不但不涨相反下跌的那种资金，请设想，如果这些进入该股的主力连他们自己都赚不上，那你到哪去赚钱？不就套在里面了吗？因此，只有区分正确，才能赚上钱而不被套住。如何区分这些资金？好办。我们在当天放大量的K线收盘价位置划一根水平线，此线就叫"量能平台"。以后的任务就是密切关注。如果第二天起，股价在量能平台上方运行，也就是突破量能平台，我们就可把这些启动资金定义为优良资金，跟着优良资金，不赚钱也难，因此，此时应果断介入；相反，如果第二天股价没能在量能平台的上方运行而是在下方运行，说明进场的资金是不良资金，你愿意被套吗？那还是"退避三舍"为好。

说到这里，关于义阳博弈量能平台的概念性和方法我们都大致明白了。那么，接下来看看量能平台的三种经典模型。

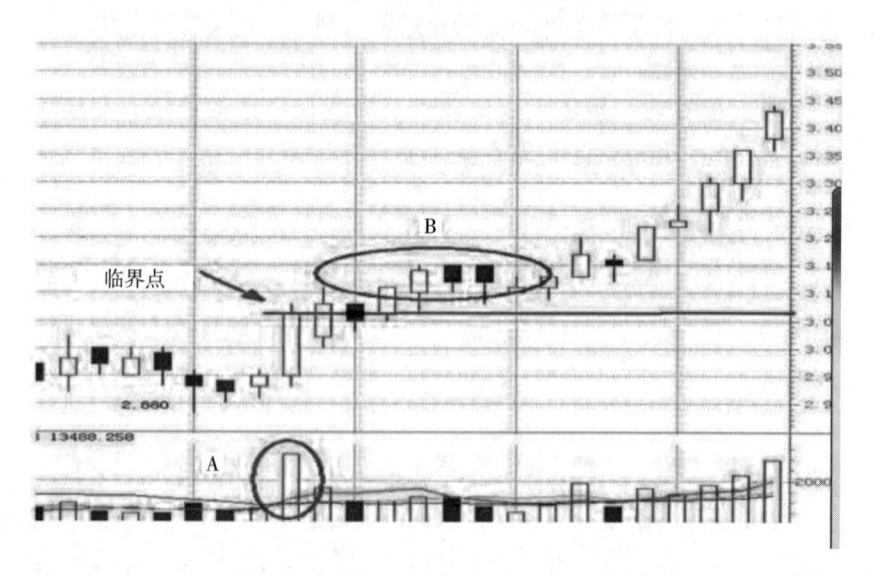

图 9-1

第九章 关于义阳博弈量能平台

如图9-1所示，我们看到A点当日放出了一根量能，量能的产生一定是由多空双方共同产生的，有买必定有卖，有卖必定有买，这是个双向的成交量。而此处的放量基本就说明了此处出现了多空双方的对峙。那么此时多空双方对战后的结果是什么呢？后面的B点K线震荡均在当日收盘价上方进行，即表示在A处充当多头量能的资金，通过几个交易日后，仍处于盈利状态，那么此时说明了A点的多头力量此时就是这场博弈竞局的胜者，而后的上涨也充分说明了多头力量胜者的现实！当通过B点的震荡，我们从成交量获知了A点多空双方博弈的胜者为多头，则我们在实战操作中也可以跟随进入，此时就能跟随多头获取更丰厚的利润。

到这里，我想大家都开始逐渐清楚了如何通过量能突变发现博弈的胜者，从而使自己的操作也获胜了。其实这个关系就是量能突变和突破的关系。即后面的走势证明了前面介入的资金为盈利资金。那么我们的选择介入点应该是什么时候最好呢？再来看下面的图9-2。

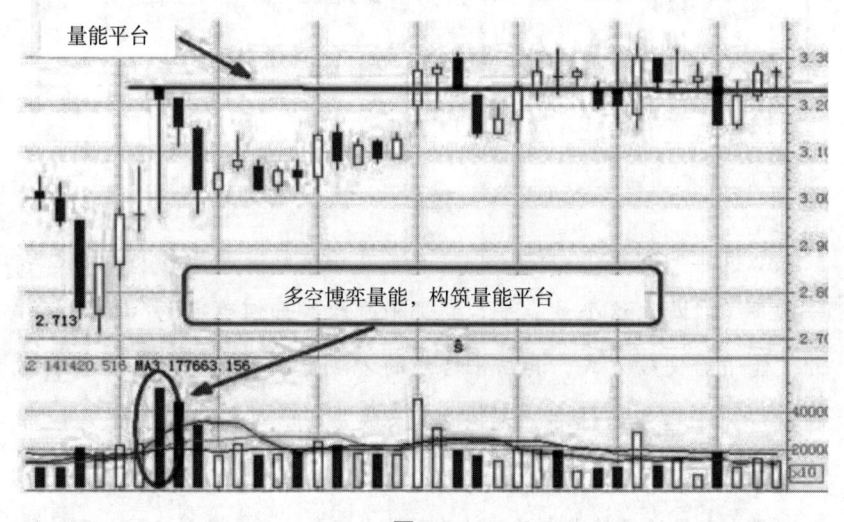

图 9-2

我们可以看到，量能平台突破后，股票横盘的时间比较长，如果较早介入的话，则需要忍耐非常长的时间，就算后面真能赚钱，估计也会有大部分投资者因无法预知后面走势而产生信心动摇，导致本来盈利的操作仍然功亏一篑。所以选择一个较好的突破点介入，才能真正在短期内快速盈利！

在实战当中，当第一个博弈量能出现的时候，我们需要观察的是这些博弈多头资金什么时候才出现第二次进攻，而此时的第二次进攻，就是我们同时的介入点，此时我们就称为量能突破。

当然，在量能突破的同时，更多的情况在K线图上显示的是平台突破。如图9-3所示。

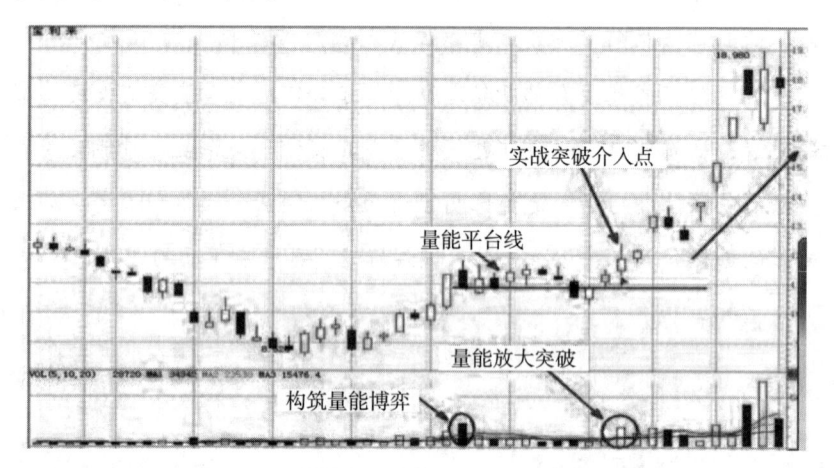

图 9-3

通过上面的几个例子，我想大家开始清楚量能平台突破是怎么一回事了。那么这个量能平台的那根平台线如何确定呢？按照我们的量能平台突破方式，其画平台线的方法是以近期量能最大一天的收盘价为平台线的标准，无论该天K线是阴线还是阳线，都是按当天的收盘价进行。

那么如果后面的成交量超过前面的成交量，那么此时又该如何计算量能平台线？请记住我们计算量能平台的原则，就是以成交量最大的当

第九章 关于义阳博弈量能平台

天收盘价点位，所以如果后面成交量超过前期成交量，则按后面最大的成交量的收盘价来计算量能平台，此时就会出现量能平台的转移。

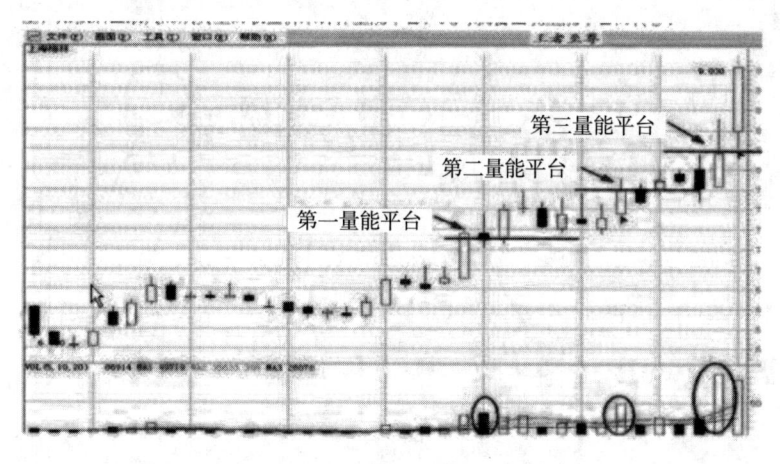

图 9-4

从图9-4我们可以清晰地看到后量超前量，导致量能平台上移的标准图形，而每次的放量突破，都是一次较好的实战介入点。

大家只要理解了，这个量能平台是个动态的即可。这是在实战当中必须要理解的。因为股市本身就是个动态，而实战理念无法达到动态效果，则说明那些理念是无效的。所以这个市场上也有许多成功率高的指标公式，但是实战效果却并不好，就是因为他们仅仅是个数据模型的高成功率而已。

在这个动态的量能平台中，在后面的突破过程中，将会出现几种量能形式突破。

A：横盘式平台突破型。

这是平台突破的最常见一种方式，此时一般我们要求量能的放出应该是在建立平台的时候放出，而建立平台后应该以缩量方式运行，此时的量能平台突破就是有效和有力度的。如图9-5所示。

115

图 9-5

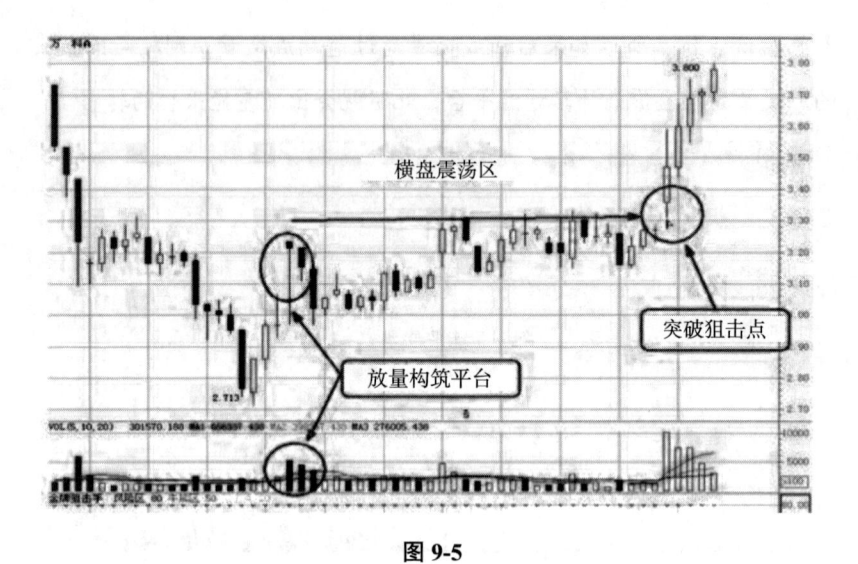

B：强势横盘调整突破型。

强势的股票经过一段放量上攻后，会出现短暂的调整，此时的调整周期短，幅度小，此时出现的量能再次突破，将是强势追涨的又一介入点。如图9-6所示。

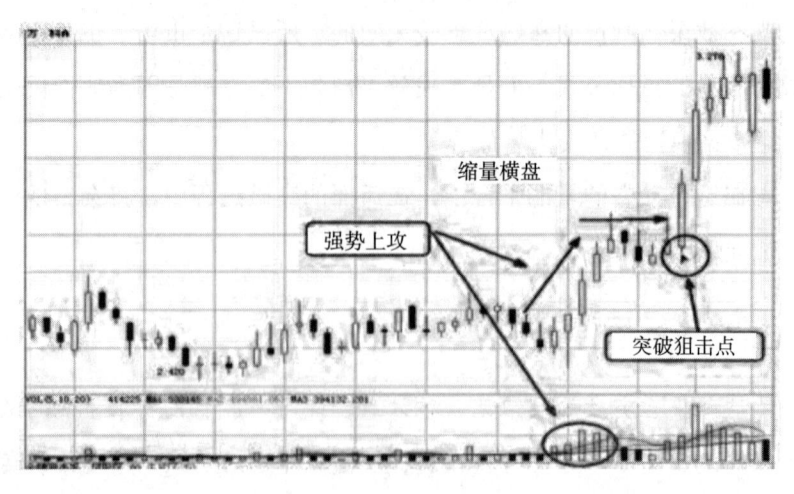

图 9-6

C：反转量能突破型。

在我们的概念里面，平台突破不仅仅局限于一段时间的横盘，而一天的放量，同样可以出现量能突破，此时狙击同样可以达到较好的盈利。如图9-7上海梅林600073，2003年11月13日走势。

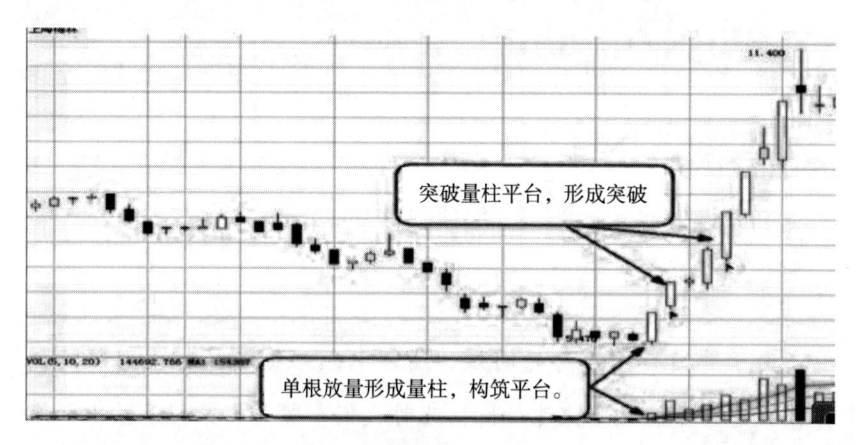

突破量柱平台，形成突破

单根放量形成量柱，构筑平台。

图 9-7

此种量能反转型就是值得我们期待的一种暴涨盈利模式。当然，要把握此种量能突破型的难度也非常高，这里我们再重点说说这种量能反转型。

由于此时的量能突破在K线形态上并不属于横盘状态，仅仅是一天行情的量能平台突破，在突破时就有两种方式突破：缩量和放量。突破前期反转量能，如果呈现缩量状态，则表示第二天参与到量能博弈的多空双方都开始减小了，此时应该表示的是昨日参与的博弈多头已经能很好地控制盘面了。此时的个股一般具备波段行情，而不是井喷反转行情。图9-8华微电子600360于2006年6月8日走势。

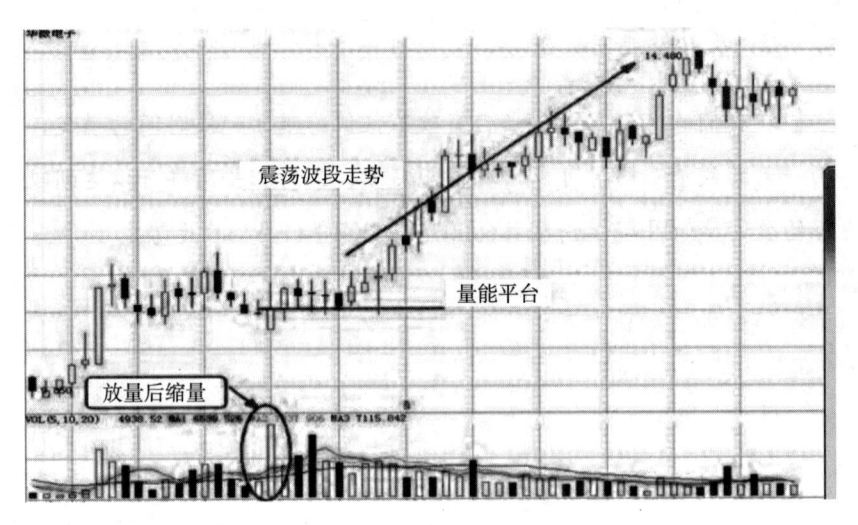

图 9-8

由于井喷行情运行时间短，所以必须短期内快速发现行情，并捕捉它，才能赢取快速行情！此时我们一般是当第一天放出量能后，在第二天必须继续放量，如果出现缩量情况，则缩量调整时间不能超过2个交易日，此时的放量突破则会出现井喷性质。图9-9力诺太阳600885于2005年2月17日走势。

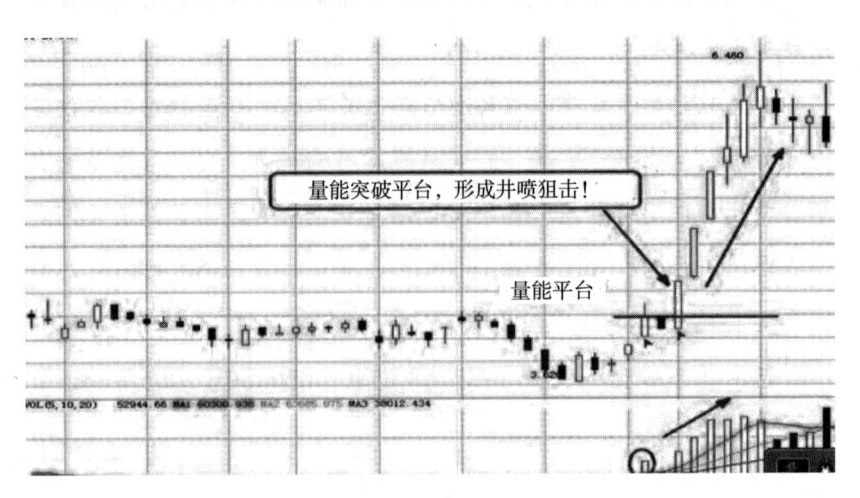

图 9-9

第九章 关于义阳博弈量能平台

此时的井喷量能平台突破，大部分情况下都要后量超前量。由于量能的不断放大，新的博弈资金不断介入，从而才能掀起主升浪潮，而真正的主力才能全身而退。图9-10深物业000011于2005年3月30日走势。

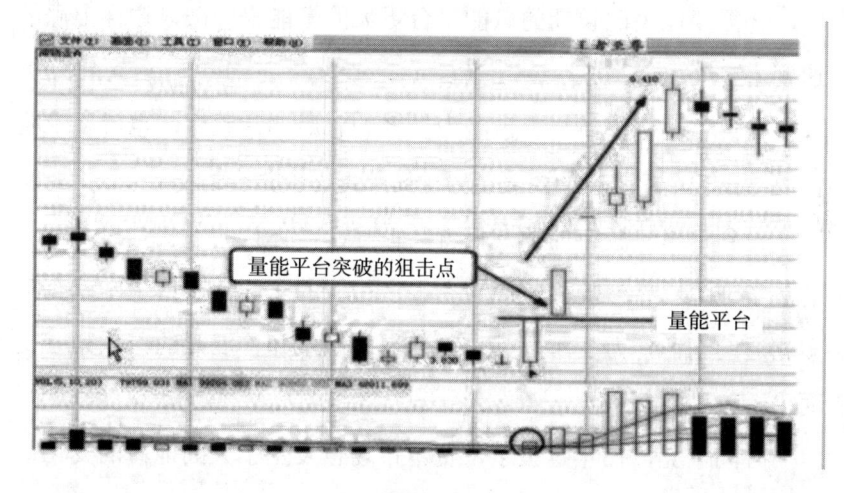

图 9-10

从井喷行情的总结来看，启动初期一般均以大阳线的方式进行拉升，主要目的就是要快速地摆脱各种压力位，从而造成形式上的突破，才有进行井喷的基础。所以追击这样的井喷行情，一般要求高位追入，拉大阳线后（一般我们认为7%的涨幅为单日大阳线）再介入，才能保证此时的拉升为井喷行情，而此时的最高介入，我们仍可以收获后面快速而有力的超级上涨行情。

由于这样的行情具备启动快，周期短，涨幅高的特点，所以这样的机会一年只要把握两、三次，则足以跑赢整个股市了。

有了上面博弈量能平台的基本认识后，最后，需要注意几个关于博弈量能平台的点：

①形成量能平台后产生突破的时间越远,需要突破这个量能平台产生的量能就越大。

②需要突破的价格高度不能过高、空间不能过大,否则会产生获利盘的抛压。

③需要比突破长期的量能平台更大的量能来突破,这样上涨的速度才够快。

④价格要创出新高表示主力做多的意愿非常强烈,也就要求我们要寻找一个超强势的资金主力,简单理解就是合力。

说到这里,股市的朋友们就会惊呼:"你说的不就是黑马王子的量学理论吗?"的确,二者有很多相似的东西。股市里本就有很多相通的东西,万变不离其宗,都是围绕量和价展开的一系列分支而已。

时间一晃,13年过去了,资本市场也发生了天翻地覆的变化,义阳的博弈量能平台在有些方面已经落伍了,远远跟不上现在资本市场的发展形势了,但是作为曾经影响了一代人的思想和成熟的体系,尤其是在我对龙头战法的认知历程中,甚至后来"龍图腾"交易系统的建立和完善方面,起了厥功至伟的贡献。在此,向义阳和前辈们致以崇高的敬意!

第十章 游资，龙头的驱动力

> 涨停，是龙头的基因。
> 连板，是龙头的骨架。

那么，位置和空间就是衡量龙头股的永恒准则，是鉴别龙头股真伪的不二法则，贯穿龙头股的始终。

我们一起来欣赏下利弗莫尔的百年经典名言。

你之所以关注市场，就是为了确定价格变动方向，即价格走势。我们知道，价格会根据遇到的阻力改变运动方向，也就是根据遇到的阻力上涨或下跌。简单地说，价格像其他所有事物一样，会沿着阻力最小的方向运动，怎么容易怎么来，所以，如果上涨的阻力比下跌的阻力小，价格就会上涨，反之亦然。

你所要做的，就是关注行情并确立阻力点，一旦确定最小阻力方向就应该顺应它进行交易。

——（美）杰西·利弗莫尔

相信龙头选手对这段传世百年的经典名言已经熟悉得不能再熟悉了吧？那么，我们该如何理解利弗莫尔这句经典的传世名言呢？

先说说"股价为什么会沿着最小的阻力方向运动呢？"这个问题。想要解释这个问题，我们首先必须搞清楚阻碍股价上涨的原因有哪些呢？

我总结了下，影响股价上涨的因素有三个：

获利盘的抛压。股价运行到了一定的高度，底部获利盘出于对后市的不确定性想要获利了结，这部分的筹码便成为了阻碍股价继续上涨的"对手盘"，会形成抛压。

套牢盘的抛压。前期被套的筹码，一旦股价上涨到接近自己的套牢成本位，是最紧张的，也是最恐慌的，害怕再次陷入被套的痛苦和折磨之中。此时，稍微有点儿风吹草动，便溜之大吉。

恐慌盘。这些恐慌盘既有个股带来的，更有指数环境带来的，具有双重性。

以上这三种抛压，是阻碍股价继续上涨的最大，也是最主要因素。

所以，我们在研究龙头股的时候，这三种抛压是首要，且必须要考虑的因素。而龙头股在主升的过程中，也必须想尽千方百计解决掉这三只"拦路虎"，消化并吸收掉这些抛压。只有解决掉这些问题，龙头在主升的过程中才能轻装上阵，一路飙升。

我们画图来做说明，我们分别取用三种龙头模型。

第十章 游资，龙头的驱动力

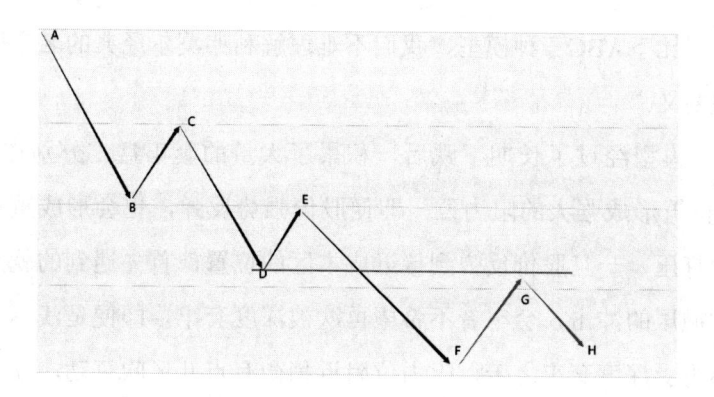

A 模型

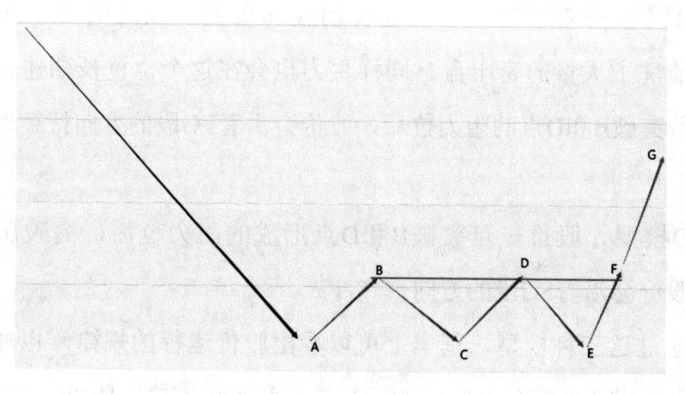

B 模型

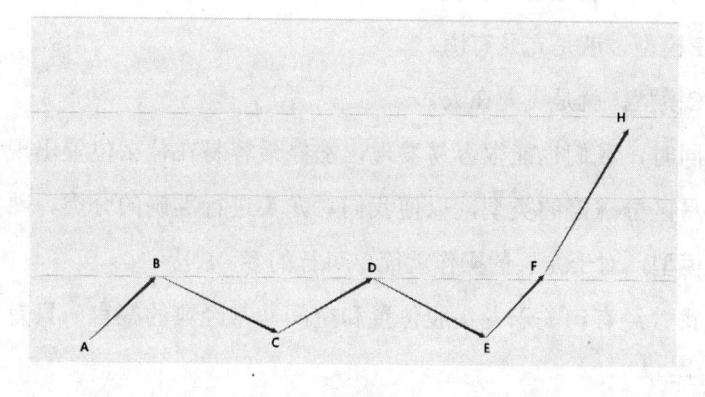

C 模型

123

对比下ABC三种模型，我们不难理解利弗莫尔经典的名言所阐释的要义。

A模型经过了长期下跌后，积累了大量的套牢盘，分别在B和D点位置形成强大的阻力位，即便股价强势反弹，也会形成重重阻挠和打压，一旦股价反弹到接近成本区的位置，首先遇到的就是套牢盘抛压的冲击，套牢者不希望再次被深度套牢，即便是浅套，也不愿再受深度套牢之苦，阻力位附近稍微有点儿风吹草动，立马脱手，源源不断的筹码会倾泻而出。

B模型长期下跌后，经过长期底部盘整，以时间换空间的方式，清洗了大量的套牢盘，同样主力也会在这个位置长期建仓，一旦股价突破B和D点的阻力位后，股价会沿着FG段的方向持续地加速飙升。

D模型，股价一旦突破B和D点形成的阻力位后，突破历史新高，股价会沿着FG段的方向一飞冲天。

通过这三种模型，基本上可以看出股价运行的规律，也能更清晰地看出龙头股在各个阶段的运行规律和表现方式。所以：

A模型，就是潜龙在渊。

B模型，就是亢龙有悔。

C模型，就是飞龙在天。

同时，我们也能很容易发现，涨停最容易在什么位置出现，也很容易区分涨停的类型，以便我们对龙头进行准确的分类。熟知这三种模型，对于龙头的操作就简单可行的多。

我曾经有句关于龙头股位置和空间非常经典的箴言，只有短短的12字：

第十章 游资,龙头的驱动力

> 位置,决定风险。
>
> 空间,决定收益。

龙头股的位置,首先决定了它的类型和分类。是反弹,是反转,是起爆,还是飞龙在天,这三类龙头不同的位置关系,决定了龙头股的分类标准。其次,不同的龙头类型还决定了不同的操作方式。潜龙从底部崛起,首要问题就是要解决抛压问题,前期套牢盘,底部获利盘和指数环境带来的恐慌盘三重抛压。再一个,底部启动的龙头没有经过长期筹码沉淀,主力拿不到足够多的廉价筹码,所以只能采取边拉升,边吸货这种高举高打的方式,这就需要主力既要有来者不拒的魄力,更要有一举拿下的实力。从具体走势来看就是,底部启动的龙头,以高换手和巨大的实体涨停为主,这时候的操作模式无论盘中低吸,还是追涨,甚至是打板,都是正确的操作方式,需要特别注意的是,一旦底部崛起的涨停开始出现跳空高开加速涨停的时候,这个时候特别要当心,筹码开始出现了断层现象,大概率是要出货了。以梅雁吉祥为例,如图10-1所示。

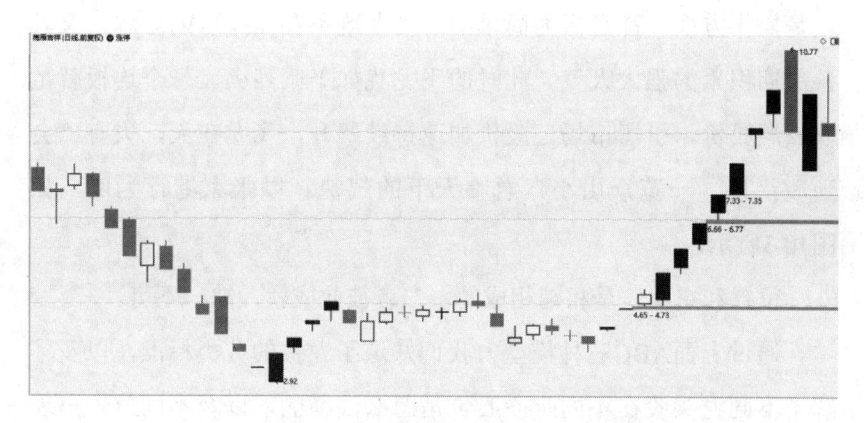

图 10-1

亢龙和飞龙则不同，亢龙和飞龙在底部已经经过了长期的筹码沉淀。既清洗了浮筹，又拿到了足够多的筹码，所以在主升的过程中，则不需要面对过多的抛压问题，一旦受到利好消息的刺激，瞬间起爆，则可以一飞冲天，具体表现形式就是出现持续的跳空加速缺口，K线实体部分持续缩小，加速上涨。这时候最好的方式就是竞价和打板为主。以天保基建为例，如图10-2所示。

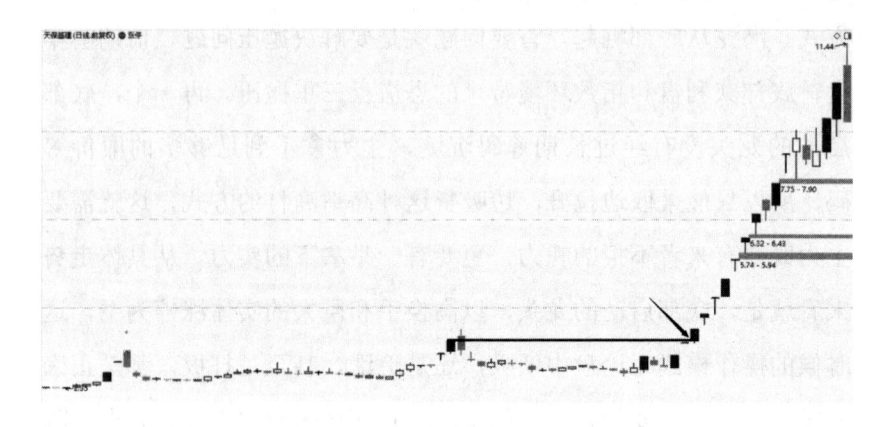

图 10-2

相对于潜龙和亢龙，飞龙则最为简单。无论是选股策略上，还是操作方面，都是极为简单的。飞龙既不存在抛压的难题，又具备前期积累的强大人气。此时的飞龙犹如干柴烈火，一个连板就足以点燃股价，引爆市场，股价加速持续飙升，飞龙在天，大有"会当凌绝顶，一览众山小"君临天下的气魄。以张家港行为例，如图10-3所示。

位置和空间，是相辅相成的，二者彼此成就，缺一不可。

通过上面ABC三种模型，我们知道了龙头的分类标准，以及了解了不同龙头股在不同阶段股价是怎么演绎的，以及不同位置出现涨停后该如何去实际操作。

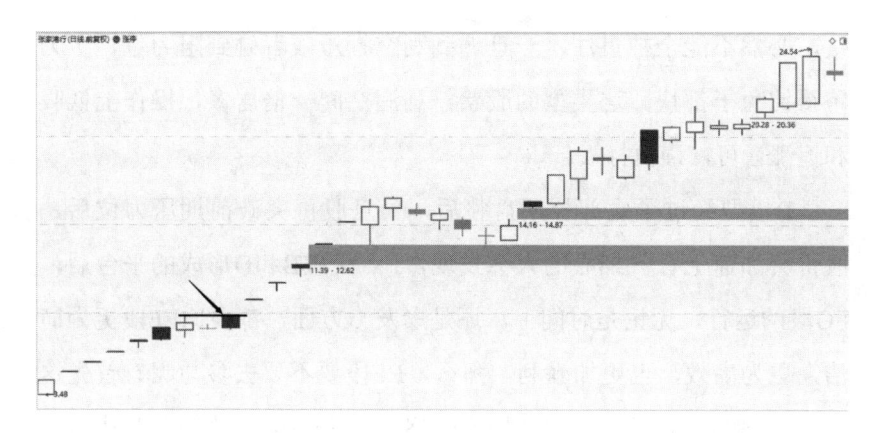

图 10-3

第一，最易产生龙头的位置是哪些位置？

第二，哪些涨停是可以去参与的？哪些涨停是需要淘汰的，敬而远之的？

第三，连板最容易在哪些位置出现？

第四，我们是否可以通过涨停启动的位置大致判断下股价的目标位？

第五，ABC三种模型，哪种模型最易操作？哪种模型陷阱最多最大？

第六，ABC三种模型，哪种模型的肉最多，最肥美？

我们经常讲：鞋大不大舒不舒服，只有脚知道。适合自己的才是最好的。那么，我们不妨从安全性和利润方面对三种模型进行简单的对比。

A模型建立在股价长期下跌的基础上，套牢盘巨大，目标位清晰明了，阻力位便是短期反弹的目标位，且主力拉升股价的过程中，需要面对一个问题，就是如何解决套牢盘的问题，可谓一心二用。既要操心股价拉升的问题，又要操心怎么应对套牢盘怎么解决，必然不能全神贯注，一旦遇到利空打压或者碰到阻力位，主力跑得比兔子都快。这类型的股票，利润空间一倍居多，操作上低吸和追涨皆可，谨慎打板。

B模型经过了底部长期盘整后，一旦股价突破前期压力位后，股价会加速上行。细心的人会发现，F点突破B和D形成的平台后，FG段的运行，无论是时间上，还是爆发力方面，都要比EF段更为简洁，更为高效，也更加暴利。那么，EF段要不要去参与呢？首先这取决于你的个人操作习惯和操作风格。作为简单高效的龙头选手，AB，BC，CD，DE和EF这是主力建仓的过程，漫长且低效，而且操作方面难度也极大，这是鱼头部分，还是留给主力自己来完成。我们要的就是选取最暴利，最高效的那段，只吃鱼身上最为肥美的鱼身子。比如湖南发展，2018年10月19日股价以4.41元低点见底，经过了整整4年时间，2022年4月22日首板启动，半个月的时间，涨幅高达3倍之多。如图10-4所示。

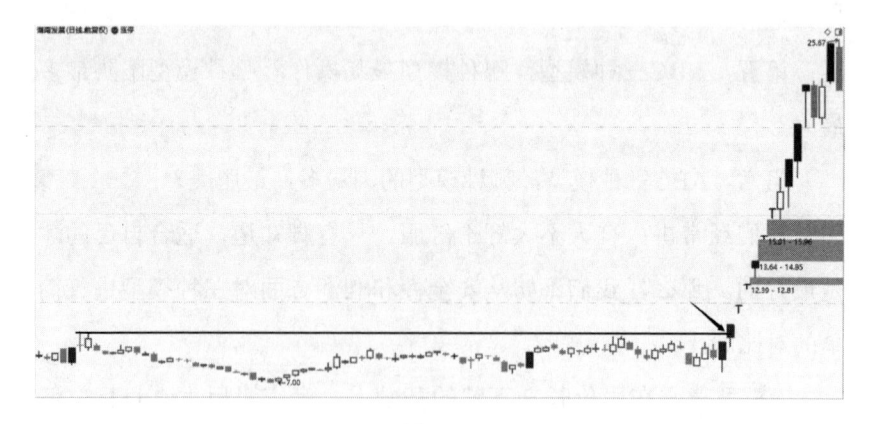

图 10-4

相对于B模型，C模型要稀缺得多，也珍贵得多。龙头常有，而妖股不常有。一旦确认并发现，是最让人兴奋的事情，也是全市

第十章 游资，龙头的驱动力

场最亢奋的时刻。C模型，可以有两种表现形式，一波流式的飞龙在天，还有一种就是妖股。但是，不管怎么样，妖股是一定要经过龙头这个阶段的，这个阶段对于妖股来说，第一是检验龙头的质地和气质，第二是打人气基础阶段，为妖股的诞生铺路。我们举两个经典案例，先以新股贵州燃气为例，贵州燃气在2012年12月21日涨停突破历史新高后，开启第一波，经过短期整理后，1月10日涨停突破前高开启二波，2月23日开启第三波行情。第一波就是打人气基础的阶段，奠定龙头地位的阶段，第二波和第三波，就是建立在第一波超强人气和巨大赚钱效应的基础上崛起的行情。如图10-5所示。

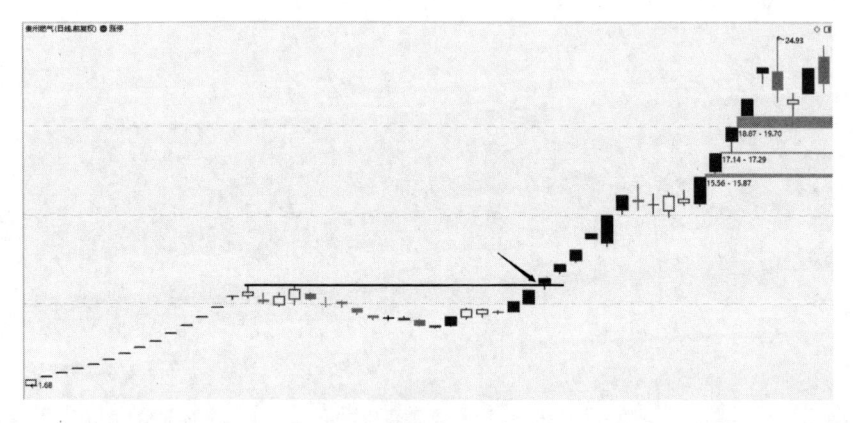

图 10-5

刚刚举例的是新股，我们再来看一只老股远大控股。如图12-6所示。2015年，以连板的方式爆破了近10年的大周期平台后，此时的股价已经鱼跃龙门了，只待一飞冲天。此后的5个月的时间，股价涨了整整10倍。如图10-6所示。

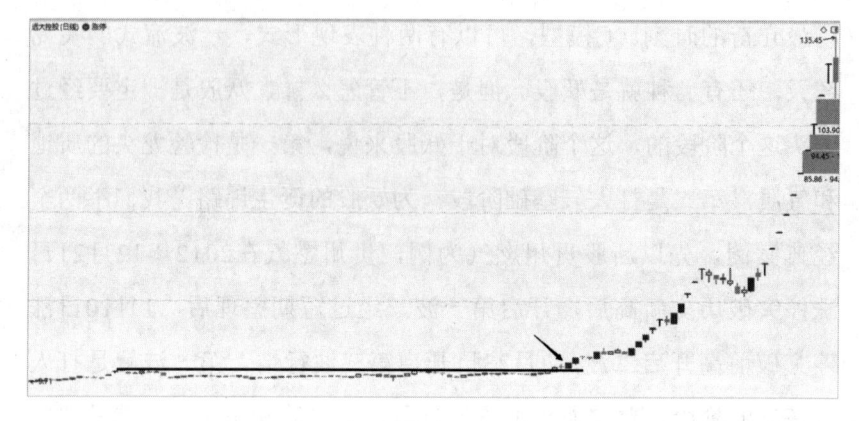

图 10-6

第十一章
龙头的准则：位置和空间

市场，是资金推动的，而资金是由人来主导的。

研究龙头的推动力量，就不能不提到这么一支重要的生力军：游资，俗称"敢死队"。

今天，我们来讲讲游资和游资体系。

游资的组成，大概可以分为大户、短线私募、短线机构、北上资金的沪、深股通席位以及部分券商自营盘等等。

下面这张图，就是我们最常见的龙虎榜，如图11-1所示。

交易龙虎榜						查看更多历史>>
2023-06-26	2023-04-13					
连续三个交易日内涨幅偏离值累计达20%的证券						
营业部名称		买入金额(元)	占总成交比	卖出金额(元)	占总成交比	净额(元)
	章盟主	20.83亿	6.62%	--		20.83亿
	量化基金	8.29亿	2.64%	--		8.29亿
	沪股通专用	6.03亿	1.92%	--		6.03亿
	溧阳广场路	5.45亿	1.73%	--		5.45亿
	量化基金	3.12亿	0.99%	--		3.12亿
	章盟主	--		5.29亿	1.68%	-5.29亿
	量化基金	--		4.71亿	1.50%	-4.71亿
	机构专用	--		3.83亿	1.22%	-3.83亿
	沪股通专用	--		3.02亿	0.96%	-3.02亿
	中信总部	--		2.57亿	0.82%	-2.57亿
(买入前5名与卖出前5名)3日总合计		43.72亿	13.90%	19.43亿	6.18%	24.30亿

注：营业部标签仅供参考，不作为买卖依据，投资者请予以核实，风险自负。

图 11-1

龙虎榜的基本构成是由买五和卖五构成的。从这份龙虎榜单中，我们可以很清楚的看到龙虎榜买卖力量的基本构成：可以看见一线游资，如国泰君安上海江苏路、方正证券重庆金开大道；还有沪股通专用席位、机构专用席位、券商自营席位和量化席位。

机构席位大概包括以下几个部分：

基金专用席位

券商自营专用席位

社保专用席位

券商理财专用席位

保险机构租用席位

QFII专用席位

沪股通专用席位

沪港通专用席位

相比较这些机构席位，游资席位就简单的多，多以个人大户为主，很好区分辨认。

机构和游资二者之间，虽然可以共存，但操作手法却有很大的不同。

机构买入个股，很少会像"敢死队"参与的个股那样拉出很多涨停，很少会出现连板走势，多以趋势为主。但是，也会有一些机构中的短线机构是游资的操盘手法，大进大出，大开大合，完全是江浙游资的操盘手法和风格。其实，最好的辨认方式就是，机构买入的个股，通常会缩量进行调整，然后放量继续上攻。这是区别机构票和游资票的最简单的一种方法。

第十一章 位置和空间: 龙头的准则

当然了,机构和游资并非水火不容,二者往往会出现在一起,形成合力。尤其是以下几种方式,可信度较大,短期内股票走势会非常彪悍。

①买入席位中有机构专用席位,最好大于2个专用席位。

②有知名游资介入,最好是2个一线游资共同参与最佳。

③股价如果处于相对低位最好。这样更容易促成机构和游资共同参与,形成合力。

④在涨市中,尤其是遇到赛道股的时候,如果频繁出现机构席位,在利好消息或者国家重大政策的配合下,股价一般在趋势确认之后,调整3~5天时间后继续走强,甚至会出现连板走势。

比如2021年华为概念润和软件,就属于典型的机构和游资强强联手打造的大龙头,如图11-2所示。

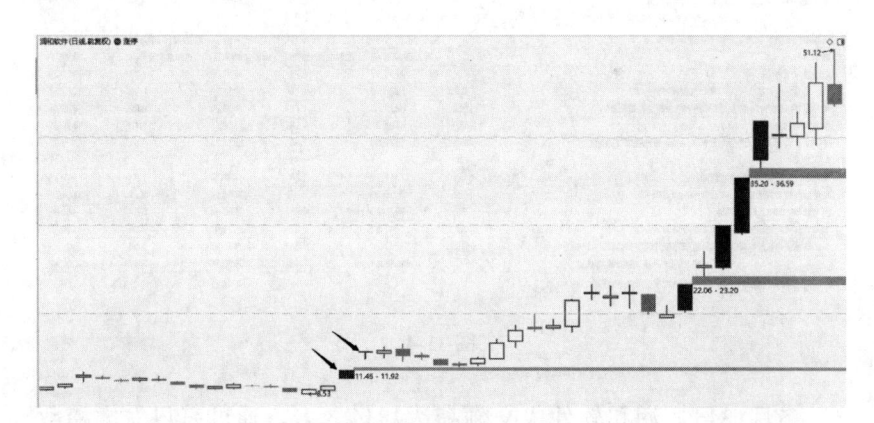

图 11-2

翻看2021年5月12日和5月13日龙虎榜,机构和游资频繁参与,反复参与,这种类型的龙头股就是机构和超级游资联手合力的典范,更是大资金的狂欢盛宴,如图11-3和图11-4所示。

日价格涨幅达到20.00%		成交额(万):105683.65		成交量(万):9451.53		涨跌幅:20.00%	收盘价:11.46
席位名称		买入金额(万元)	占总成交比例%	卖出金额(万元)	占总成交比例%		净额(万)
深股通专用 深股通专用	501次	3934.14	3.72	1119.90	1.06		2814.23
机构专用 机构专用	1539次	2970.93	2.81	1.15	--		2969.78
广发证券股份有限公司深圳福华一路证券营业部 欢乐海岸	2次	2054.11	1.94	3.44	--		2050.67
中国国际金融股份有限公司上海黄浦区湖滨路证券营业部 量化基金	0次	1947.34	1.84	--	--		1947.34
中国中金财富证券有限公司北京宋庄路证券营业部 量化基金	3次	1947.20	1.84	46.44	0.04		1900.76
湘财证券股份有限公司杭州文二西路证券营业部	3次	33.79	0.03	2504.41	2.37		-2470.62
华泰证券股份有限公司合肥怀宁路证券营业部	1次	24.98	0.02	1663.13	1.57		-1638.16
平安证券有限责任公司深圳深南东路罗湖商务中心证券营业部 敢死队	39次	106.62	0.10	1173.60	1.11		-1066.98
深股通专用 深股通专用	501次	3934.14	3.72	1119.90	1.06		2814.23
财达证券股份有限公司石家庄晋州中兴证券营业部	0次	159.96	0.15	939.23	0.89		-779.27
买入前5名与卖出前5名)总合计		13179.07	12.47	7451.30	7.05		5727.77

注：营业部标签仅供参考，不作为买卖依据，投资者请予以核实，风险自负。

图 11-3

返回 > 润和软件(300339)龙虎榜数据							请输入代码、拼音或简称
2023-10-10 星期二	2023-02-06 星期一	2022-07-20 星期三	2022-07-19 星期二	2021-09-14 星期二	2021-06-17 星期四		2021-05-13 星期四
日价格涨幅达到20.00%		成交额(万):283433.56		成交量(万):20789.06		涨跌幅:19.98%	收盘价:13.75
席位名称		买入金额(万元)	占总成交比例%	卖出金额(万元)	占总成交比例%		净额(万)
深股通专用 深股通专用 买入一哥	501次	8823.03	3.11	3678.01	1.30		5145.02
中信证券(山东)有限责任公司郑州农业东路证券营业部	0次	6824.12	2.41	68.52	0.02		6755.60
光大证券股份有限公司深圳深南大道证券营业部	2次	5078.88	1.79	310.55	0.11		4768.34
机构专用 机构专用	1539次	4658.84	1.64	1557.72	0.55		3101.12
华鑫证券有限责任公司上海红宝石路证券营业部 珍宝养家	33次	3849.48	1.36	--	--		3849.48
财达证券股份有限公司石家庄长征街证券营业部	0次	0.27	--	3784.74	1.34		-3784.47
深股通专用 深股通专用	501次	8823.03	3.11	3678.01	1.30		5145.02
中国中金财富证券有限公司北京宋庄路证券营业部 量化基金 卖天吾	3次	3732.60	1.32	2327.90	0.82		1404.71
华泰证券股份有限公司苏州东山路证券营业部	7次	18.01	0.01	2274.21	0.80		-2256.20
华鑫证券有限责任公司泉州田安路证券营业部	1次	1215.24	0.43	2163.18	0.76		-947.94
买入前5名与卖出前5名)总合计		34200.49	12.07	16164.82	5.7		18035.66
阶段期间价格涨幅最高值累计达到38.96%		成交额(万):389117.21		成交量(万):30240.59		涨跌幅:19.98%	收盘价:13.75
席位名称		买入金额(万元)	占总成交比例%	卖出金额(万元)	占总成交比例%		净额(万)
深股通专用 深股通专用	501次	12757.17	3.28	4797.92	1.23		7959.25
光大证券股份有限公司深圳深南大道证券营业部	2次	6936.56	1.78	314.18	0.08		6622.38
中信证券(山东)有限责任公司郑州农业东路证券营业部	0次	6878.88	1.77	73.25	0.02		6805.64
机构专用 机构专用	1539次	6165.86	1.58	1706.17	0.44		4459.69
中国中金财富证券有限公司北京宋庄路证券营业部 量化基金	3次	5679.80	1.46	2374.33	0.61		3305.47
深股通专用 深股通专用	501次	12757.17	3.28	4797.92	1.23		7959.25
财达证券股份有限公司石家庄长征街证券营业部	0次	0.50	--	3784.74	0.97		-3784.24
招商证券交易单元(353800)	0次	2929.29	0.75	2588.41	0.67		340.88
湘财证券股份有限公司杭州文二西路证券二部营业部	3次	43.51	0.01	2554.02	0.66		-2510.52
东方财富证券股份有限公司拉萨团结路第二证券营业部 T主	1368次	3267.24	0.84	2463.37	0.63		803.87
买入前5名与卖出前5名)总合计		44658.81	11.48	20656.39	5.31		24002.42

注：营业部标签仅供参考，不作为买卖依据，投资者请予以核实，风险自负。

图 11-4

5月13日，润和软件成交额高达28亿之多，通过三日龙虎榜数据，我们来看看这些资金的大致构成：

深股通：买入1.27亿元，卖出4797万元。

机构：买入6165万元。

游资：深南大道+郑州农业路+宋庄路合计买入近2亿元，卖出4000万元。

第十一章 龙头的准则:位置和空间

从龙虎榜单上就可以看出来,资金在低位重仓参与润和软件,是极其看好个股未来的走势,同时也极度看好华为鸿蒙系统的未来巨大前景。

市场也验证了资金的判断,鸿蒙系统核心龙头润和软件在一个月的时间从低点8.53元涨到51.50元,涨幅高达6倍之多。

龙虎榜,是一面镜子。合理运用龙虎榜数据,让资金为我们开路,往往会让我们在股票的操作上事半功倍,获益匪浅。

接下来,我们主要来讲讲游资和游资的手法。

游资多以涨停板为攻击目标,追求短线暴利,风格彪悍,作风犀利,操作上多以"短,平,快"和"稳,准,狠"为主。嗅觉极其敏锐,能及时发现并洞察市场风向,一旦发现目标股便以其为主要攻击目标,群起而攻之。市场上的龙头和妖股,多以这部分力量打造而成的,是龙头和妖股不折不扣的主力军。

根据游资的手法和风格,大致总结了几点游资的操作习性。

第一,择机。这里的"机"指的是指数环境。游资的嗅觉,极其灵敏,他们多以短线或超短线为主,更加注重资金的安全性,善于在第一时间感知指数环境,一旦指数进入调整的末端或者指数走强走牛,往往会迅速发起一波有效的进攻,打造龙头标的。

第二,择时,以涨停板为主要攻击目标。经过题材、消息面和技术面综合考量后,将涨停板切割开,分为集合竞价,盘中分时博弈和封板三个有机组成部分,结合盘面环境,合理布局,精准出击。

第三,擅长捕捉热点和风口板块。热点和风口处,往往是涨停最为集中,连板最为密集,也是赚钱效应最好的地方。这里是最吸引游资眼球的，风来了猪都会上树，一旦市场出现重大题材的时候，也是游资最为活跃的时候。

第四，见风使舵的本性。游资手法凶狠，残暴，但也极其凶残，无情。这本是两个极端，可是在游资的身上融合得恰到好处。行情来的时候，游资蜂拥而上，唯恐子弹不够用，可是，一旦风险来临，避险的本能促使他们不惜成本的斩仓避险，这种环境下就诞生了游资的一种流行手法"核按钮"，"核按钮"是通过早盘集合竞价期间挂跌停价卖出，最终以开盘价成交的交易方式。随着近几年情绪周期玩法的盛行，"核按钮"的模式也是大行其道。

第五，操盘纪律严明。游资追求暴利，追求利润最大化，但同时，他们对操盘纪律也是非常严明的，不会任由亏损扩大，甚至无限制的亏损下去。一旦他们感知风险来临的时候，保本甚至亏损也要斩仓出局，因为他们深知"留得青山在，不怕没柴烧"。

细数这些年的龙头和妖股，总是少不了游资这个生力军参与其中，部分极其优秀的选手也脱颖而出，一举成名，在游资史上留下了光辉的一幕。

游资，也是分类型的，大概可以分为三种。

第一种，主导型游资。这种游资属于超一流游资，"大佬"级的大神，属于第一档的存在。他们不仅资金体量大，而且往往能够"煽风点火"，因势利导地掀起一波行情，打造龙头。就拿2015年10月的龙虎榜来看，特力A调整的尾声，厦门厦禾路连续两天加仓达到1亿之多，而且是锁仓状态，全程参与了特力A这波的主升，如图11-5、图11-6和图11-7所示。

第十一章 位置和空间：龙头的准则

日价格跌幅偏离值达到-11.06%		成交额(万):--	成交量(万):--	涨跌幅:-9.99%	收盘价:40.63
席位名称		买入金额(万元)	占总成交比例%	卖出金额(万元)	占总成交比例%	净额(万)
华泰证券股份有限公司宁波江东北路证券营业部 牛散朱彬	3次	5363.57	--	--	--	5363.57
国海证券股份有限公司桂林中山中路证券营业部	0次	991.37	--	11.78	--	979.59
海通证券股份有限公司长沙五一大道证券营业部	9次	812.60	--	--	--	812.60
华泰证券股份有限公司南京户部街证券营业部	0次	771.97	--	23.16	--	748.81
中信证券股份有限公司温州分公司	0次	325.04	--	5.28	--	319.76
华泰证券有限责任公司延安中路证券营业部	0次	--	--	313.16	--	-313.16
民生证券股份有限公司巩义桥本路证券营业部	0次	--	--	258.41	--	-258.41
万和证券有限责任公司深圳笋岗东路证券营业部	0次	--	--	213.71	--	-213.71
中信证券股份有限公司南昌红谷中大道证券营业部	0次	--	--	199.09	--	-199.09
国联证券股份有限公司江阴华士镇新生路证券营业部	0次	--	--	198.68	--	-198.68
(买入前5名与卖出前5名)总合计		8264.55	--	1223.27	--	7041.28

图 11-5

日价格涨幅偏离值达到11.21%		成交额(万):--	成交量(万):--	涨跌幅:9.99%	收盘价:44.69
席位名称		买入金额(万元)	占总成交比例%	卖出金额(万元)	占总成交比例%	净额(万)
华泰证券股份有限公司厦门厦禾路证券营业部 山东帮	0次	4650.16	--	97.06	--	4553.10
中信证券股份有限公司上海世纪大道证券营业部	8次	3466.52	--	4.62	--	3461.90
国联证券股份有限公司无锡五爱北路证券营业部	0次	3353.51	--	11.35	--	3342.16
华泰证券股份有限公司南兴上上大路证券营业部	0次	2023.77	--	44.56	--	1979.21
中泰证券股份有限公司奉化南山路证券营业部	0次	1912.89	--	2.18	--	1910.71
华泰证券股份有限公司南京户部街证券营业部	0次	220.68	--	1113.53	--	-892.84
国海证券股份有限公司桂林中山中路证券营业部	0次	4.61	--	1075.48	--	-1070.86
财富证券有限责任公司滁州车站大道证券营业部	0次	419.93	--	947.72	--	-527.79
海通证券股份有限公司长沙五一大道证券营业部	9次	20.53	--	879.90	--	-859.37
中信证券股份有限公司上海溧阳路证券营业部 上海帮阳路	79次	579.86	--	751.28	--	-171.41
(买入前5名与卖出前5名)总合计		16652.48	--	4927.68	--	11724.80

图 11-6

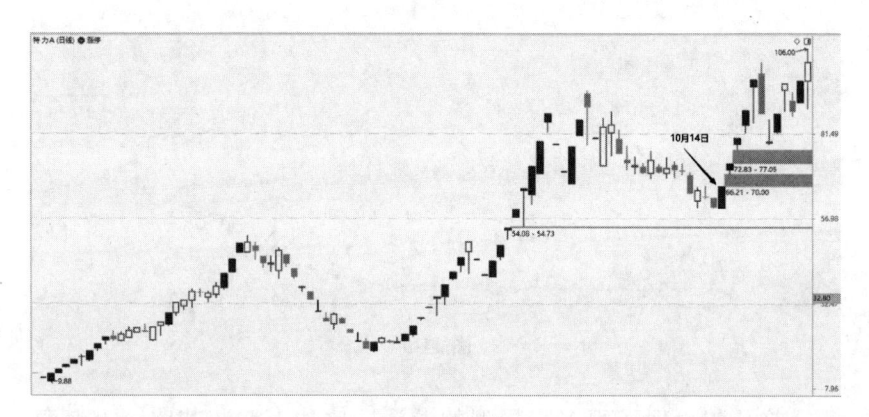

图 11-7

我们再来看看另外一只妖股远大控股的龙虎榜，2015年，从发动行情到整个妖股的打造过程中，溧阳路全程参与并主导了这只大妖股，如图11-8和图11-9所示。

涨幅偏离值达7%的证券		成交额(万): --		成交量(万): --		涨跌幅:9.99%	收盘价:24.55
席位名称		买入金额(万元)	占总成交比例%	卖出金额(万元)	占总成交比例%		净额(万)
中信证券股份有限公司上海溧阳路证券营业部 上海溧阳路	79次	3911.4	--	1898.90	--		2012.52
机构专用 机构专用	1141次	1909.47	--	--	--		1909.47
广发证券交易单元(354000)	0次	1015.39	--	--	--		1015.39
申银万国证券股份有限公司上海隆昌路证券营业部	0次	818.90	--	1.19	--		817.71
齐鲁证券有限公司潍坊北海路证券营业部	0次	766.32	--	6.27	--		760.05
中信证券股份有限公司上海溧阳路证券营业部 上海溧阳路	79次	3911.41	--	1898.90	--		2012.52
光大证券股份有限公司慈溪三北大街证券营业部	1次	22.52	--	824.97	--		-802.46
中信证券股份有限公司上海淮海中路证券营业部	2次	--	--	763.72	--		-763.72
中国银河证券股份有限公司大连人民路证券营业部	25次	2.40	--	561.03	--		-558.63
广发证券股份有限公司汕头海滨路证券营业部	2次	--	--	551.99	--		-551.99
(买入前5名与卖出前5名)总合计		8446.41		4608.06			3838.34
连续三个交易日内涨幅偏离值累计达20%的证券		成交额(万): --		成交量(万): --		涨跌幅:9.99%	收盘价:24.55
席位名称		买入金额(万元)	占总成交比例%	卖出金额(万元)	占总成交比例%		净额(万)
中信证券股份有限公司上海溧阳路证券营业部 上海溧阳路	79次	6337.98	--	1898.90	--		4439.09
机构专用1 机构专用	1141次	3304.94	--	--	--		3304.94
机构专用2 机构专用	1141次	1387.76	--	--	--		1387.76
申银万国证券股份有限公司上海隆昌路证券营业部	0次	1385.06	--	7.82	--		1377.24
机构专用3 机构专用	1141次	1062.00	--	--	--		1062.00
中信证券股份有限公司上海溧阳路证券营业部 上海溧阳路	79次	6337.98	--	1898.90	--		4439.09
中信建投证券股份有限公司上海永嘉路证券营业部	0次	--	--	1598.15	--		-1598.15
光大证券股份有限公司慈溪三北大街证券营业部	1次	27.30	--	1484.38	--		-1457.08
中信证券股份有限公司上海淮海中路证券营业部	2次	619.60	--	808.80	--		-189.20
光大证券股份有限公司宁波悦盛路证券营业部	0次	77.31	--	799.01	--		-721.70
(买入前5名与卖出前5名)总合计		14201.95	--	6597.06			7604.89

图 11-8

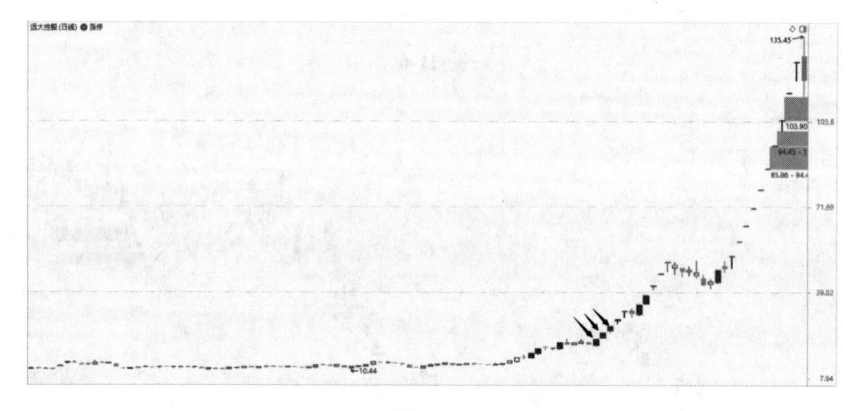

图 11-9

前几年出现了很多主导型的游资,比如上海江苏路,上海溧阳路,深圳欢乐海岸,泉州丰泽路等超一流游资,甚至后来市场出现的新生代游资,比如,深圳金田路,南京太平南路,西安朱雀大街,大连金马路等等。

这类型的游资不仅资金体量大,而且能够因势利导,合理把控市场情绪和脉搏,掀起并参与一波行情。这类游资是龙头的主导

第十一章 位置和空间：龙头的准则

力量，他们频繁参与某只龙头股，往往预示着某只股票有着不错的前景。他们和龙头互为成就，他们"打造"了龙头的同时，龙头也成就了他们，市场为他们贴上了龙头的标签，给他们打上了记忆的符号。

第二类游资，属于跟风性游资。这种类型的游资，缺乏主导型游资的"主导"行情的能力，往往只参与其中的一部分行情，甚至蜻蜓点水一般，只参与一两个涨停，借着"东风"吃一波后抹嘴就跑的类型，属于第二档的存在。由于他们只参与部分行情或者局部行情，所以，龙头在他们的眼里仅仅就是一个过客而已，过眼烟云一般。他们的理念就是，龙头重在参与，至于能不能吃完一波并不重要，重要的是，我在这波行情里，或者这只龙头股里参与了，并且赚了钱，吃了肉。这类游资大概占市场30%～40%的比例，当然，也不乏这其中一部分佼佼者后来晋级为第一档的存在。

第三类游资，属于一日游风格。这类游资，大概有三个特点，参与的标的以底部票为主，多以首板为对象，次日不管赚不赚钱，迅速了断。他们的操作风格就是，以底部首板作为攻击对象，点火，打板全程参与，打造高质量的底部首板，享受次日的溢价，第二天迅速止盈。经过长期的市场磨炼，他们已经有了属于自己的风格，作风犀利，手法迅捷，操盘纪律极其严明。无论次日是否赚钱，止盈和止损是次日的必备操作。这类游资，以佛山系和成都系为代表。

了解并熟知游资的习性，对游资的操作风格和手法进行分类，对于我们日常的操作非常重要。

哪些标的股会成为龙头股？

哪些票是可以短线参与的？

哪些票是必须回避的？一目了然。

比如以下几种类型的游资参与的票，是必须尽力回避的。

第一类：一日游类型的游资参与的票，尽量回避。如成都系和佛山系。

第二类，对于擅长并经常使用"核按钮"的游资参与的票，尽量回避。主要有四大家为主：绍兴路、上塘路、桑田路和隐秀路。

第三类，龙虎榜中出现一家独大的票，吃独食这种类型的票，往往次日不会有太高的溢价，应尽量回避。最为典型的当属：迎宾路，如图11-10所示。

营业部名称	买入金额(元)	占总成交比	卖出金额(元)	占总成交比	净额(元)
	1.30亿	15.97%	1.41万	--	1.30亿
湖里大道	4282.77万	5.26%	2.23万	--	4280.54万
量化打板	2394.19万	2.94%	76.50万	0.09%	2317.69万
	2388.00万	2.93%	--	--	2388.00万
机构专用	1300.82万	1.60%	425.83万	0.52%	874.99万
	17.57万	0.02%	2391.09万	2.94%	-2373.52万
	181.12万	0.22%	2345.45万	2.88%	-2164.33万
	571.85万	0.70%	1915.41万	2.35%	-1343.56万
	--	--	1215.87万	1.49%	-1215.87万
欢乐海岸	--	--	812.51万	1.00%	-812.51万
(买入前5名与卖出前5名)总合计	2.41亿	29.64%	9186.30万	11.28%	1.50亿

图 11-10

第十二章 龙头和妖股

龙头，常有。而妖股，却不常有。

妖股，是极其稀缺的。从运行周期上来讲，龙头股可以每个月都有。但是，妖股，一年下来最多也就那么两三只。这决定了妖股不会频繁出现，正因为少，所以显得稀缺。

龙头和妖股，均是天时地利人和的产物，是合力的结果。

> 天时，主要指的是指数环境、政策和题材的配合。这是催生龙头诞生的气候条件。
>
> 地利，主要指的是价格、盘子、位置和空间。龙头和妖股要想实现短期内N倍的暴利拉升，必须具备低廉的价格，多以10元上下，且以小盘股为最佳，这里的小盘股多以10亿到50亿最好。其次就是绝佳的位置和空间。
>
> 人和，市场认可，资金认可，各方资金都认可后方可形成合力。

龙头在初升阶段，必然是以突然的形式发动行情，一气呵成而完成初升动作。那么，连板这种最暴力，最吸引眼球的方式，自然成了龙头初升阶段最佳、最理想的选择方式。这种连板方式在初升阶段有两个好处：当市场还在迷茫的时候，突然发动两连板，主力在最短的时间内完成了低位建仓吸筹的目的。同时，又以连板引起市场的关注，打造人气度，可谓一箭双雕。如果有利好的加持，往往在龙头的初升阶段，便开启了一字连板模式。比如四川双马和九鼎新材（注：现更名为正威新材），如图12-1和图12-2所示。

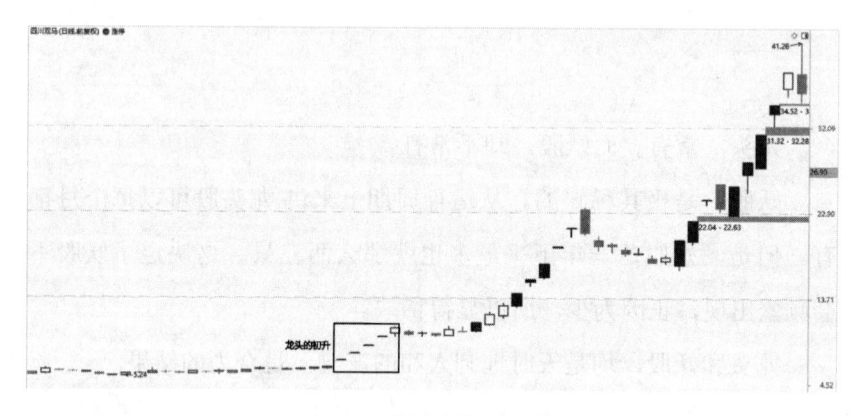

图 12-1

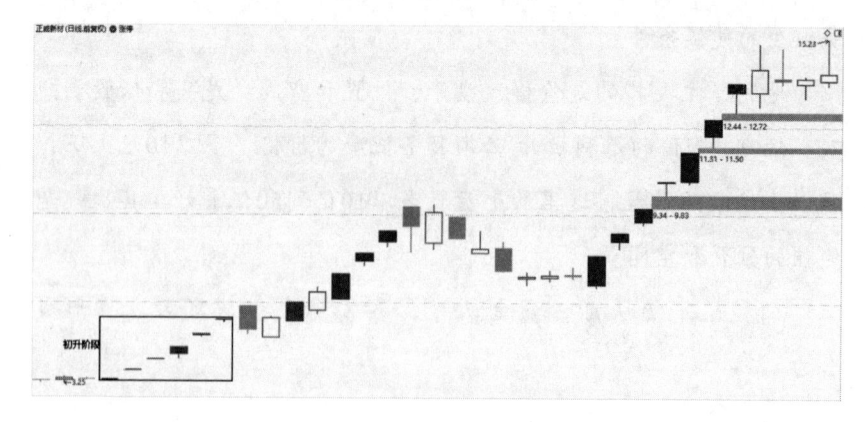

图 12-2

相比较第一种初升方式，第二种方式就要显得温柔、缠绵的多。就是底部持续换手板，持续性拉高完成初升动作。如东方通信和特力A，如图12-3和图12-4所示。

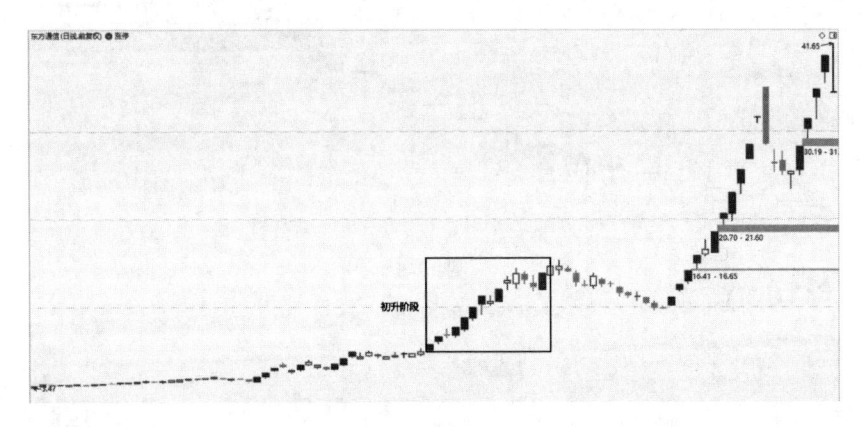

图 12-3

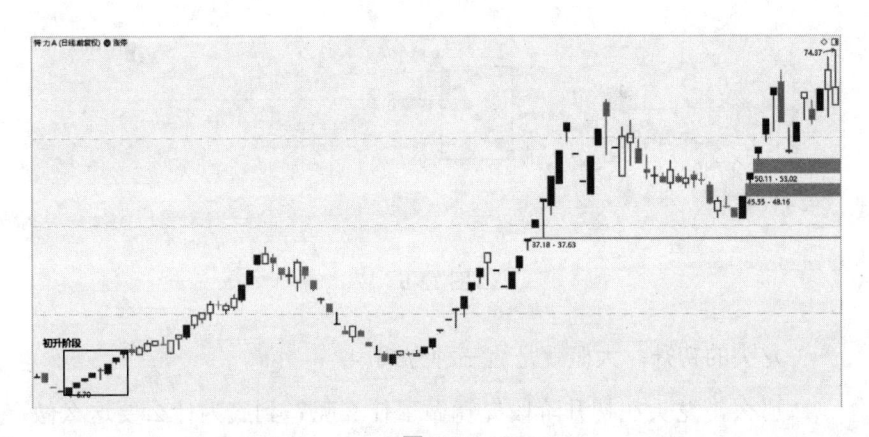

图 12-4

当然，龙头的初升还有第三种方式，就是次新龙头。如图12-5和图12-6所示。

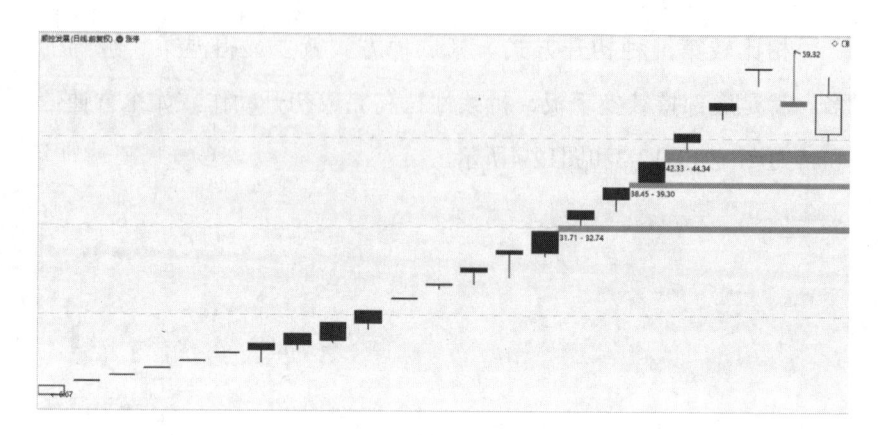

图 12-5

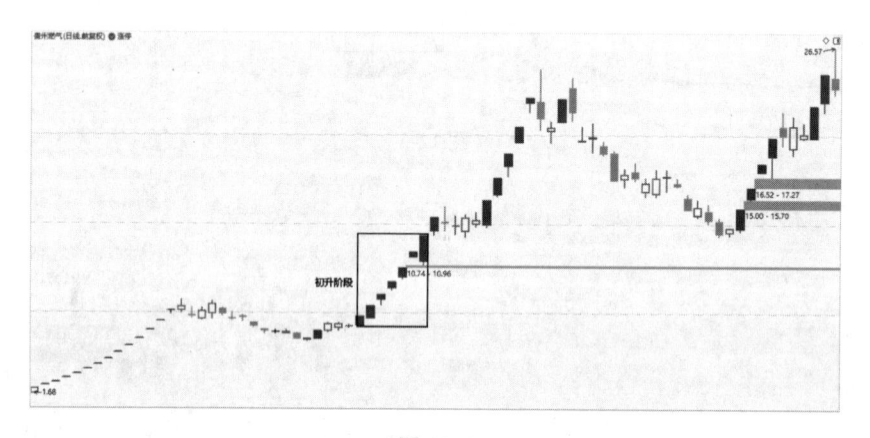

图 12-6

龙头的初升,大概就是这三种方式。

那么,龙头在初升阶段究竟做了什么呢?到底为什么要这么做呢?原因大概有以下几点。

第一,引起市场关注。这是龙头成妖的首要条件。龙头以连板形式开启主升,迅速引起市场关注,聚拢人气,吸引市场交易者。就像我们做生意打广告一样,以连板这种最暴力,也是最吸引眼球的方式启动,无疑是给了龙头股最佳的打广告方式。"天下熙熙皆为利来，天下攘攘皆为利往。"一旦出现巨大的赚钱效应，交易者便蜂拥而来。

第二，打造人气度，树立标杆。这是龙头成为妖股的基础。无论是后市持续走高，还是开启二波，甚至N波，市场关注度越高，人气度越高，龙头成为妖股的概率就越大。"金麟岂非池中物，一遇风雨便化龙"，同样的道理，人气一旦被再次唤醒，彻底激活，龙头便成为了妖股，这都是人气的作用。

第三，为真正的主升浪行情做"修复"工作。这是从龙头的整体走势结构上来分析的。关于这一点，很多人没有注意到，也不会太在意。就有人疑问了，既然是龙头嘛，那肯定是主升浪嘛，怎么会有修复动作呢？岂不知，从大级别的周期角度来看，很多龙头股的初升并非真正意义上的主升，而是超跌反弹的动作。比如九安医疗和浙江建投，如图12-7和12-8所示。

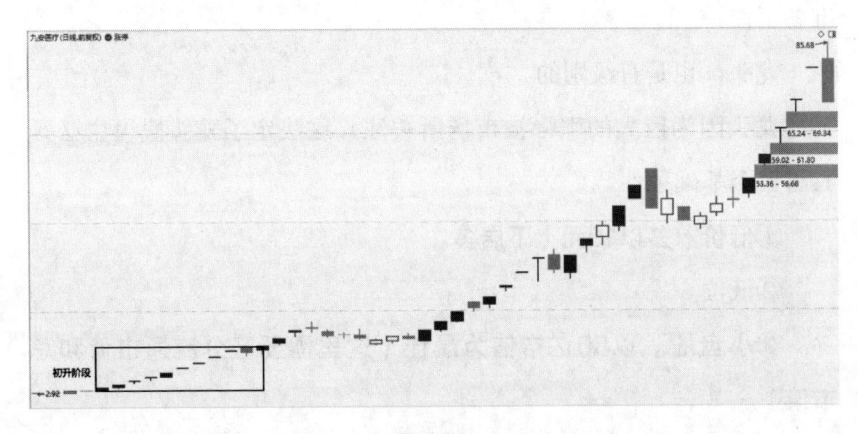

图 12-7

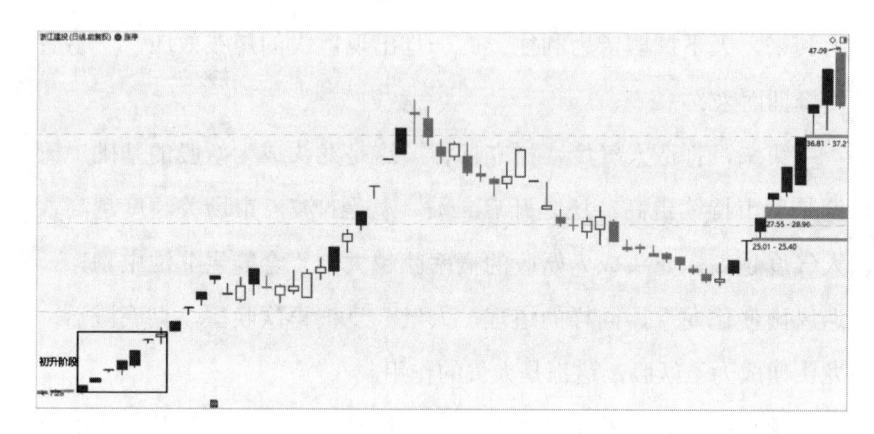

图 12-8

很难理解，龙头怎么会有超跌反弹这一动作呢？

这一"修复"动作，看似多余，却是龙头必经之地，必须要完成的一个动作。最主要的原因就是要通过龙头的连板完成初升动作，快速摆脱套牢区和成本区，打造人气，进而完成真正主升前的准备工作。

龙头，也是有级别的。

龙头因为巨大的涨幅被市场所关注，这决定了龙头股诞生必须具备三个基础条件。

①低价。多以10元上下居多。

②低位。

③小盘股。以50亿市值为最佳（这里需要区分流通市值和总市值）。

这里重点说说低位这个问题。

位置和空间，一直是龙头股和妖股的核心问题。

市场上多数龙头以亢龙居多，就是突破长期大平台后形成爆破走势的龙头。可是，奇怪的是，市场上多数妖股却并不是从平台起爆，而是从阶段性低点或者绝对低点开启行情的，其中的原因，主要是筹码结构和涨幅的问题，说直白些，就是关系到抛压的问题。理论上来讲，一只龙头从绝对底部、绝对低点到起爆平台这个阶段，差不多已经有了一倍的涨幅，此时，面对着巨大涨幅而积累起来的巨大的获利盘抛压，龙头在初升过程中首先要解决的就是如何消化并吸收这些获利盘的抛压问题。

我们以丰乐种业为例，如图12-9所示。

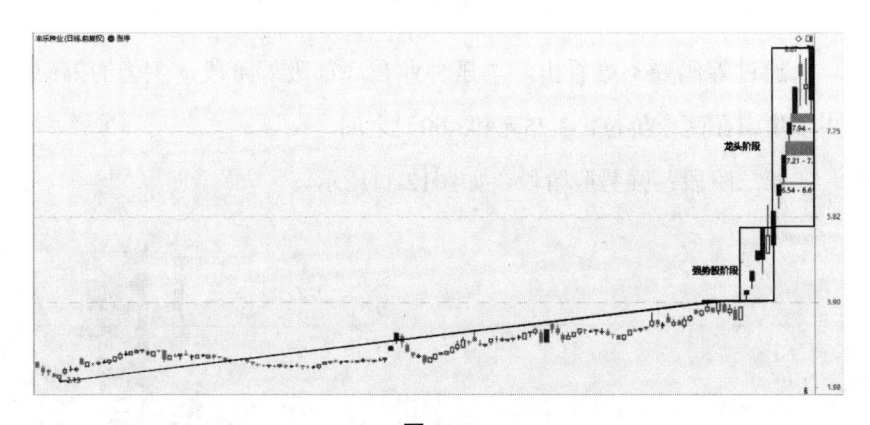

图 12-9

丰乐种业从底部2.13元到短期高点9.88元，这四倍涨幅大概可以分为三个阶段。

第一个阶段，底部吸筹阶段。

丰乐种业在2019年5月6日涨停爆破，开启4连板走势。此时，股价已经达到4元，距离2018年10月19日这个阶段性的低点2.13元已经是翻倍走势。

我们来看看这个阶段的筹码结构。如图12-10所示。

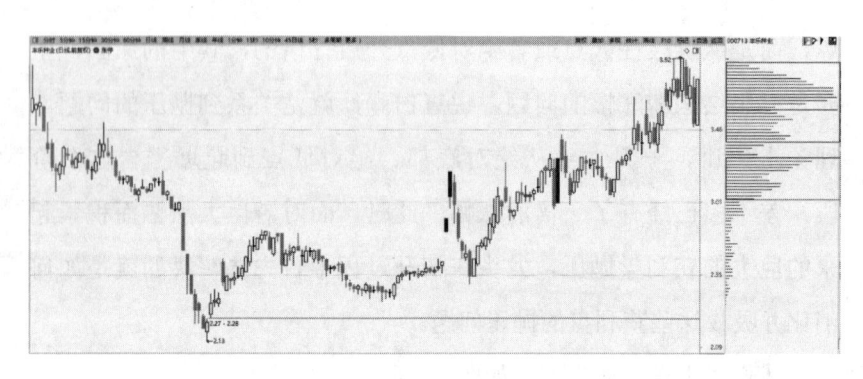

图 12-10

通过筹码峰不难看出，丰乐种业在底部吸筹阶段，主力的筹码主要集中在两个价位：3.25元和3.60元之间。

第二阶段：强势股阶段。如图12-11所示。

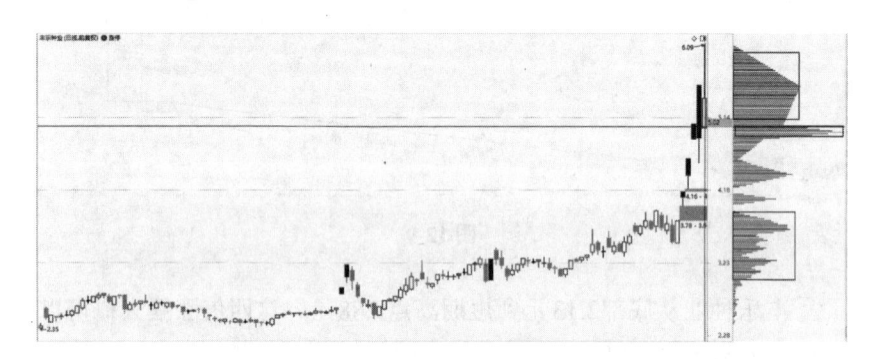

图 12-11

此时的筹码峰，已经发生了明显的变化。底部筹码峰开始缩短，上方筹码峰开始变长。意味着交易开始活跃了，已经有资金开始出现哄抢股价的现象。底部筹码峰开始缩短，意味着有部分获利盘开始兑现了。

第三个阶段：龙头阶段。如图12-12所示。

第十二章 龙头和妖股

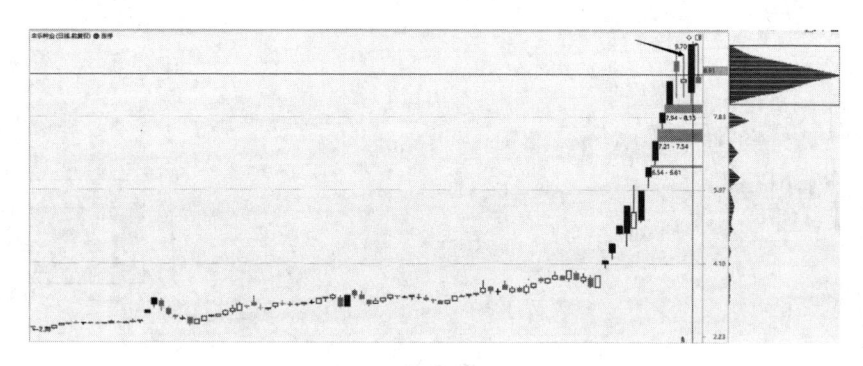

图 12-12

底部筹码呢？筹码峰值呢？

仔细观察，不难发现底部筹码峰没了，全部上移了，这时候，主力开始兑现筹码了。

试想一下，一个全部是套牢盘的龙头，怎么会成为妖股呢？

再对比下妖股九安医疗的走势图，看看筹码结构。如图12-13所示。

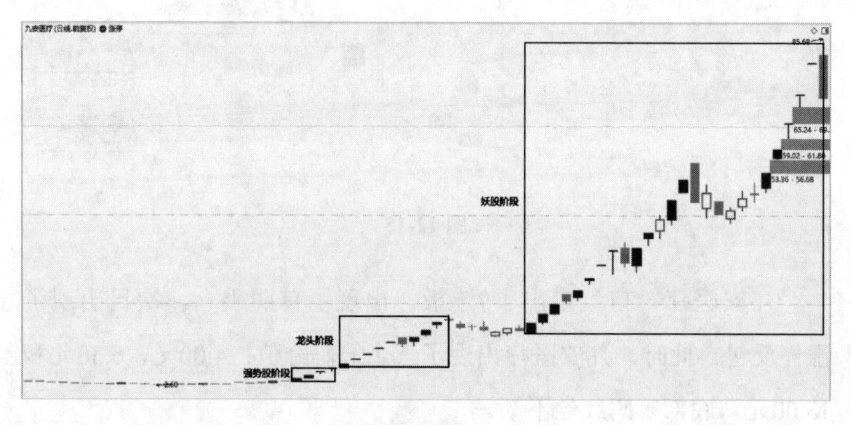

图 12-13

九安医疗的走势，大致可以分为三个阶段。

第一阶段：强势股阶段。如图12-14所示。

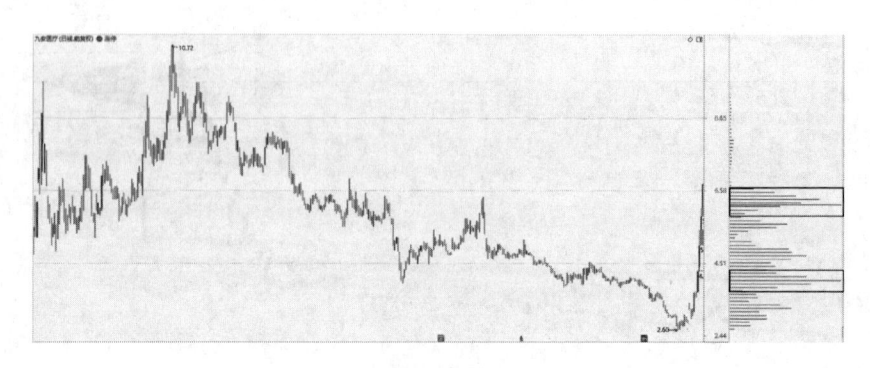

图 12-14

2021年11月15日，九安医疗首板开始，底部井喷式4连板。此时的筹码峰主要集中在：4.00元和6.30元附近。

第二阶段：龙头阶段。如图12-15所示。

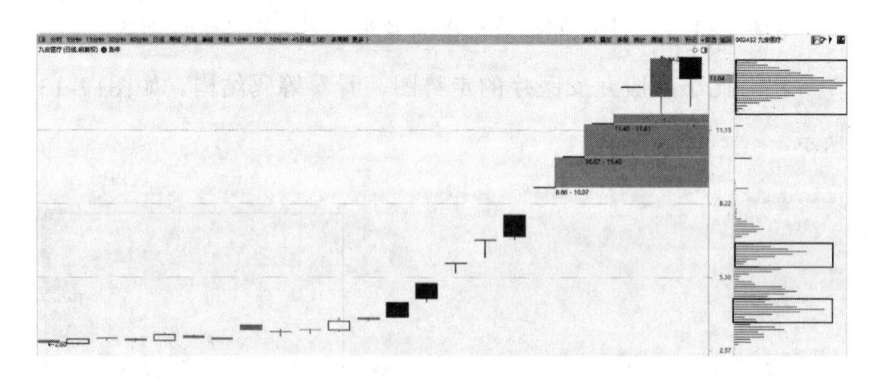

图 12-15

九安医疗一口气走出了9连板，出现了首阴震仓，次日出现了涨停反包。此时，九安医疗出现了三个筹码峰值：4.00元、6.30元和13.00元。底部筹码纹丝不动。

这意味着什么呢？意味着这些筹码坚定看多后市。

此时，还应该注意另外一个现象，9连板后出现了首阴。

此时，为什么会出现首阴呢？

日线级别不容易看出来，我们可以用周线来看。此时的首阴和次日涨幅反包恰好出现在前期高点附近，这就意味着九安医疗绝非日线级别的龙头，级别开始延伸了，至少是周线级别，甚至是更大级别的龙头。

第三阶段：妖股阶段。如图12-16所示。

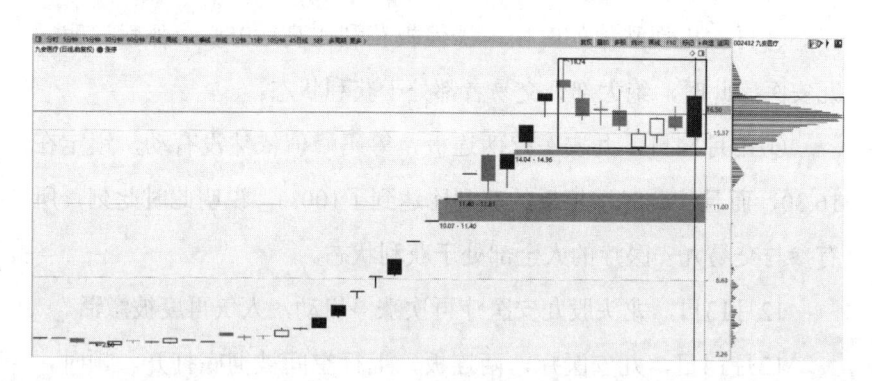

图 12-16

九安医疗此时有两个值得注意的现象。

底部筹码峰呢？

涨停启动时候，获利筹码是多少？

这个周级别的调整，是什么意思？

12月2日，股价创出19.74元阶段性高点，再次出现阴线，底部4.00和6.30附近的筹码峰值逐渐消失。

12月3日，4.00元和6.00元筹码峰值继续缩短，筹码峰值上移到了17.00。

12月10日，4.00元和6.00元筹码峰值继续缩短，筹码峰值上移到了16.10。

12月13日，4.00元和6.00元筹码峰值消失，筹码峰值上移到了

16.30。

从底部峰值4.00元和6.00元筹码峰值逐渐消失这个过程。不难发现,出现了四个明显的现象。

①筹码峰在逐渐集中,从17.00元到16.00元,再到16.30元,筹码峰值在逐渐下降,也就是说,新主力的成本在逐渐降低。

②持续缩量回调。

③再次出现涨停的时候,涨停板获利比高达95%,那就说明,九安医疗此时,绝大部分交易者都处于获利状态。

④12月14日,九安医疗两连板,筹码峰值依然没有动,锁定在16.30,而且,此时涨停板的获利比达到了100%,说明此时此刻,所有参与交易九安医疗的人全部处于获利状态。

12月13日,龙头股九安医疗再次涨停启动,人气再度被激活。

12月14日,九安医疗,两连板,上行空间被彻底打开。顿时,"天堑变通途"。九安医疗摇身一变,化身为妖,一飞冲天。

从九安医疗整个演变过程,其实只做了三件事情:

第一,连板完成初升动作,快速脱离套牢区和成本区,打造人气。

第二,连板高度打开上行空间。

第三,筹码的交换和转移。

关于这一点,就牵扯到龙头到妖股的演变过程和进化阶段。龙头成妖,大概要经历三个过程。

> 强势股阶段
>
> 龙头阶段
>
> 妖股阶段

第十二章 龙头和妖股

龙头在初升阶段，以连板模式开启。但此时，龙头还不成其为龙头，顶多只能算作强势股。强势股在主升的过程中，必然要经历重重抛压，这个时候，还需要一个动作，才能完成强势股到龙头的质变过程，那就是震仓、强洗，进而完成由分歧转为一致，这个动作既是为了清洗获利盘的筹码，也是为了拿到相对廉价的筹码，更是为了后期拉升减少抛压，此时的震仓动作，可谓一举三得。需要注意的是，强势股在质变为龙头的过程中，多以单日完成震仓动作，最多不可超过三日，否则动作过多，拖沓，显得主力态度犹豫，影响人气度。

第一种，单日完成震仓动作。这种多以T板和地天板为最。比如鲍斯股份，如图12-17所示。

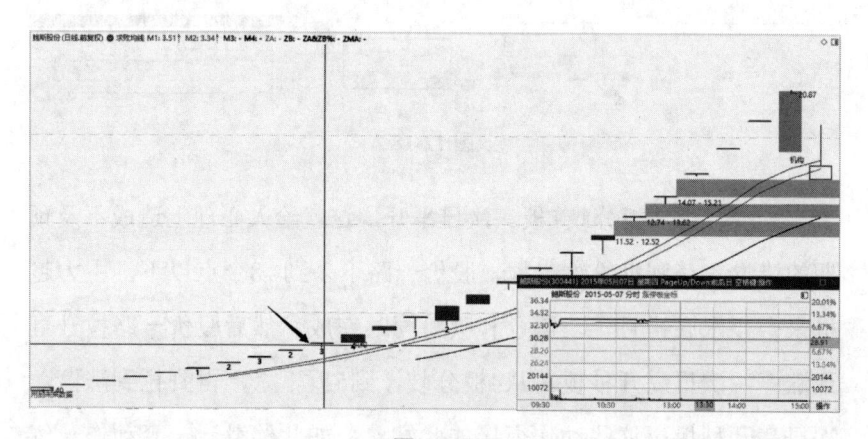

图 12-17

经过了持续的一字板后，此时积累了大量的获利盘。此时T板这个动作，既能清洗掉之前的获利盘，又能拿到相对低廉的筹码。这种当日震仓，最终以板的方式收尾结束震仓的手法，由分歧转为一致，不影响次日高开溢价的同时，次日一般会高开5个点左右，然后缩量秒板。从分歧板转为一致板，再到次日的再次确认加速板，这三个动作一气呵成，龙头便诞生了。更重要的是，这种震仓方式不影响连板高度，人气度方面完全不打折扣。

当日完成震仓动作的方式，还有一种，就是连板后，次日低开完成震仓后拉板。这种玩法虽然很"阴险"，但是震仓效果也是非常不错的。再比如圣龙股份，如图12-18所示。

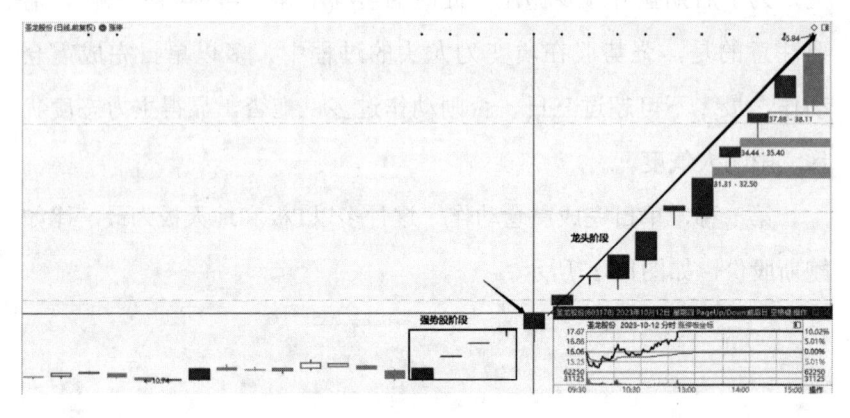

图 12-18

3连板后，4板分歧T板。次日平开，这就给人心理上造成不及预期的错觉，获利盘纷纷走掉，股价一路下杀到-8个点以下，主力趁机来个"水底捞月"，震仓和吸筹同时完成。然后股价一路拉升直至涨停，次日高开秒板。从4板分歧，到5板下杀，再到拉到涨停，次日高开秒板。这些动作衔接如此娴熟，如此丝滑，一套动作一气呵成，毫不拖泥带水，这是最提振人气和士气的。而同时，圣龙股份也从强势股质变为妖股。

还有更为极端、更犀利的手法。比如天龙股份，如图12-19所示。

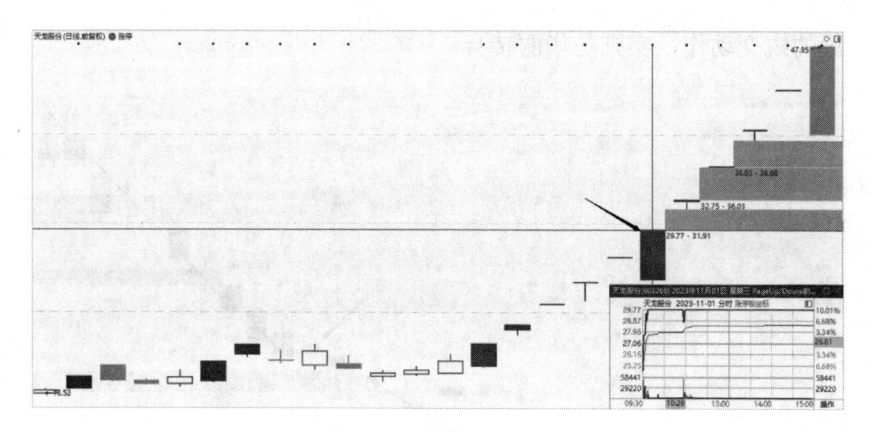

图 12-19

天龙股份经过了5连板后,在没有任何利空的情况下,2023年11月1日早盘被"核"掉,然后开盘一路拉到涨停。这个过程中,从早盘竞价"核按钮",到开盘拉升至涨停,一气呵成,丝毫不给喘息的机会。这里面有技术成分吗?完全没有,完全是玩的心理战。早盘竞价"核按钮",大幅低开近乎于跌停价,获利盘在恐慌的趋势下,纷纷跑掉了,这时候主力一个反拉动作,迫使那些因为恐慌而跑掉的筹码不得不再次追高,甚至只能采取打板的方式拿回丢掉的筹码。这样不仅减轻了当日的抛压,还为后市的拉升减轻了压力。经过这一个动作,天龙股份连拉6个涨停,而在天龙股份里的筹码也坐收渔翁之利,享受了后面6个板的溢价。

第二种,当日震仓,次日涨停反包。比如三江购物,如图12-20所示。

三江购物经过了持续一字后,积累了大量的获利盘,巨量首阴顺利清洗了大量的获利盘,次日反包,经此一举,强势股摇身一变成为了龙头。这个反包动作,虽然轻描淡写,却是强势股质变为妖股的蜕变动作，实则是华丽转身。

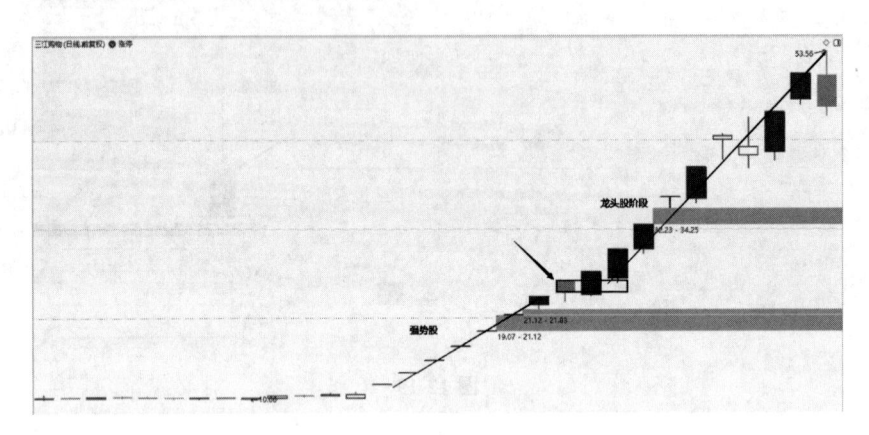

图 12-20

龙头在初升阶段，会运用各种手段，玩尽各种心思通过震仓方式甩掉对手盘，可谓无所不用其极。无论主力如何震仓，手法如何卑鄙，如何残暴，目的就是为了获利，让利润最大化。但是万变不离其宗，不管主力怎么震仓，绝不能以牺牲人气为代价，否则，龙头的地位随时可以被替代，那就得不偿失了。这也是为什么当日震仓效果远比用两三日震仓方式好得多的原因。当日震仓这种方式以不牺牲连板为基础，维持高人气度的前提下，以最小的代价获得了最大的预期效果，乃是上上之选。

龙头是必须要经过检验的，分歧之后的转一致，就是最好的检验办法。

而且，分歧转一致，也是由强势股转为龙头股的"生死关"，这一关过去了，强势股摇身一变，乌鸡变凤凰，成了龙头。如果经不起分歧的考验，强势股永远只能是强势股，而且只能变得更弱，被市场淡化。

更关键的是，在龙头分歧这个关键点位上，往往是妖股再"回春"的重要节点。比如浙江建投,如图12-21所示。

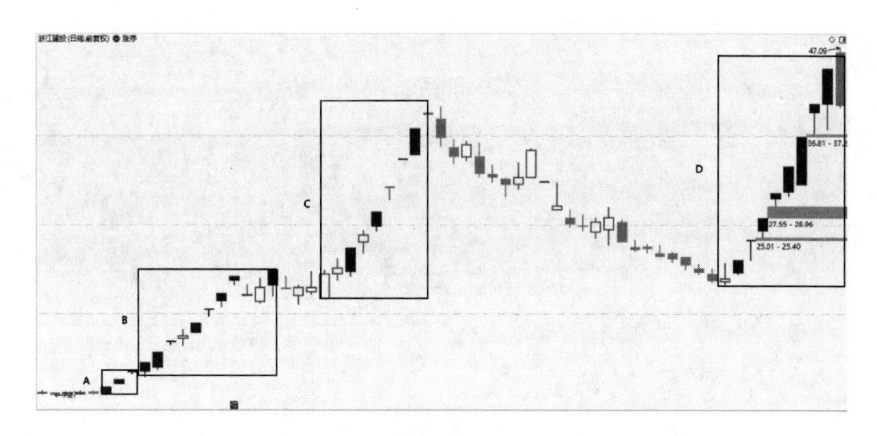

图 12-21

浙江建投,这只龙头股整个走势可以分为4个阶段。

A阶段:强势股阶段。3连板起步。打下人气基础,建立市场关注度。

A~B阶段:震仓。3连板后,股价走势不及预期,股价长时间在水下运行,突然拉起冲板。完成了强势股到龙头的质变,龙头诞生。

B阶段:龙头阶段。

B~C阶段:周级别洗盘。为二波的拉升做预热,做准备活动。

C阶段:龙头向妖股的转变阶段。经过了一番周级别震仓和吸筹动作,龙头摇身一变,妖股诞生。

D阶段:俗称"龙回头"。经过了月线级别的下跌回调后,一个涨停再度唤醒浙江建投的人气,再次掀起翻倍之旅。

在这个过程中,用心的人会发现,浙江建投启动位置刚好就是前期龙头质变为妖股的关键节点,关键位置。

这是巧合吗?是运气吗?是偶然吗?

不是。

类似这样的经典案例，比比皆是。比如贵州燃气。如图12-22所示。

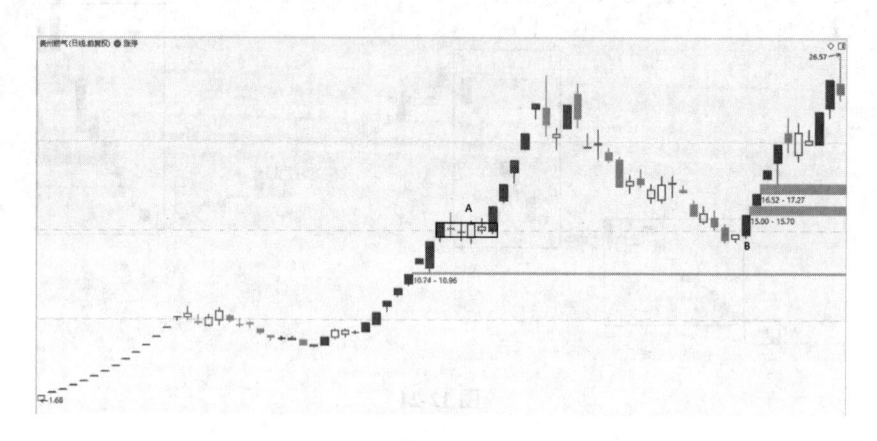

图 12-22

贵州燃气，在由龙头质变为妖股的过程中，经过了A阶段周级别的短暂调整后开启了妖股之旅。而B的位置出现涨停再度唤醒人气掀起一波翻倍走势，启动位置刚好对应的就是A阶段，便很好地说明了这一点。

那么，为什么会出现这种"奇妙"的现象呢？

第一，这个位置，聚集了大量的筹码，为股价回调提供了支撑位。

第二，这个位置，是从龙头质变为妖股的关键位置，汇聚了超强的人气。一旦股价回调打到这个位置附近，往往会再度被资金惦记，一个涨停便能够把资金拉回到妖股的记忆之中。于是，新的一波行情就此诞生。

第三，这牵扯到龙头的回吐级别问题。也是我接下来要重点讲的一个单元。

龙头在经历一波连板涨停的主升行情后，多空之间会出现分歧，多头逐渐乏力，空头逐渐占优，多头趁势借助大盘回调的机会顺势进行主动性调整的行为，叫作回吐。

在这里，有必要区分下回吐和回调二者之间的区别：

第一，回吐是主力主动性行为，而回调则是被动性行为。回吐的作用在于合理的借助大盘调整的机会顺势下压股价，进而吸筹，从而酝酿下一波进攻的动作。而回调则是被动性的，回调的过程有别于回吐过程中缩量下跌，回调则是主力彻底放弃，最明显的就是回调的过程中出现持续性的放量下跌，出现筹码的大量溃逃，甚至是撤退迹象。

第二，回吐过程中，在关键位置，关键成本区，会遇到明显的多头抵抗力量，进而进行有效的修复动作；而回调则不会，回调过程中，遇到关键支撑位，逐个被击破，多头会放弃抵抗，持续下行，破坏掉走势结构，进而形成更大级别的顶部。

也就是说，回吐和回调的本质区别在于是否有反趋势的能力和修复趋势的能力，进而发动新一轮的进攻。

回吐也是有级别的。

第一种：拒绝回吐，进行周级别的浅调整。龙头在初升阶段，具备强大人气，在人气的支撑下，股价很难被打压下来。这个时候，龙头稍作休息调整，一旦人气再度被激活，立马会开启新的征程，向妖股的进化。

最经典的，当属九安医疗，如图12-23所示。

九安医疗在经过了第一波的飙升，彻底打开周线和月线的上行空间。经过了将近一周时间的短暂调整后，做了合理而有效的筹码交换和吸筹，一个二连板，人气被彻底激活，上行空间被再次打通，于是便开启了妖股飙升的动作。

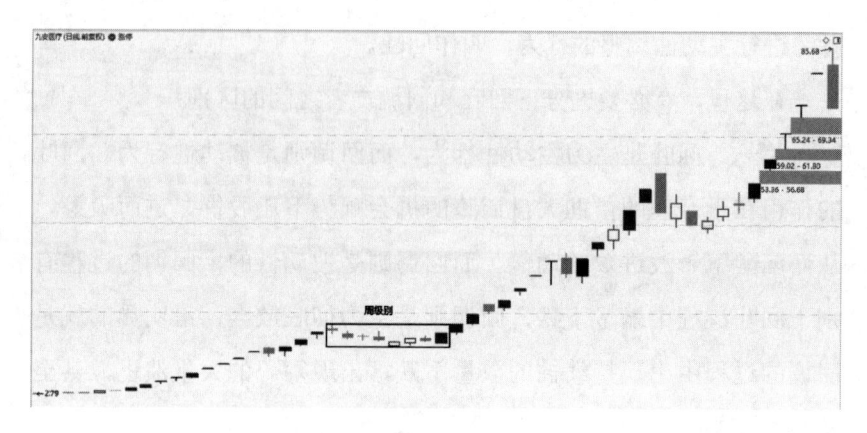

图 12-23

第二种，阶段性低点的回吐。这个阶段性低点，往往会出现在成本密集区，或者是涨停最为密集的区域，甚至是龙头质变为妖股的位置。往往这里囤积了大批主力的筹码，而且是人气度最为旺盛的区域，形成了强大的支撑位。此时，如果主力合理有效的结合大盘环境，顺势发动进攻拉涨停，龙头会被迅速唤醒记忆，人气很容易被激活，进而开启一波新的主升行情。比如东方通信，如图12-24所示。

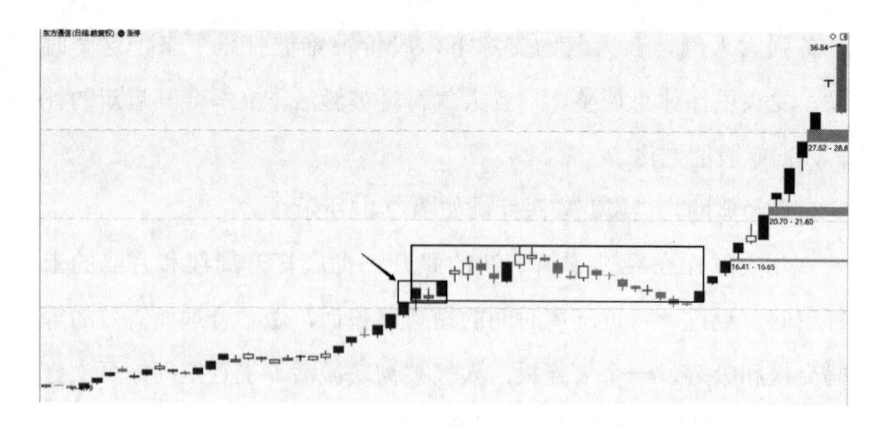

图 12-24

第十二章 龙头和妖股

第三种，原点回吐。就是说，龙头经过了初升阶段后，再次回到起涨位置，进而发动新一轮上涨行情。如特力A，如图12-25所示。

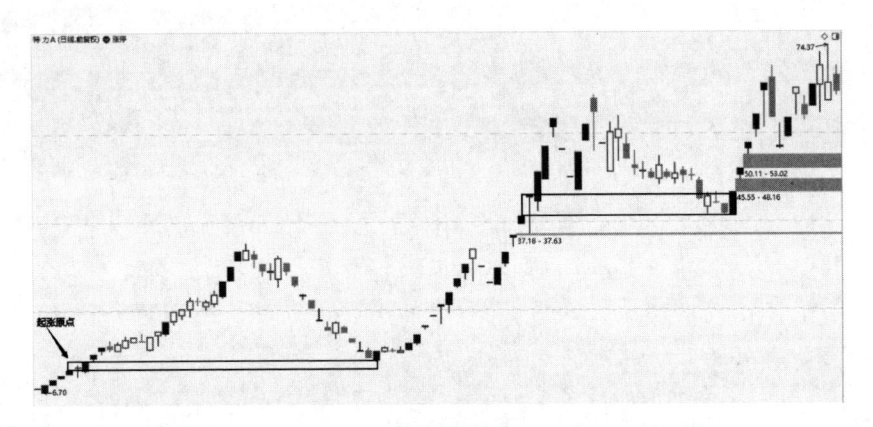

图 12-25

下篇
构建龙头交易体系

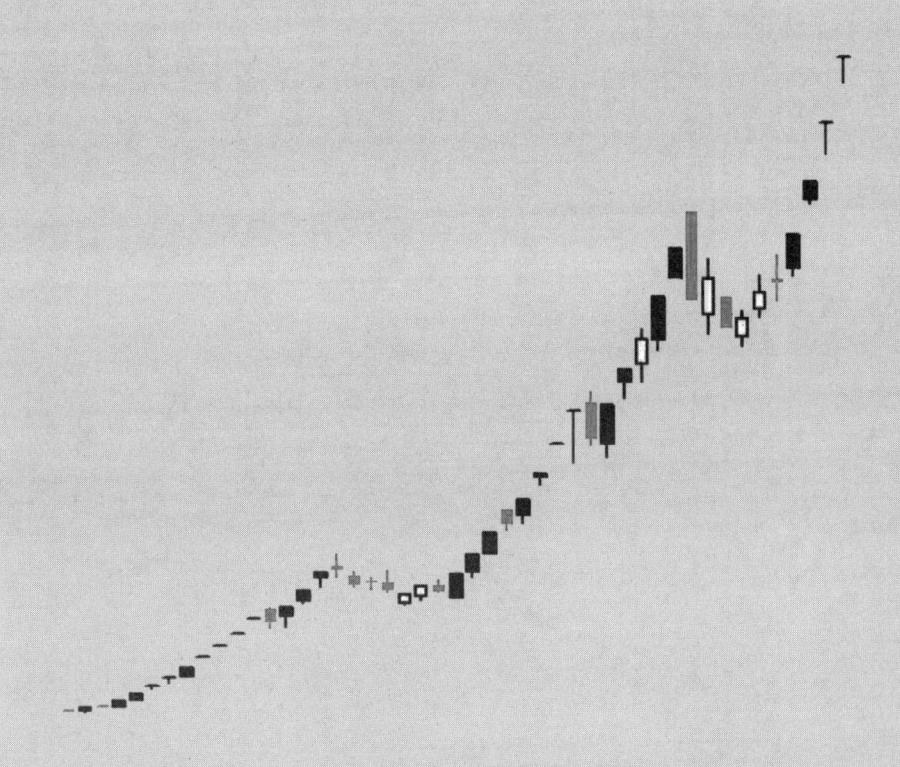

第十三章 情绪周期

很多人喜欢"怼"涨停，市场也流行"怼"涨停。所谓的"怼"，通常意义上来讲，就是打高度板。

和"怼"相呼应的是"核"，在"怼"和"核"之间，方见手段，根本上比拼的是见地和认知。

如果说，"怼"和"核"只是交易的一种方式、手段，那么，掌握科学而系统性的情绪周期就显得尤为重要。

情绪周期，是一种合理运用短线资金轮转的一种周期性玩法，它是一种建立在连板梯队为基础，融合了情绪周期、题材、游资为一体的激进、暴利的玩法，也就是我们通常讲的"数板"战法。

情绪周期，重在周期。

无关指数。

无关游资。

无关手法。

无关一切……

只与情绪周期相关，纯粹而简单。

那么，情绪周期为什么这么重要？为什么会受到市场和交易者的青睐呢？

我总结，大概有三点原因。

第一，"数板"比较简单。市场有且只有一只最高标。"数板"战法是建立在连板基础之上，以完整而系统的连板梯队为周期的一种交易体系。这种交易体系首要前提是市场必须打造最高标，这只市场最高标既是市场关注度最高的，也是人气度最旺的，同样也是赚钱效应最好的标的股。持续关注这只最高标即可，便于复盘，更利于分析和操作。

第二，最暴力，也最为暴利。从连板梯队中脱颖而出，一飞冲天。短短的一段时间内便有巨大的利润，这是最吸引市场和交易者的原因所在。

第三，持续性好，资金利用效率高。这里的持续性指的是一个老周期的结束，往往意味着一个新周期的开启，资金无需休整，可以迅速、重新投入到新的周期里面去，充分利用资金的最大效率，实现资金的最大赚钱效应。

那么，如何建立科学而系统的情绪周期呢？情绪周期，最基本的构成是由三个部分组成的。

> 连板梯队
>
> 市场最高标
>
> 情绪冰点期（大周期和小周期）

这三个核心要素构成了一个完整、科学而系统性的情绪周期，三者缺一不可。

连板梯队，是为了市场最高标服务的，起的是承托、烘托和陪衬的作用。就像宴请宾客一样，得分出一个主次出来，哪个是贵宾，哪

第十三章 情绪周期

个是主人,哪个又是陪客,否则一切都乱了套,酒都不好敬。连板梯队是台阶,是绿叶儿,是陪客,目的就是抬出一个市场最高标出来。所谓时势造英雄,就是这么个意思,英雄从来都不是无中生有的,更不是凭空冒出来的,而是从万万千千的群众中走出来的,这里的连板梯队就是人民群众。连板梯队中的7、6、5、4、3、2、1,7是绝对的主角,其他的只能是小弟,是绿叶儿。7板一旦倒下了,6、5、4、3、2、1板将不复存在,宣告一个周期结束。因为它们属于同一个周期,最高标倒下了,意味着市场进入了一个冰点期,市场只有推倒重来,重新开启一个新的周期。长江后浪推前浪,循环往复,乐此不疲。这,既是资金的渴求,更是市场的需要,市场需要最高标来开启新一轮的情绪周期,重新来刺激人气,唤起市场巨大的赚钱效应。

为了确保数据的准确性,我只能选用最新、最近的龙头作为案例,并结合龍图腾系统开始我们的情绪周期。

在我们开启一个新的情绪周期的时候,第一步要做的是什么?

首先要做的,就是找到并锁定前期或者当下的市场最高标,作为参考基准,这是情绪周期玩法的最基本前提,目的就是为了确定市场的冰点期和新周期开启的准确节点。

先从2023年说起吧。

9月28日,捷荣技术7板进8板,失败。如图13-1所示。

10月10日,精伦电子8板进9板失败,跌停。10月10日,捷荣技术,跌停。

作为市场核心标捷荣技术跌停,同样是在这一天,市场最高标精伦电子和核心标捷荣技术双双跌停。那么问题来了。市场冰点期是哪一天?新周期又是哪一天开启的呢?这个准确节点是9月28日这天呢?还是10月10日这天呢?

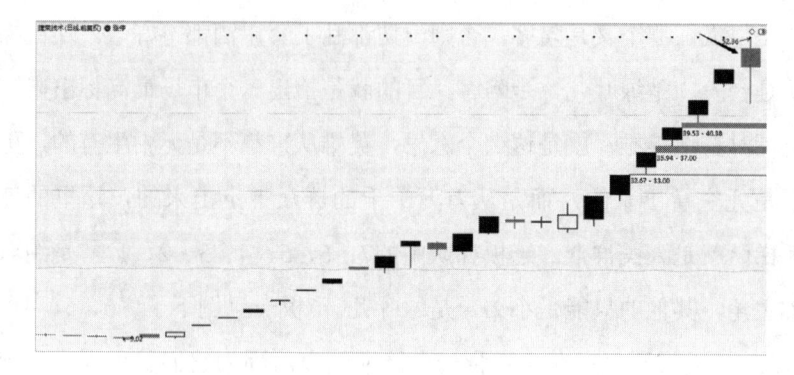

图 13-1

这是一个非常核心的问题。目的就是为了确定市场冰点期这个关键节点。因为这牵扯到老周期的死亡，同样也是新周期开启的节点。当然事后来看，圣龙股份横空出世，一口气走出了14B的高度。可是如果当时分析的话，市场冰点期的精确判定，对于我们当日复盘以及次日操作是极其重要的。

为了解决这个问题，我们继续结合"龍图腾"连板梯队往下看。

10月25日，圣龙股份14板。

10月26日，圣龙股份14板进15板失败，断板。如图13-2所示。

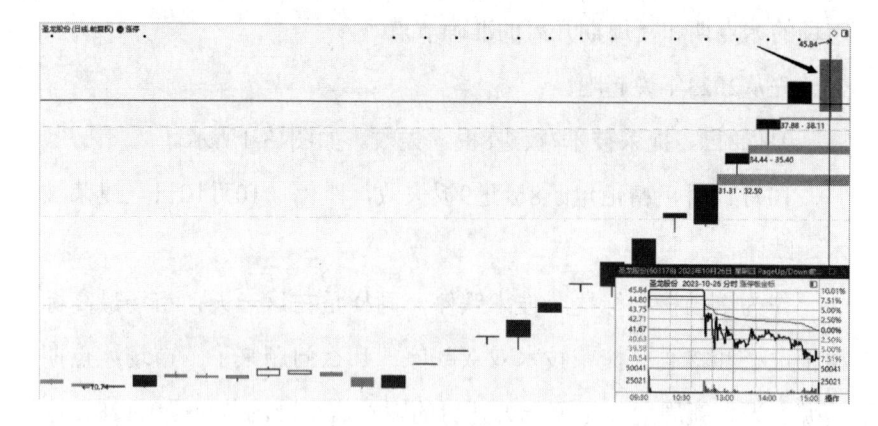

图 13-2

我们来看看10月26日连板梯队。如图13-3所示。

序号	代码	名称	涨幅%	收盘	总金额	涨停	连板↓
1	002771	真视通	10.01	35.84	9.54亿	--	9
2	000628	高新发展	10.00	28.93	3648万	--	6
3	002682	龙洲股份	10.08	6.77	3925万	--	5
4	000631	顺发恒业	10.13	4.35	10.7亿	11	5
5	603985	恒润股份 R	10.00	47.30	39.8亿	40	4
6	603768	常青股份	9.99	27.42	5.69亿	--	4
7	603788	宁波高发	9.98	18.30	3132万	--	3
8	603219	富佳股份	9.99	15.09	2.82亿	--	3
9	003039	顺控发展	9.98	18.84	1.48亿	--	3
10	603266	天龙股份	10.01	20.33	1.40亿	--	2
11	600853	龙建股份	10.02	4.83	5.26亿	--	2
12	600418	江淮汽车 R	10.00	18.04	23.6亿	24	2
13	301151	冠龙节能	20.02	26.44	8401万	--	2
14	300262	巴安水务	19.87	3.80	2.32亿	--	2
15	002671	龙泉股份	10.04	6.25	5428万	--	2
16	002457	青龙管业	9.99	10.57	8.83亿	--	2
17	001319	铭科精技	9.99	31.28	5.62亿	--	2
18	605389	长龄液压	-0.95	24.91	1372万	--	--
19	605388	均瑶健康	1.23	12.33	1893万	--	--
20	605378	野马电池	-0.65	21.55	1439万	--	--
21	605377	华旺科技	0.24	20.87	4011万	--	--
22	605376	博迁新材 R	0.60	26.71	4716万	--	--
23	605369	拱东医疗	0.33	52.22	1019万	--	--
24	605368	蓝天燃气	0.82	9.85	1554万	--	--
25	605366	宏柏新材 R	0.13	7.79	1371万	--	--
26	605365	立达信	0.60	16.81	6736万	--	--
27	605358	立昂微 R	-1.58	31.05	1.43亿	--	--
28	605339	南侨食品	0.67	18.07	1362万	--	--
29	605338	巴比食品	0.43	20.94	1539万	--	--
30	605337	李子园	-0.33	15.07	3022万	--	--
31	605336	帅丰电器	-0.37	15.97	1222万	--	--
32	605333	沪光股份	-1.12	19.50	2.58亿	--	--
33	605319	无锡振华	6.03	21.27	4.02亿	--	--
34	605318	法狮龙	-4.00	16.33	3995万	--	--
35	605305	中际联合 R	0.89	31.63	2272万	--	--
36	605303	园林股份	-3.12	11.50	2502万	--	--
37	605300	佳禾食品	1.10	17.52	2171万	--	--
38	605299	舒华体育	-0.20	10.19	1524万	--	--

图 13-3

从10月26日这天的连板梯队上来看,圣龙14进15失败,断板。可是市场还有另外一只高标股真视通9板是成功的。

此时,我们是抛弃圣龙股份进行高低切换呢?还是调转矛头,迅速切换到真视通呢?

从连板梯队中不难发现，虽然圣龙断板，市场出现了冰点。但是，市场炒作"龙"字辈的热情依然没有减弱。集中出现了比如龙洲股份、天龙股份、龙建股份、冠龙节能、青龙管业和龙泉股份等一批"龙"字辈的股票。而且，这些票大多集中在2板板块里。

这个时候，清醒的人或许就明白了，圣龙股份虽然倒下，市场出现情绪冰点。但是，"龙"字辈的补涨行情却来了。

而恰恰在这一天，作为"补涨龙"的天龙股份2板启动，一路飙升，掀起了10连板狂飙之旅。如图13-4所示。

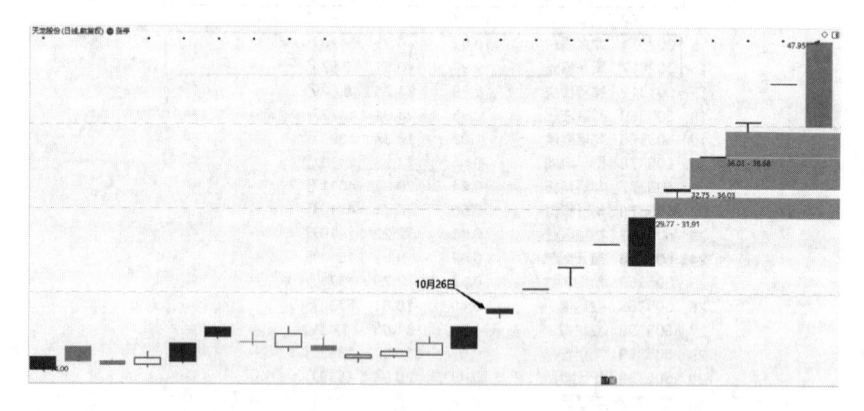

图 13-4

是不是很吃惊？是不是很意外？非也。

9月26日，圣龙股份断板之日，而真视通依然是8板。我们是否该调转矛头去做真视通。很显然，答案是否定的。原因很简单，因为真视通是一路跟着圣龙上涨的，依然在圣龙股份这个大的情绪周期里。从情绪周期的角度来看，真视通仅仅是圣龙股份的从属品，跟风，小弟而已。操作上就不能舍圣龙股份而去追逐真视通。

这是情绪周期的一个关键核心点，市场有，且只能有一个最高板。所谓一山不容二虎，即便是同时起步，同是高度板，也一定会较出高低，分出长短。

我们结合"龍图腾"连板梯队继续往下看。

11月7日，天龙股份，10板。

11月8日，天龙股份，10板进11板失败，跌停。

11月9日，天龙股份，继续跌停。

11月10日，跌而未停，也就是说，这天虽然天龙股份延续了两日跌停后股价继续下杀，但是最终并没有收在跌停价。

细心的人，可能发现了，11月10日这天，圣龙也出现了跌停。

是凑巧吗？非也。圣龙股份14板高度，而天龙股份只有10板，在这个"龙字辈"的炒作周期中，圣龙股份是最核心周期，天龙股份仅仅是补涨属性，也就是市场所说的补涨龙。

恰恰是在11月10日，圣龙股份和天龙股份双双跌停之日，另外两只票崛起了：三柏硕和银宝山新同时首板启动。如图13-5和图13-6所示。衔接得如此紧密，节点卡得如此精准，令人瞠目。而这恰恰就是情绪玩法最让市场交易者喜欢的地方，资金无需修整，老周期的结束，资金立马可以投入到新龙头中，开启新的周期。

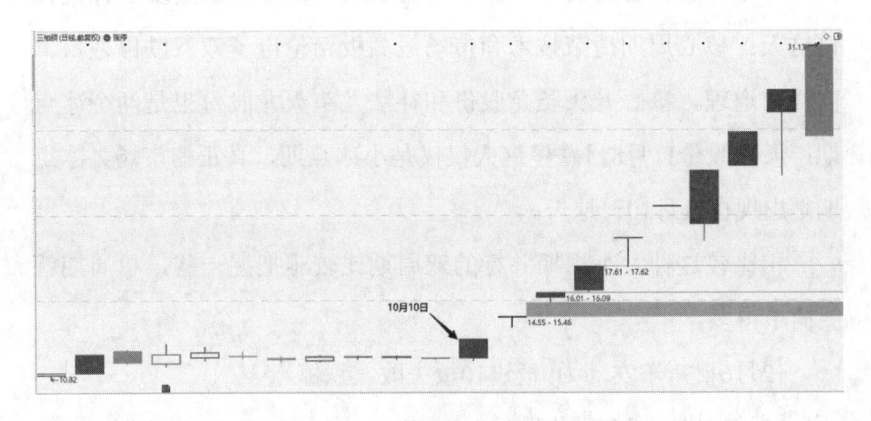

图 13-5

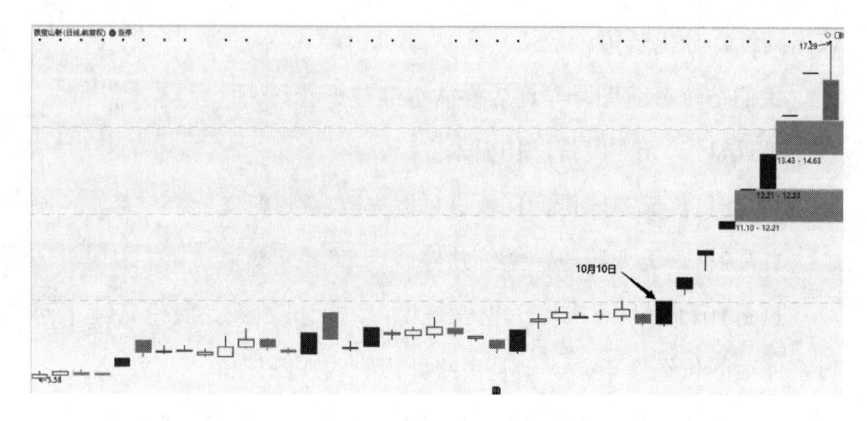

图 13-6

说到这里，估计有人会迷糊了，市场冰点期到底是哪一天呢？

其实，市场冰点期并非只有一个，而是两个。这就牵扯到情绪周期的问题了，因为情绪周期分为大周期和小周期，而大周期，就是我们说的核心周期。由此而引发的关于情绪冰点期的两个冰点期：大冰点期和小冰点期。

就像上面提到的9月份核心周期捷荣技术在28日断板这天，市场其实已经进入了一个冰点期，只不过这个是小冰点期，恰恰在这一天，圣龙股份首板启动。而市场真正的大冰点期是出现在10月10日这天：核心周期捷荣技术和市场最高板精伦电子双双跌停之日。同样的道理，核心龙头圣龙股份和补涨龙头天龙股份也是两个冰点期：天龙股份11月8日跌停这天仅仅是小冰点期，真正的市场大冰点期是出现在11月10日这天。

相比较这种大小周期并行的双周期比较难把握一些，单周期就要简单得多。

12月6日，东安动力9板进10板失败，跌停。

12月19日，东安动力跌停。

12月20日，止跌。

第十三章 情绪周期

那么，我们基本上可以判断12月19日，就是市场的情绪冰点。如图13-7所示。

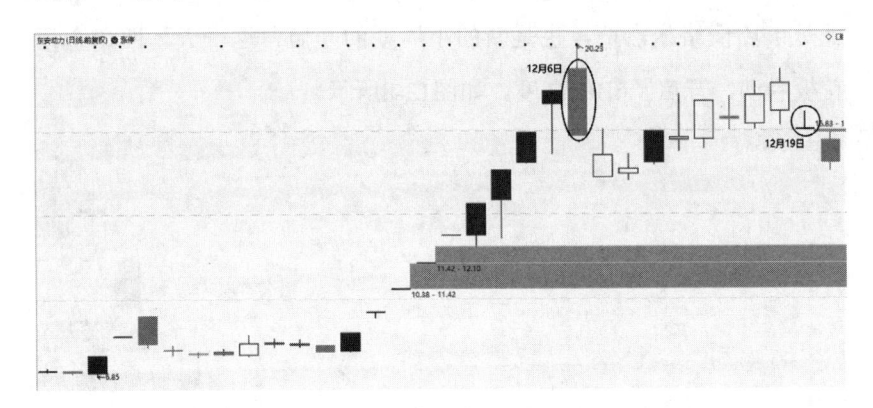

图 13-7

这里需要说明两点的是：

①市场情绪冰点期，是需要确认的。市场最高标出现断板，连板高度被破坏的当日，并非真正意义上的市场情绪冰点期。如果当日跌停，需要次日以不继续跌停作为确认点。也就是说，如果当日跌停，次日依然延续跌停，市场情绪冰点期并未真正确认，需要顺延至不跌停那天方能确认，而市场真正的冰点期就是没有继续出现跌停的前一个交易日。如图17-5所示，12月6日东安动力以跌停的方式结束了9进10的进程，次日并没有继续跌停，那么12月6日这天就是市场情绪冰点小周期，同样的道理，12月19日，东安动力跌停结束了二波行情，12月20日并没有继续跌停，那么，我们就可以确定12月19日就是市场真正的大冰点期。

②对于核心周期来说，允许存在大小两个冰点期。市场最高标首次断板之日，就是小冰点期，也是小的情绪周期开启之日，但往往在小冰点期出现的新龙头高度并不会太高，而真正新的核心周期的开启，需要等到老的核心龙头以再次以跌停方式进行确认。

我们继续说东安动力这个核心周期。

12月6日，东安动力跌停，次日并没有继续跌停，可以确认6日就是市场情绪冰点期，也是新的小周期的开启，这一天，四川金顶首板启动，开启了6B的高度。如图13-8所示。

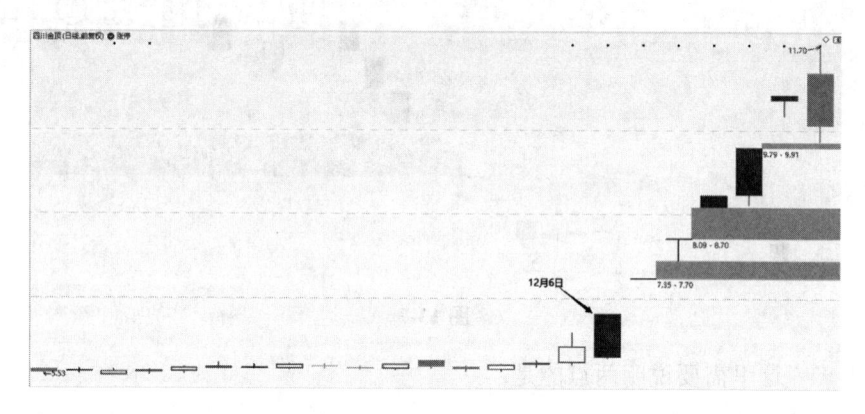

图 13-8

12月19日，东安动力跌停，次日没有继续跌停，确认了19日这个情绪冰点，同时，也宣告东安动力二波走势的结束，核心周期的结束。20日，亚世光电首板启动，开启了9板的新周期。如图13-9所示。

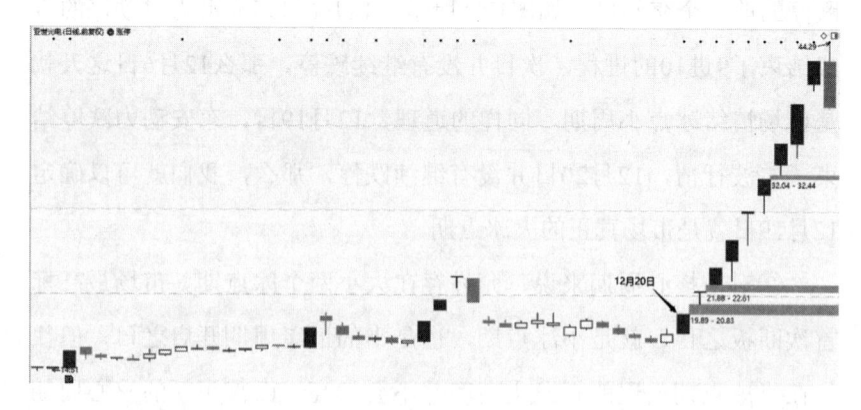

图 13-9

不难发现，在情绪周期这个玩法中，最大的难点，也是最核心点就是对于情绪冰点期的确认问题。对于核心龙头而言，小的冰点周期产生小龙头，大的冰点期产生大龙头。

最后一个核心问题，也是交易者最关心的一个问题：最高标倒下了，出现了情绪冰点期，市场会怎么走，我们又该怎么办？

这是个好问题，也确实是最核心的问题。

情绪周期，重在周期。

这话怎么讲呢？

一旦最高标断板，市场确认冰点期，预示着老的周期行将结束，同样也意味着市场会重新开启下一个新的周期。那么此时，我们需要做的就是分为两步走：

①确认市场冰点期。对于核心龙头，需要，也有必要分为两步走，既要确认小冰点期，也需要确认大冰点期，直至这个老的核心周期真正意义上结束，市场才会进入下一个大的情绪周期，新的核心龙头才会横空出世。

②新龙头的确认。小冰点期产生新的小周期，大冰点期产生新的核心周期，产生新的核心龙头股。确认冰点期是第一步，这是个关键节点，往往在这个节点上启动的涨停，容错率较大，而真正的核心龙头启动的时机是非常精准的，首先要做的就是通过连板打造辨识度，确认龙头地位。这就要求我们在选股时机和选股标的上下功夫。

还记得利弗莫尔在《股票作手回忆录》中那句经典的话吗？

华尔街没有新鲜事，因为投机就像群山一样古老，股市上今天发生的事，过去曾经发生过，将来也必然再次发生。

资金犹如江河之水，在情绪周期这个载体中经历着如生老病死一样的循环，周而复始，永不停息。

第十四章 细说赛道股

赛道，原是专门为赛车比赛设计的跑道。

在中国，赛道是近几年才出来的新鲜词儿，现在成了"网红"名词，家喻户晓。

赛道概念，源自于高瓴资本创始人张磊在2020年的著作《价值》。张磊在这本书中以寥寥数语很清晰地讲述了"新经济"，也就是我们所说的赛道历史和大概情况：

新经济在信息与计算科学、生命健康与医学等领域，呈星火燎原之势，各类超乎想象的创新酝酿着一个又一个突破性的"黑科技"革命。大数据、计算机视觉、语音识别、自然语言处理、机器学习等人工智能技术成为驱动科技领域发展的重要力量；基因测序、3D打印、精准医学、合成生物学等技术进一步推动生命科学产业的深刻变革。

今天的科技创新已经到了新的时点，不仅是在技术上、设备上、原材料上的简单创新，而且是在基础科学和"硬核"技术上的创新。更令人振奋的是，科技创新正在以交叉融合的方式与传统行业相互影响，大数据、人工智能广泛应用于交通、医疗、物流、制造业等场景，推动着经济社会的新发展。

19世纪末以来，美国每一代的年轻人都在享受着比他们的父辈好得多的生活。电力、医疗卫生、通信等技术进步，让美国最先享受到某种意义上的黄金时代。伴随着工业化、城镇化、信息化进程，属于中国的最好的岁月正在到来。正是这样的时代，提供了探索价值投资新内涵的土壤，中国的工程师红利、原发技术创新、庞大的消费需求、完整的产业基础设施以及不断完善的政策空间和金融市场环境……这些要素体系良性耦合，内生增长的动力使中国涌现了太多好生意、好企业。

这是全球前所未有的现象，中国给世界创造了一种新的增长方式。这同样也意味着，在中国做价值投资，不仅要以全球化的视野通览世界的过去、现在和未来，理解全球产业发展的序差格局，还要理解中国的过去、现在和未来，理解中国产业的发展纵深。

世界级的课题催生世界级的答案，而中国正在给出自己的答案。

——张磊《价值》

2020年，被定义为中国资本市场的赛道元年。

近些年，赛道概念被二级市场从业者广泛使用于资本市场，指的是现代产业体系中涌现出来的新经济新崛起的高科技产业。它不但意味着新的发展机遇，而且在促进新旧动能转换和产业升级中也将发挥着推动和引领作用。加快培育和发展新赛道，有助于推动经济结构平稳转型升级，加快实现中国经济的高质量、快速发展。

第十四章 细说赛道股

那么,什么样的行业才算是真正好的优质赛道呢?通常情况下,在赛道选择时,通常会有三个维度进行综合考量:

一、行业市场容量

行业市场容量,也叫市场规模。众所周知,赛道规模通常以亿为计量单位,万亿＞千亿＞百亿,行业市场容量的选择就大不就小,市场容量越大,往往意味着未来的发展潜力和未来的发展空间越大。蛋糕越大,参与者就能有更多的参与份额和机会。

二、行业增长速度和周期

行业本身并没有好坏之分,就像煤炭、钢铁、房地产这些传统行业具有周期一样,每个行业都有生命周期。但不同的时代,不同的政策环境下,行业确有好坏之分。

而站在我们当下的时代大背景下,我们就需要选择眼前处于爆发的或者未来即将爆发的行业,才能获得超额收益。

张磊在《价值》这本书中讲述了第一笔投资重仓腾讯的详细经历。

"嘘寒问暖,不如打笔巨款。"当我们拥有"巨款"时,第一笔投资就是重仓腾讯,在单笔限额内,把最大的一笔投资都押注在了腾讯。那时,腾讯公司刚上市一年多,主打产品之一就是QQ,一款在互联网上即时通信的软件,以一只闪烁的企鹅为形象。

到2020年2月,腾讯公司的估值从2005年的不到20亿美元增长到越5000亿美元,看来我们真的是"赌"赢了。是的,我们无法否认赌的成分,在那个节点,谁也无法判断即时通信这门生意有怎样的影响力,谁也无法判断腾讯这家创业公司能否杀出重围,谁也无法判断互联网的未来究竟是什么。

但我们又不完全是赌。在投资前，我们按照一贯做法进行了大量的基础调研。当时，互联网业态相对简单，即时通信构成了一个非常重要的市场。曾经有分析员这样概括：即时通讯使亲友的沟通突破时空界限，使陌生人的沟通突破环境界限，使自我与外界的沟通突破心理界限。而作为沟通软件，即时聊天应用突破了作为技术工具的界限，人们将感受现代交流方式，并构建起一种新的社会关系。正是这些构成了投资的亮点：腾讯真正打破了亲疏关系的界限、社交阶层的局限、沟通场景的局限，特别是帮助人们在虚拟世界中实现了没有束缚的沟通，打破了现实中的疏离感。尽管初步调研的结果比较乐观，我们仍然有很多顾虑，最突出的有两点。

首先，即时通信软件的本质是什么？是从无到有创造新的沟通渠道，还是提升现有沟通的效率？是解决人们的不安全感，还是创造了一种更高级的娱乐空间？一旦形成了连接，能否出现更多的"同心圆"，发展更多的业务？

其次，我们更大的顾虑是，用户基础到底有多大？能否形成网络效应，实现用户黏性？当时我身边的人很少用QQ，许多人以用MSN为荣，而腾讯的用户乍看上去多是"三低"用户——低年龄、低学历、低收入。

一次去义乌小商品城的调研之行让我们有了意外发现。那次并不是专门去调研QQ，而是为了调研别的事情，顺便看看大家都在用什么交流。我们惊奇地发现每一个摊主的名片上除了店名、姓名、手机号以外，都有一个QQ号。后来我们拜访政府的招商办，连招商办的官员名片上也有自己的QQ号。原来，QQ的用户深度超乎想象，它对中国用户群体的覆盖满足了社交的无限可能。社交可能是有圈层的，但社交工具不应该有圈层，它应该连接所有人，打破亲疏关系、社交阶层以及沟通场景的局限，让沟通可以随时被发起、被等待、被记录，把自身人性的东西通过产品还原、纾解和建构，完全解除人与人之间的沟通障碍。马化腾曾经这样定义即时通信，他认为以QQ为代表的即时通信产品已不再是一个简单的沟通工具，而是一个共享信息资讯、交流互动、休闲娱乐的平台，语音通话、视频通话、音乐点播、网络游戏、在线交易、BBS、博客等新的应用都可以在这个平台上开展。几年后，这些定义悉数兑现，这样一款产品几乎成为中国"网名"的标配，许多人把QQ号作为自己的网上ID，许多"网民"的第一个网名就是QQ昵称。

这次对QQ的调研和对腾讯产品理念的反复思考，打消了我们之前所有的顾虑。事后复盘时，我们更加坚定了一直坚持的信念：一个商业机会，不应看它过去的收入、利润，也不能简单看它今天或明天的收入、利润，这些纸面数字很重要，但并不代表全部。真正值得关注的核心是，它解决了什么问题，有没有给社会、消费者提升效率、创造价值。只要是为社会疯狂创造价值的企业，它的收入、利润早晚会兑现，社会最终会给予它长远的奖励。

每个行业都要经历一个由成长到衰退的发展演变过程，这个过程被称为行业的生命周期。

一般地，行业生命周期大致可以分为四个阶段：

启动期　成长期　成熟期　衰退期

同理，任何一个行业和任何一款产品也需要经历这4大生命周期。如图14-1所示。

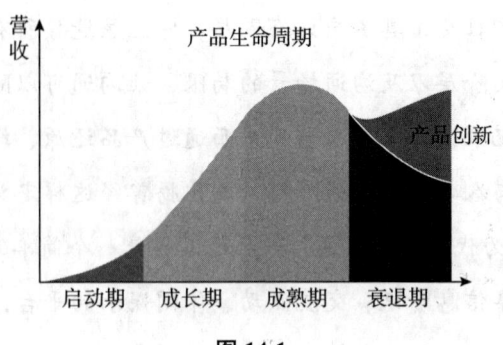

图 14-1

在整个行业或产品的生命周期中，启动期和衰退期是具有高风险的，而最佳的投资机会则是在成长期和成熟期。

三、渗透率分析法

渗透率，就是一个产品或者商业模式获得市场认可的程度。用公式表达就是，**市场渗透率=商品现有需求量/商品的潜在需求量**。

当市场的渗透率达到10%~20%时，往往意味着行业需求基本确定，行业的发展脉络日渐清晰。接着，行业会出现提升、增速，行业的规模快速放大形成风口，风口来了猪都会飞，这时候也是赚钱效应最好，利润飞速增长的最佳时机。

当渗透率接近50%时，行业增速会逐渐放缓。

渗透率无限向100%靠近，慢慢进入成熟期。

一旦行业慢慢进入成熟期后，增长的动能主要来自于头部企业或者龙头公司的行业集中度的提升，这时候行业龙头股的价值也会凸显。

纵观近10年来，国内外新兴产业的发展，最大的超级赛道无疑是新能源汽车。马斯克和特斯拉的出现，改变并极大推动了全球新能源汽车的转型和发展。

特斯拉的发展史，大致可以分为以下几个阶段。

第一阶段：2003年至2007年：起步期。

2003年，马丁·艾伯哈德和马克·塔彭宁共同创建了特斯拉，将公司命名为"特斯拉汽车"，用以纪念物理学家尼古拉·特斯拉。

2004年，埃隆·马斯克加入特斯拉公司，并领导了A轮融资。

讨论的重点转向锂电子电池，当时这种电池会用在笔记本电脑上，能量密度大，而且可以大量串联起来。

马斯克告诉他："我当时正在努力思考，什么东西会对世界产生最大的影响，储能和电动车在我的这份清单上名列前茅。"

马丁·艾伯哈德做事一丝不苟，所以他做了一个电子表格，从最初燃料的来源开始，计算不同类型汽车的能源效率，他比较了汽油、柴油、天然气、氢气和各种来源的电力。他说："我研究了每一步能量转换效率的精确数字，从燃料地下开采到它们为汽车提供动力的每一步。"

令马克·塔彭宁印象深刻的是，马斯克关注的是量产电动车这项事业的重要性，而不是其作为业务的发展潜力。"他显然已经得出结论，为了让人类拥有可持续的未来，我们必须做到汽车电气化。"

就这样，一块块拼图凑到了一起，组成了世界上最有价值、最具有革命性的汽车公司：马丁·艾伯哈德担任首席执行官，马克·塔彭宁担任总裁，施特劳贝尔担任首席技术官，赖特担任首席运营官，艾隆·马斯克是董事会主席和主要投资人。多年后，在许多次激烈争执和一场诉讼后，他们最终达成共识：五个人应该被称为特斯拉的"联合创始人"。

为了强调自己在公司的核心作用,马斯克在特斯拉官网上发表了一篇小文章,概括了公司的战略。文章的标题戏称为"特斯拉的秘密宏图"。

"成立特斯拉车辆公司的首要目标(也是我投资该公司的原因)是要加快实现从开采和燃烧碳氢能源的经济模式转向太阳能电力驱动的经济模式……实现这一目标的关键是打造尽善尽美的电动车,这就是为什么特斯拉Roadster的设计宗旨是能在正面对决中击败保时捷、法拉利等燃油跑车……有些人会质疑:这真的对世界更有益处吗?我们真的需要多一种高性能跑车吗?它真的会对减少全球碳排放产生影响吗?好吧,答案是不需要,对碳排放的影响也不大。然而大家忽略了重点,除非你真正理解上面提到的'秘密宏图'。几乎任何一种新技术在一开始都有很高的单位成本,在这之后,优化工作才能启动,对电动车来说也不例外。特斯拉的战略是进入高端市场,这部分客户愿意支付溢价,随后我们接连推出的每款车都将尽快提高单款车型产销量,并尽快降低销售成本。"

——(美)沃尔特·艾萨克森《埃隆·马斯克传》

第二阶段:2008年至2017年,发展期,特斯拉成为电动汽车市场的领导者之一。

2008年,特斯拉开始转型,推出了一款名为Model S的电动跑车。

有了2008年圣诞节期间的那轮融资、戴姆勒的投资和政府贷款,马斯克终于能放开手脚推进项目了。如果这个项目能成功,特斯拉将成为一家真正的电动车公司,引领行业进入电气化时代。这个项目就是推出一款面向主流市场的四门轿车,成本约为6万美元,能够大规模量产，也就是后来人们熟知的Model S。

为了让Model S显得不那么臃肿，马斯克要让电池包尽可能薄。他希望把电池包都放在车底板下面，不要像Roadster那样在两个座位后面再放一个箱状的电池包。把电池放在低处可以让车更容易操控，几乎不可能翻车。马斯克说："我们花了很多时间，就为了把电池包削薄几毫米，这样我们就能确保司乘人员有足够的头部空间，又不会导致车身看起来像一个圆滚滚的大泡泡。"

马斯克希望Model S装有一块大尺寸触摸屏，可以让驾驶员触手可及。他和冯·霍兹豪森花了几个小时讨论屏幕的大小、形状和位置。结果这些讨论后来改变了汽车行业的游戏规则。大屏让驾驶者可以更方便地控制灯光、温度、座椅位置、悬架水平，除了打不开杂物箱（出于某种原因，政府规定需要有一个物理按钮），车内的几乎所有东西都可以用大屏控制。大屏还给司乘人员带来了更多的乐趣，包括视频游戏、乘客座位上的放屁音效、多种多样的喇叭声，以及隐藏在交互中的彩蛋玩笑。

最重要的是，将车视作一个软件实体，而不仅是一个硬件实体，就能让车不断地迭代升级。新增功能可以通过无线网络推送给车辆。"我们当时惊喜地发现，可以长期不断地增加大量功能，包括提高车辆加速度。"马斯克说，"这样一辆车日后可以变得比你买下它的时候更厉害"。

特斯拉买下工厂后的一个月，公司上市了，这是自1956年福特公司上市以后第一家美国汽车制造商完成首次公开募股。他带着妲露拉和他的两个儿子在时代广场的纳斯达克证券交易所敲响了开市钟。上市首日收盘，大盘下跌，但特斯拉股价上涨40%，为公司融到了2.66亿美元。当天晚上，马斯克飞往美国西部的弗里蒙特工厂，在那里他言简意赅地说了一番祝酒词。他说："再见吧！石油。"2008年年底，特斯拉已经濒临破产倒闭，而此时，仅仅过去18个月，它已经成了美国最受人追捧的新锐公司。

马斯克在2013年提出了一个大胆的想法：在美国建造一个巨大的电池工厂，其产量比世界上其他电池工厂的总和还要大。"这是一个古怪的想法，"特斯拉的联合创始人、电池专家施特劳贝尔这样说道，"就像科幻小说里的情节一样疯狂。"

对马斯克来说，这个问题涉及第一性原理。Model S使用的电池约占全球电池总量的10%。特斯拉正在计划中的新车型——名为Model X的SUV和面向大众市场的轿车Model 3——会导致特斯拉的电池需求增至此前的10倍。"一开始这个问题就是块绊脚石，"施特劳贝尔说，"后来就成了一个非常有趣的问题，乍一想不切实际，仔细经过一番头脑风暴才发现：哇，这个产业化的机会很特别啊！

施特劳贝尔回忆说，当时有一个问题："我们不知道怎么打造一座电池工厂。"

因此，马斯克和施特劳贝尔决定与电池供应商松下公司建立合作关系，共同建立一座工厂，由松下生产电池单元，然后由特斯拉将其组装成电池包。打造这座占地1000万平方英尺的工厂将耗资50亿美元，松下需要出资20亿美元。但松下高层对此犹豫不决，他们从未有过类似的合作关系，而且（可以理解的是）他们觉得马斯克并不是一个容易相处的合作方。

2012年年底就见了分晓。《汽车趋势》杂志评选出了年度最佳汽车，文章标题写道："特斯拉Model S，令人震惊的冠军之作：它证明了美国仍然可以制造出（伟大的）东西。"该杂志丝毫不吝啬溢美之词，连马斯克自己都有点儿受宠若惊。"Model S开起来就像一辆跑车，动如脱兔，反应迅捷，却又像劳斯莱斯一样，操控起来流畅自如，大容量储物空间可以装下的东西和雪佛兰探界者一样多，还比丰田普锐斯更高效。哦对了，它还能像超级名模在巴黎T台上走秀一样，在豪华酒店的代客泊车出尽风头。"文章最后提到了"Model S代表一个惊人的拐点"——这是该奖项有史以来首次颁给一款电动车。

第三阶段：2017年至今：特斯拉成为电动车和自动驾驶技术的先驱。

从2016年开始，马斯克一直在力主实现完全自动驾驶车辆的设想，这种车可以召之即来，做到无人驾驶。事实上，那一年他开始尝试让特斯拉车辆完全摆脱方向盘的操控。

马斯克曾与拉里·佩奇讨论过特斯拉和谷歌合作打造自动驾驶系统的可能性，但他们在人工智能问题上的失误促使马斯克加快了特斯拉自行建立这一系统的计划。

谷歌的自动驾驶项目最终定名为Waymo，它们使用了一种激光雷达设备，名为"光学雷达"（LiDAR），也就是"光探测与测距"（Light detection and ranging）的字母组合。马斯克反对使用光学雷达和其他类似雷达的仪器，他坚持认为自动驾驶系统应该只使用摄像头的视觉数据。这也是一个要用第一性原理来思考的案例：人类开车时只采集视觉数据，所以机器开车也应该如此。而且，这里面还有成本问题。同过去其他项目一样，马斯克不仅关注产品设计，也关注大规模量产的问题。"谷歌采取的方法，问题就在于传感器系统太贵了。"马斯克在2013年这样说，"最好能有一个光学系统，主要就是一个内置软件的照相机，它能通过观察事物弄清楚车辆周围的情况。"

在接下来的10年里，马斯克与他的工程师们展开了一场拉锯战，其中许多人都希望在特斯拉的自动驾驶车辆中加入某种形式的雷达。

到2015年，马斯克每周都要花几个小时与自动驾驶团队一起工作。

马斯克认为，自动驾驶车辆的作用不仅是将人们从繁重的驾驶工作中解放出来，在很大程度上，它们将消除人类对车辆的需求。未来将属于Robotaxi：这是一种无人驾驶的车辆，只要你召唤它，它就会出现，把你带到目的地，然后去接下一位乘客。有些Robotaxi可能是私家车，但多数还是归车队公司或特斯拉所有。

——（美）沃尔特·艾萨克森《埃隆·马斯克传》

马斯克的传奇，还在继续上演！

特斯拉的创新，还在不断延续！

人类对创新和新技术、新赛道的追求，却永远不会停止！

回过头来看看中国的新能源汽车发展情况。

据官方媒体统计，能看出新能源汽车在中国已经获得了空前的、长久的进步。

中国经济网北京2024年1月19日讯，工业和信息化部副部长辛国斌在今日国新办发布会上表示，2023年全年汽车产销分别实现了3016.1万辆和3009.4万辆，同比增长11.6%和12%，创历史新高。新能源汽车产销分别完成了958.7万辆和949.5万辆，同比分别增长35.8%和37.9%，新车销量达到汽车新车总销量的31.6%，这就是大家说的渗透率。

第二则新闻，则是来自于界面新闻。

2月3日，乘联会秘书长崔东树发文称，2023年世界新能源汽车走势较稳，2023年世界汽车销量8918万台，其中新能源车汽车销量1428万台，燃油车销量的占比相对下降。12月份汽车销量达到820万台，新能源汽车达到164万台。受到高基数和各国补贴政策退出的影响，2023年世界新能源乘用车开局偏弱后，欧洲和美国逐步走强。12月中国新能源低基数高增长进一步稳定全球增速。2023年1月~12月中国新能源乘用车占比世界新能源63.5%，其中12月中国占比份额68%的表现较强。2023年中国新能源车出口超强，在东南亚和欧洲市场表现较好，这也是中国产业链强大，形成强大的国内市场和出口的双增长。

还有一则新闻则是来自于人民网的官方报道。

本报北京2月5日电（记者徐佩玉）记者日前从中国汽车工业协会获悉，2023年，中国汽车出口首次超越日本，位居全球第一。

中国汽车工业协会表示，日本汽车工业协会今日公布了2023年日本汽车出口数据，2023年日本汽车出口量442万辆。此前，中国汽车工业协会的数据显示，2023年中国汽车出口491万辆，这意味着，中国汽车出口首次超越日本，成为全球第一大汽车出口国。（人民日报海外版）

通过以上媒体报道，我们简要地摘取中国新能源汽车的几个关键数据。

2023年全球汽车销量8918万台，其中新能源汽车销量1428万台。而中国2023年全年汽车产销分别实现了3016.1万辆和3009.4万辆，新能源汽车产销分别完成了958.7万辆和949.5万辆。

2023年1~12月中国新能源乘用车占比世界新能源63.5%。

2023年中国汽车出口491万辆，首次超越日本，位居全球第一。

2023年我国新能源汽车渗透率31.6%。

这一串串耀眼的数字，是国家意志的体现，更是中国追赶并引领新能源汽车这个赛道获得的巨大进步。

我们知道，按照行业和产品生命周期来看，一旦市场渗透率达到10%~20%时候，意味着一个新兴产业即将步入快车道，出现爆发期，呈现几何级的增长。

所以，我们有理由相信，中国的新能源汽车一定会在未来10年，甚至更长的时间里在新能源汽车这个超级赛道里引吭高歌，一路前行。

第十五章 中国赛道股的逻辑梳理

2020年,是中国资本市场的赛道元年。

这一年,也是中国资本市场的"大消费"赛道的元年。

2019年底,全球新冠疫情大爆发。2020年2月中央政治局会议一边部署新冠疫情防控,一边统筹推动复工复产。当时的人流、物流、资金流都受到一定程度的冲击。这次会议提出"畅通经济社会循环"已经超出供给侧改革的范畴,成为一个具有突出重要性的紧急任务。

2020年5月14日召开的中央政治局常委会会议,基于供给、需求视角首次提出"双循环"概念:"要深化供给侧结构性改革,充分发挥中国超大规模市场优势和内需潜力,构建国内国际双循环相互促进的新发展格局"。

2020年7月30日,中央政治局会议再次强调了"双循环"的政策思路。会议指出,"当前经济形势仍然复杂严峻,不确定性较大,我们遇到的很多问题是中长期的,必须从持久战的角度加以认识,加快形成国内大循环为主体、国内国际双循环相互促进的新发展格局，建立疫情防控和经济社会发展工作中长期协调机制。"这次会议进一步明确了"双循环"的发展格局。至此，"畅通国民经济循环"在空间上拓展到了"双循环"。

在这样大的政策背景下，资本市场掀起了一场"大消费"热。行情从2020年4月开始持续到2021年底，横跨了两个年度。

概括起来，"大消费"这个超级赛道，有几个特点。

时间跨度之大。2020年初~2021年底，行情持续了整整两年时间。

细分赛道之多。"大消费"行情涵盖了免税概念、白酒行情、医美、旅游、饮食各个方面。不仅有传统的大消费，还有新型的消费观，比较典型的就是医美这个赛道的横空出世。

资金介入之深，行情持续之久。整个大消费持续了两年时间，有些个股甚至持续了整整一年时间，比如贵州茅台，国际医学，朗姿股份等等。

接下来，我们来梳理下这几年出现的几个赛道。

"大消费"这个赛道，细分起来，大致可以分为三个阶段：

第一阶段：免税概念。

免税概念分为两个阶段：海南离岛免税和"免税牌照"。

离岛免税新政的实施，将推动海南旅游业的产业转型和升级换代。从过去的观光旅游向综合性的休闲度假、购物、康养、娱乐等旅游项目的升级，从"吃住行"为旅游主要消费向"游购娱"转变，推动建设海南的国际旅游消费中心建设。相关概念，如中国中免、海汽集团、凯撒旅业等集体出现暴涨。其中，以海汽集团涨幅最为明显，海汽集团从2020年5月启动到8月，短短的两个月时间股价从10元附近涨到68元，涨幅高达6倍之多。如图15-1所示。

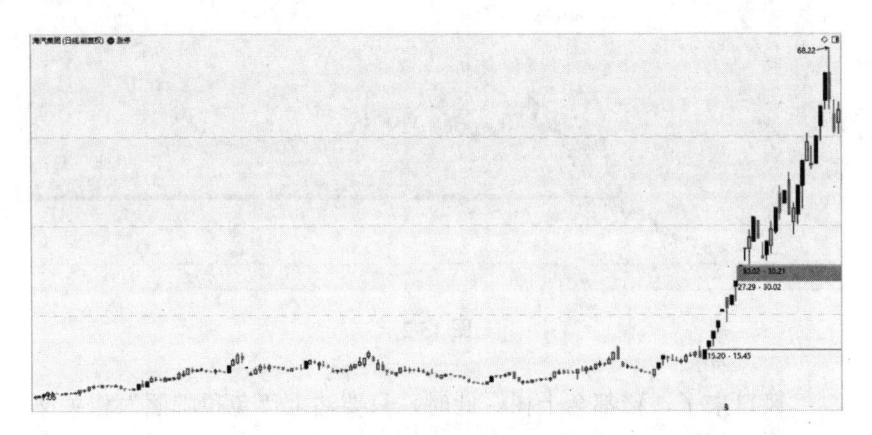

图 15-1

资金狂热的背后，是免税牌照的稀缺和行业广阔的前景。据证券相关研报，获得免税品经营资质须经财政部、国税总局、海关总署等三个部门的审核批准，牌照具有稀缺性，获取难度很大。而且，由于牌照的稀缺性，过去很长一段时间国内的免税店基本上属于垄断经营。截至目前，国内免税的"持牌玩家"仅有8家——中免集团、中出服、中侨免税、深免集团、珠免集团、海南免税公司、日上免税行以及王府井。而中免集团为上市公司中国中免的全资子公司，也是目前免税行业内规模最大的企业。如图15-2所示，中国中免作为免税牌照的直接受益者，股价从2020年3月跨年到2021年2月，横跨一年时间，涨幅达到惊人的7倍。

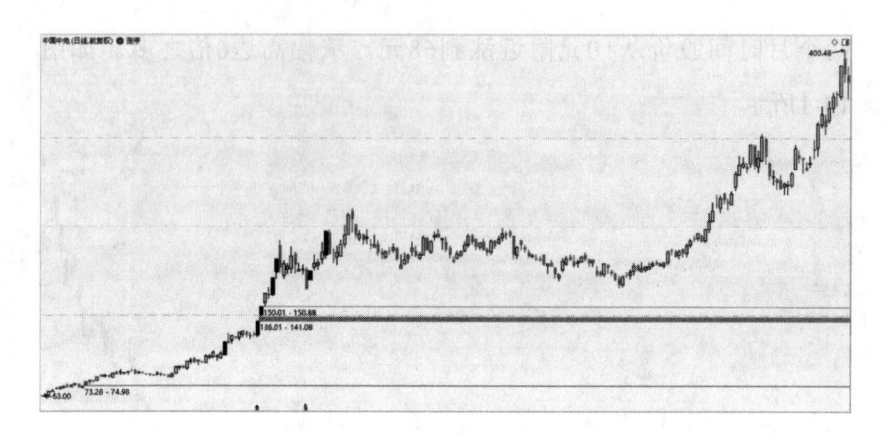

图 15-2

风口来了，猪都会上树。此时，只要沾上"免税牌照"相关概念，股价就一飞冲天，尤以王府井和百联股份为最。其中，王府井受到免税利好消息刺激，作为免税牌照的直接受益者，加上国企背景的加持，股价从2020年5月的10元附近，一路飙升到7月份的78.54元，短短的两个月时间，涨幅近8倍，如图15-3所示。

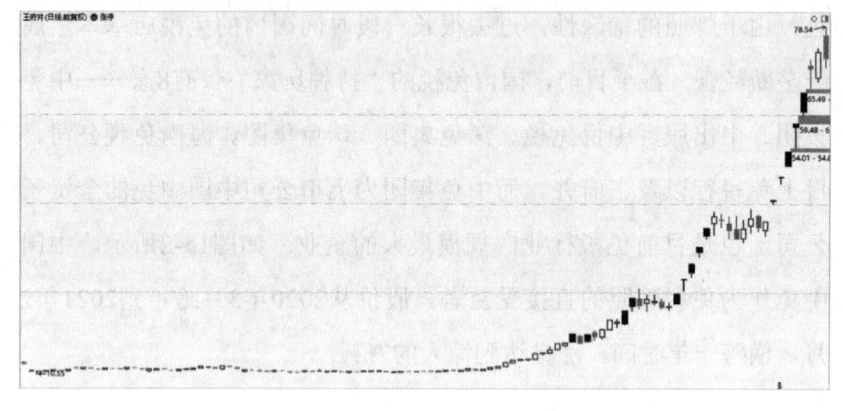

图 15-3

至此，"大消费"赛道的第一个炒作阶段宣告结束。

第二阶段：酿酒行情。

一旦酿酒行情，茅台从来不会缺席。这个冠以"价值投资"典范的代表总是会来拉一波仇恨。贵州茅台从2020年3月19日的835元，整整涨了一年时间，持续到2021年2月18日，股价整整翻了三倍，赚足了眼球，拉了一年的仇恨。如图15-4所示。

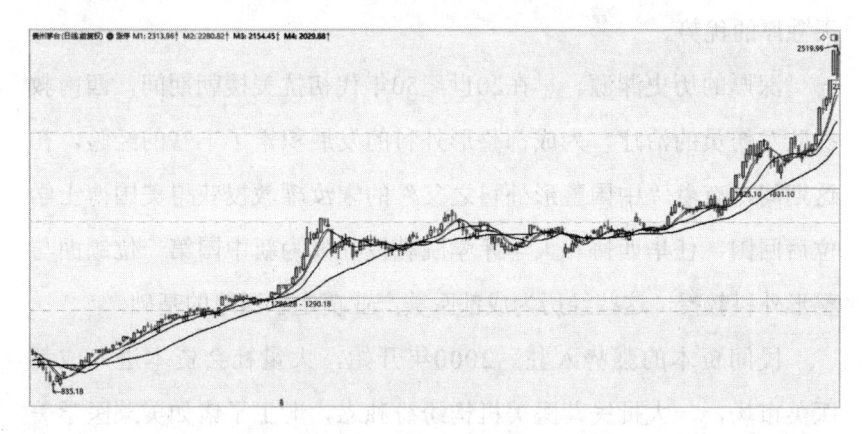

图 15-4

白酒龙头贵州茅台"横行无忌"的时候，也带动了整个白酒板块，尤以金种子酒、金枫酒和金徽酒"三朵金花"为代表的小市值的白酒表现最为突出。如图15-5所示。金徽酒从2020年年初到年底，涨幅近7倍之多，算是"茅王"合格的小老弟。

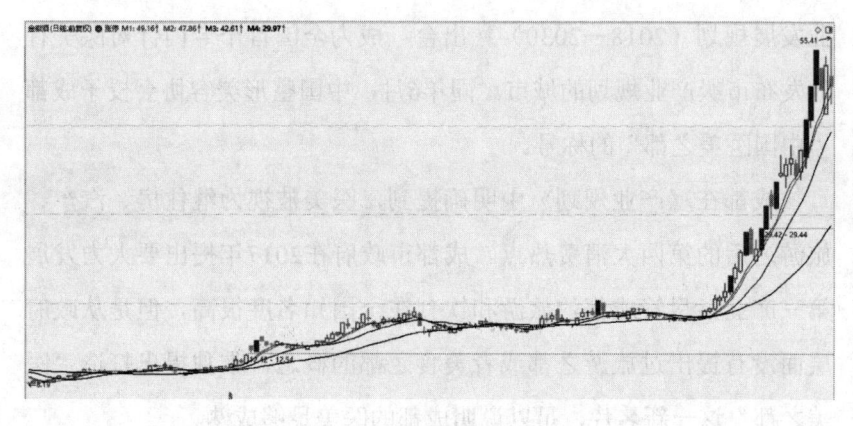

图 15-5

第三阶段：医美赛道。 医美，算是"大消费"这个赛道中的细分赛道。

聊到医美这个赛道，不得不提一个美丽的城市，成都。

成都，这座西部边陲的休闲之都，成为"医美之都"，有着得天独厚的优势。

深厚的历史渊源。早在20世纪50年代初抗美援朝期间，西南救援队对伤员的治疗，为成都整形外科的发展积累了丰富的经验。在这期间，有着"中国整形外科之父"的宋汝耀教授获得美国博士学位后回国，任华西协和大学牙学院教授，成为新中国第一位颌面与整形外科教授，这些经历为成都医美产业奠定了深厚的基础。

民间资本的强势入驻。2000年开始，大量社会资本进入成都医美市场，一大批民营医美机构纷纷独立，诞生了诸如美莱医学美容连锁集团这样的行业巨头。2011年开始，成都医美产业迎来爆发期，中国最早一批专注微整形和皮肤美容的轻医美机构开始出现，大幅降低了医美投资门槛。

政府打造"医美之都"。2017年9月，成都在全国率先提出打造全国领先、全球知名的"医美之都"；2018年《成都医疗美容产业发展规划（2018—2030）》出台，成为全国首个专门针对医美行业发布市级产业规划的城市。同年6月，中国整形美容协会授予成都"中国医美之都"的称号。

成都在《产业规划》中明确提到，医美被视为继住房、汽车、旅游之后的第四大消费热点。成都市政府在2017年提出要大力发展第三产业，尽管成都的旅游和饮食在全国知名度很高，但是从政府层面没有提出过旅游之都或者美食之都的概念，唯独提出打造"医美之都"这一新名片，足以说明成都的医美足够成熟。

综上所述,成都成为"医美之都",除了政策扶持因素之外,还与成都得天独厚的历史条件,以及与成都的消费能力与潮流文化息息相关。"成都得女孩子爱漂亮,人人皆知。"成都市民乐于接受新生事物和新理念,消费观念普遍超前,具有较强的医疗美容意识。

此时,医美产业也是方兴未艾,成为一种潮流。

中国整形美容协会发布的《中国医疗美容行业年度发展调查报告》显示,截至2018年底,中国医疗美容服务量超过1000万例,其中非手术类服务量高达700万例,占比达到7成。

据成都官方公布的数据,2016—2018年成都医美机构的数量分别为159家、267家、407家。值得一提的是,2018年成都以21家的数量,成为全国医疗美容医院数量最多的城市,同时也是全国医美机构增速最快的城市。按照规模和实力从大到小的顺序,医美机构通常被划分为医疗美容医院、医疗美容门诊部、医疗美容诊所三个级别。如图15-6所示。

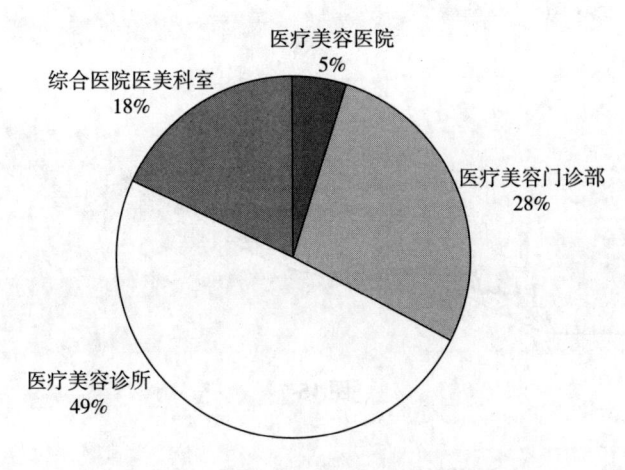

图15-6 2018年成都市各类医疗美容机构占比

据更美APP发布的一份医美白皮书调研显示，2020年医美消费人群占比中：80后消费占比23%；90后消费占比21%；95%后消费占比35%。

医美的主流消费人群，呈现年轻化趋势。从另外一个角度来说，越来越多的人接受了医美这个行业。

相比较医美赛道这个实体经济的蓬勃发展，资本市场表现也是相当精彩。

医美的炒作，可以分为三个方向。

玻尿酸：鲁商发展。

玻尿酸厂商：华东医药、景峰医药等生产厂商。

医美机构：国际医学、朗姿股份、苏宁环球、金发拉比、奥园美谷等运营机构。

而三个细分领域中，尤以医美机构相关概念表现最为突出。如国际医学和朗姿股份。如图15-7和图15-8所示。

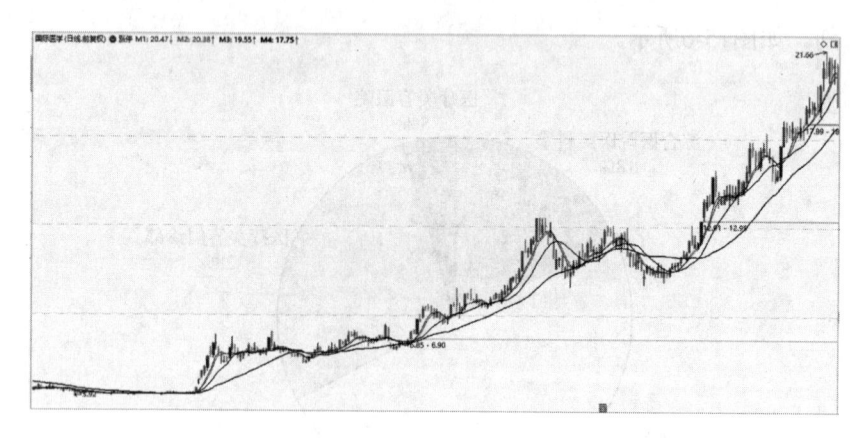

图 15-7

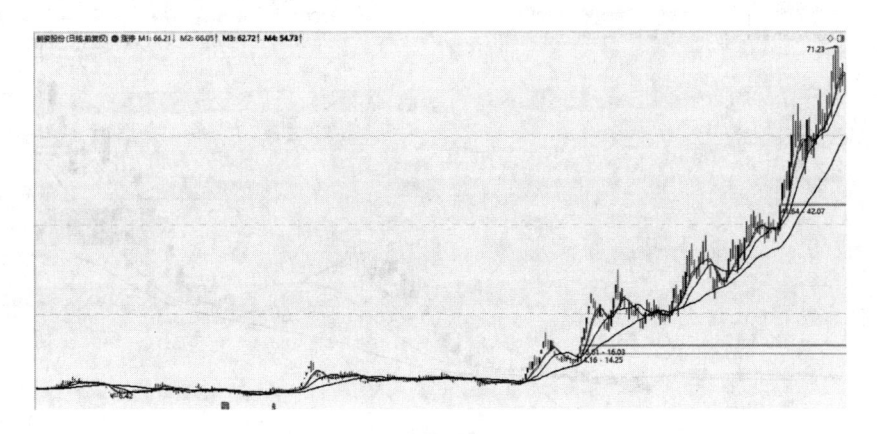

图 15-8

国际医学和朗姿股份从2020年6月份启动以来，行情整整持续了一年之久，横跨2020年直到2021年6月，朗姿股份更是以10倍的涨幅傲视整个医美板块。

2022年12月5日，国务院联防联控综合组发布的关于进一步优化落实新型冠状病毒感染疫情防控措施的通知，疫情管控全面放开。从2022年12月7日开始，中国结束了三年的严格防疫政策，转向了全面开放。

至此，随着疫情防控的全面放开，全国人流量开始暴增，旅游和饮食等消费逐渐开始复苏。

其中，以西安饮食和长白山表现最为突出。如图15-9和15-10所示。西安饮食从2022年10月11日3.83元持续上涨到2022年12月29日的22.35元，两个月时间，涨幅高达7倍之多。

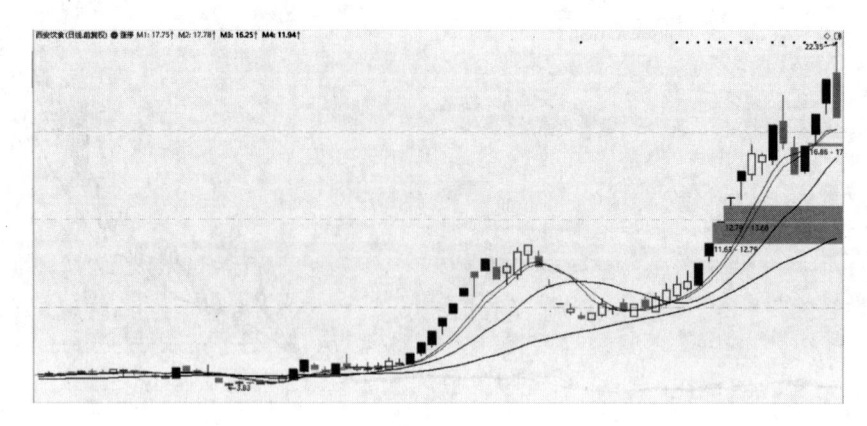

图 15-9

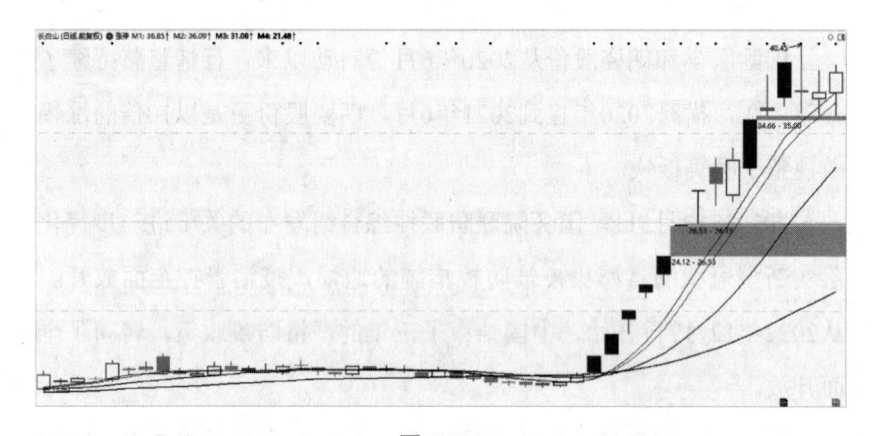

图 15-10

2021年,随着中央提出"双碳经济"后,中国进入到了下一个超级赛道:储能。

2020年12月12日,中国在全球气候峰会上宣布:中国将提高国家自主贡献力度,采取更加有力的政策和措施,力争2030年前二氧化碳排放达到峰值,努力争取2060年前实现碳中和。到2030年,中国单位国内生产总值二氧化碳排放将比2005年下降65%以上,非化石能源占一次性能源消费比重将达到25%左右,森林蓄积量将比2005年增加60亿立方米,风电、太阳能发电总装机容量将达到12亿千瓦以上。

第十五章 中国赛道股的逻辑梳理

碳达峰（2020—2030年）：主要目标为碳排放达到最大值。在达峰目标的基本任务下，降低能源消费强度，降低碳排放强度，控制煤炭消费，发展清洁能源。

过渡阶段（2030—2045年）：主要目标为快速降低碳排放。达峰后的主要减排途径转为可再生能源，大面积完成电动汽车对传统燃油汽车的替代，同时完成第一产业的减排改造。

碳中和（2045—2060年）：主要目标为深度脱碳，参与碳汇，完成"碳中和"目标。深度脱碳到完成"碳中和"目标期间，工业、发电端、交通和居民侧的高效、清洁利用潜力基本开发完毕。

"3060"双碳经济：实现碳达峰、碳中和，不是一个可选性，而是一个必选项。为了实现"3060"目标的实现，中国必须在产业布局，技术革新和新兴产业方面必须有所作为。挑战的同时，也为中国经济带来了机遇，称为"3060"双碳经济。

随着"3060"双碳经济的出现，催生了一个超级赛道：储能。

储能行情持续了整整一年，大致可以分为三个阶段。

①以电力为首的碳交易。②锂电池和锂矿。③风光电储，就是指以风能、光伏和电力为基础的储能。

第一阶段，电力行业，是碳排放交易市场的先行军。

电热力生产及工业集中用煤、交通领域大量耗油是导致中国碳排放量较大的主因。根据英国BP的2019年数据，中国93%的碳排放来自于化石燃料的使用，其中68%来自于固体燃料如煤炭，23%来自于液体燃料如石油等，9%来自于气体燃料如天然气等。

首先，把电力作为商品进行交易，最先受益的是全国9大碳交易所及其相关股票。

长源电力：湖北碳排放权交易中心有限公司为公司参股企业，

公司持有其9.09%的股权。

华银电力：公司是深圳碳排放权交易所第六大股东，持股比例7.5%。

深圳能源：公司持有深圳碳排放权交易所有限公司12.5%股权。

金融街：公司持有北京绿色交易所有限公司16%的股权，同时公司持有北京产权交易所有限公司11.06%的股权，后者持有北京绿色交易所有限公司34%的股权。

闽东电力：公司目前持有海峡股权交易中心（福建）有限公司1000万股，占4.76%。

中广核技：参股深圳碳排放权交易所。

重庆燃气：公司持有4.87%重庆联合产权交易所，后者筹划重庆的碳排放交易。

中国电建：参股四川联合环境交易所。

碳交易受益股中，表现最为突出的有三只标的：华银电力、长源电力、南网能源和顺控发展。从3月开始，行情持续到了7月，5个月的时间，顺控发展涨幅高达10倍，南网能源更是高达15倍之多。

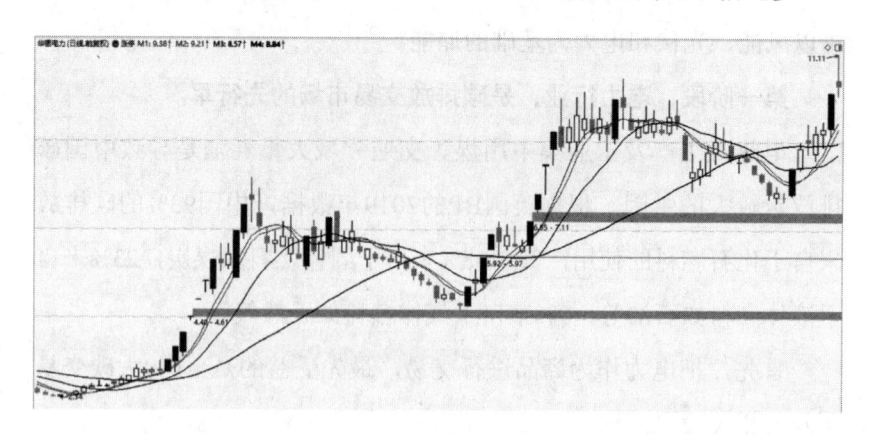

图 15-11

第十五章 中国赛道股的逻辑梳理

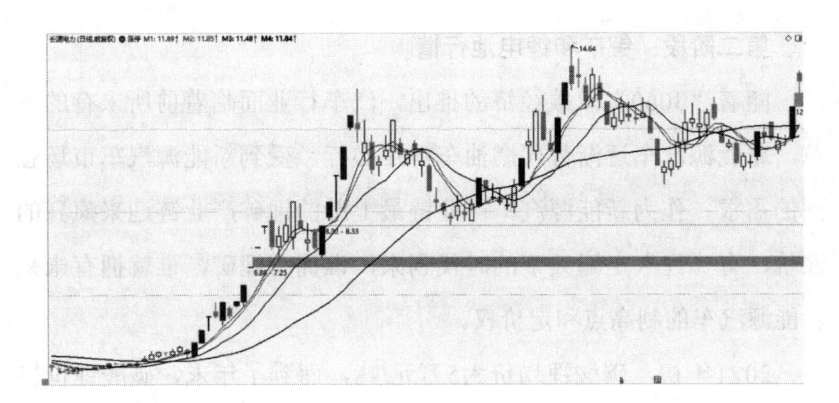

图 15-12

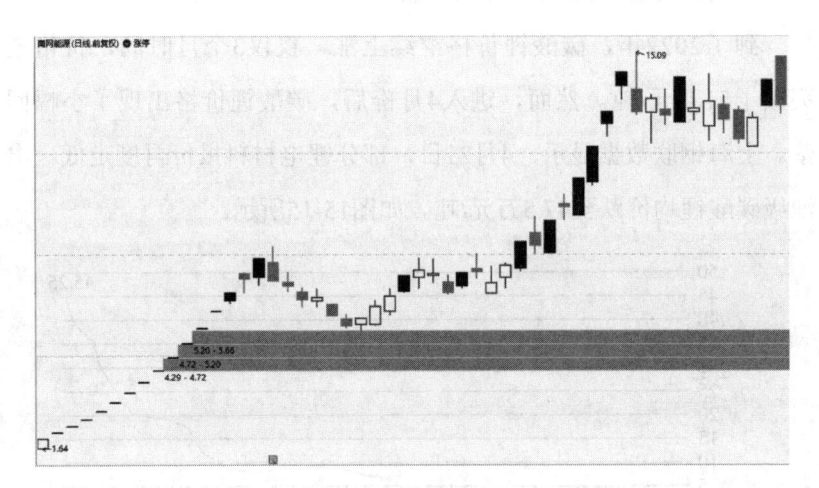

图 15-13

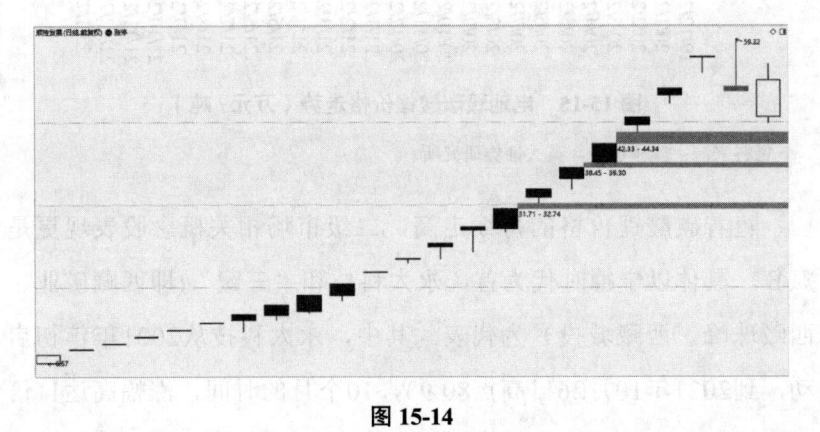

图 15-14

第二阶段：锂矿和锂电池行情。

随着"3060"双碳经济的推出，汽车行业面临着前所未有的变革。新能源汽车逐渐替代燃油车势在必行。受到新能源汽车市场强烈的需求，作为新能源汽车产业链最上游的锂矿产业链迎来疯狂的涨价，有"锂"走遍天下的时代到来，谁拥有锂矿，谁就拥有未来新能源汽车的制高点和定价权。

2021年初，碳酸锂均价为5万元/吨，而到了年末，碳酸锂价格已经涨到了约27万元/吨，涨幅超过了400%。

到了2022年，碳酸锂价格继续上涨，仅仅3个月时间，价格就突破了51万元/吨。然而，进入4月份后，碳酸锂价格出现了小幅回落。上海钢联数据显示，4月21日，部分锂电材料报价再度走低，电池级碳酸锂均价跌至47.5万元/吨。如图15-15所示。

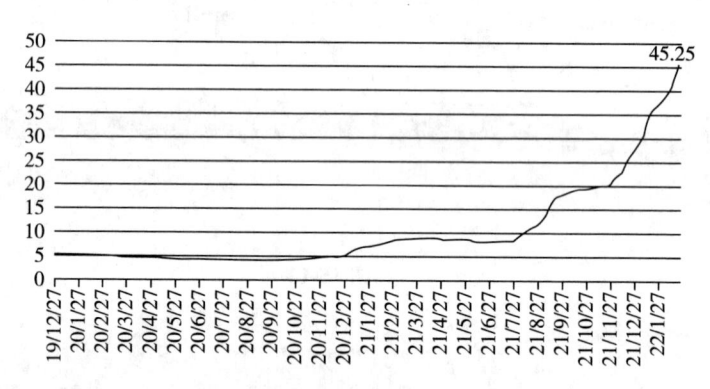

图15-15　电池级碳酸锂价格走势（万元/吨）

资料来源：鑫椤锂电，英大证券研究所。

随着碳酸锂价格的持续走高，二级市场相关概念股表现更是疯狂，具体以宁德时代为首，永太科技和"三藏"(即西藏矿业、西藏珠峰、西藏城投）为代表。其中，永太科技从2021年年初启动，到2021年10月26日高点80.93，10个月的时间，涨幅高达11倍之多。如图15-16所示。

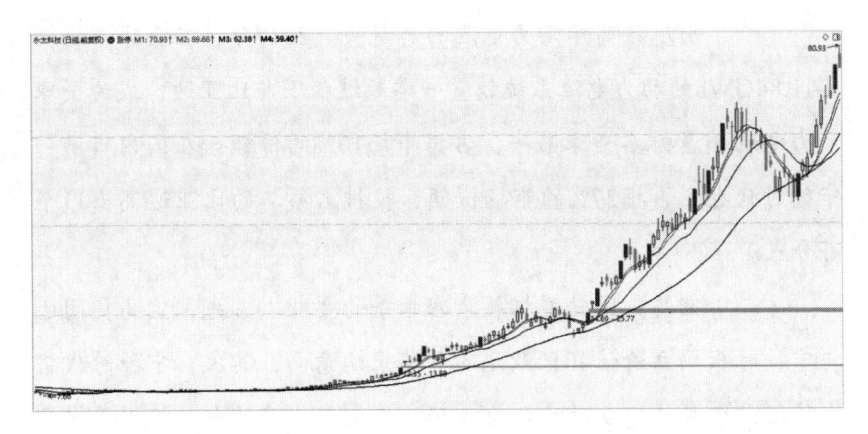

图 15-16

提起宁德时代，有两个很有趣的事情。

2018年，宁德时代刚刚上市。我提议小伙伴儿们可以对宁德时代做一个调研，搜集相关信息后整理成研报的形式。其中两个小伙伴儿的研报写得最好，现在拿出来分享。

第一篇来自于云南的小伙伴。

宁德时代的综述

一、基本情况

1. 公司概况。宁德时代，股票代码300750，公司名称是宁德科技股份有限公司，位于福建省宁德市蕉城区。公司注册资金21.72亿元，市值1796.6亿元，总股本21.72亿，流通股2.17亿元。

2. 公司主营。专注于新能源汽车动力电池系统、储能系统的研发、生产和销售，致力于为全球新能源应用提供一流解决方案。主要产品包括动力电池系统、储能系统、锂电池材料。

二、前景分析

（一）全球锂离子动力电池的总龙头。2017年，在全球市场：其11.84GWh的动力电池系统销量一举超过松下与比亚迪，成为全球动力电池销量排名全球第一，占据市场17%的份额；在国内市场：宁德时代也已占据27%的市场份额，较排名第二的比亚迪高出11个百分点。

（二）宝马集团转型拓展亲密牵手的企业。首先，宝马集团已与宁德时代确立价值40亿欧元的电芯采购意向；其次，宁德时代将在德国爱尔福特建立动力电池工厂，未来其生产的电芯将用于宝马iX3、宝马iNEXT量产版以及电动MINI等车型；另外，宁德时代将为宝马集团在中国的合资企业华晨宝马汽车有限公司生产BMW iX3电动汽车供应电芯，这款新车将不仅在中国销售，还向其他国家出口。

（三）在德国建立全球研发中心为科技攻关保驾护航。宁德时代与德国图林根州政府签署了投资协议。宁德时代将以2.4亿欧元（约合人民币18.65亿元）在德国图林根州埃尔福特市设立电池生产基地及智能制造技术研发中心。

（四）宝马奔驰大众品牌效应助攻宁德时代。宁德时代成为宝马、奔驰和大众汽车的动力电池供应商，必将起到借船出海的作用，借助品牌效应使其在全球的影响力和竞争力迅速提升。

（五）中国科技行业在世界领先的标杆之一。在央视媒体的一档纪录片中，国际上性能最优质的动力电池温差可控制在5℃以内。而宁德时代生产的动力电池，温差最高仅为3.62℃。另外，此次测试，续航里程达到410公里，这同样是比肩全球最高技术水平。这已然和高铁、核电、航天技术并肩成为中国科技行业领先世界水平的四大名片。

（六）新能源动力电池行业的"独角兽"。目前德国车企中，其中90%的动力电池都来自中国,对于传统汽车大国来说尚且如此,而放眼全球,中国在新能源领域上能够实现弯道超车也并不是一句空话,加之我国《节能与新能源汽车产业发展规划(2012—2020年)》政策利好,特斯拉入驻上海市场需求扩展,而作为新能源汽车的心脏,动力电池与新能源汽车一荣俱荣,宁德时代电池动力销量已经是世界冠军了,是名副其实的"独角兽"。

(七)创业板的当之无愧扛把子的标杆。2017年,宁德时代实现营业收入达199.97亿元,实现归母公司净利润39.72亿元,两项数据分别同比增长达34%和31.4%。数遍A股,市值过千亿的公司还不到100个,宁德时代目前市值1796.6亿元,成为创业板当之无愧扛把子的标杆。

(八)科技和脚踏实地造就企业飞速成长。从无名小卒到行业龙头,宁德时代只用了不到7年时间。任何独角兽企业,往往在技术方面都处于行业领先地位,宁德时代也不例外。技术领先源于宁德时代在技术上的投入,从宁德时代发布的数据可以看到,目前研发人员超过3000人,占公司人数20%;2017年上半年研发费用6.7亿元,占营业收入10.65%。脚踏实地发展是宁德时代的特色,也造就了中国锂电的一个奇迹。

三、总结

综上所述,宁德时代外有国家"一带一路"产业布局的契机,内有国内供给侧改革大力支持技术创新企业发展;上有新能源推广应用政策利好,下有市场需求扩展形势向好;加之企业持之以恒的科研攻关保障和脚踏实地的精神发展企业,因此,宁德时代将会是未来的一颗耀眼之星。

2018年7月13日

另外一篇，则来自于四川成都的小伙伴。

宁德时代题材挖掘

①全球动力电池龙头是纯中资的中国企业。

②全球研发中心和基地首选德国。

③是宝马，奔驰，大众，上汽，北汽，吉利、福汽、中车、东风、长安、宇通、东风汽车，北京普莱德，蔚来，吉利等车企与宁德时代合作。

④李克强总理把宁德时代作为外交推广的一张名片（和德国默克尔总理沟通时直接递上宁德时代的名片，是继一带一路后的又一张中国出口的名片。中国出口的三大名片：高铁，核电，航天技术（神舟飞船）+锂电池（宁德时代）。

⑤特斯拉在中国建厂，利好宁德时代！

⑥独角兽概念。

⑦创业板的指标股：宁德时代（目前流通市值184亿）。

⑧环保概念。

⑨快速充电概念。

A 宁德时代成长史。

31岁时，宁德时代创始人曾毓群成为新科的研发总监。在新科，曾毓群接触到美籍华人高管陈棠华、梁少康，这两位伯乐。1999年，新科的执行总裁梁少康找到曾毓群，准备拉他一起做电池。1999年，三人一起在香港注册成立了新能源科技有限公司（简称ATL），进军消费电池行业，缔造了这只新能源独角兽故事的开端。

ATL一开始的定位就是做聚合物软包电池，明确方向后，曾毓群飞往美国，购买了美国贝尔实验室的聚合物锂电池的专利授权。团队经历2周连续加班，尝试了数十种电解液配方之后，ATL团队通过试验调整改进电解液配方，最终做出了不鼓气的电池。可谓生逢其时，ATL恰巧赶上了2000年中国手机行业爆发的风口。2001年，ATL在东莞白马的厂区落成，当年出货量达到100万枚电芯，主要为蓝牙耳机等产品供货，而后成功切入苹果公司产业链。

2008年，曾毓群将新工厂开到了老家宁德，投资15亿美元，打造全球最大的锂离子电池生产基地。因遵循动力电池不能全外资生产的国家政策，2011年ATL将动力电池事业部脱胎出去，在宁德另成立了一家公司——宁德时代新能源科技有限公司。刚刚成立的宁德时代股权结构里，中资占85%，外资15%。经过反复的股权整合，目前宁德时代已成为纯中资的中国企业。宁德时代的股东名单中，可看到大部分都是曾经的ATL高管：曾毓群、黄世霖……直至2017年3月，曾毓群一直兼任ATL总裁兼CEO、董事；宁德时代总经理、董事。

创业初期遇宝马"神助攻"。

以宁德时代成立的2011年为节点，国产新能源汽车进入了迅速发展的时期，不断释放出对新能源汽车的利好消息，驱使诸多合资企业加快在国内新能源汽车的布局。

身披苹果电池供应商的光环，华晨宝马主动向宁德时代抛出了橄榄枝，为自家的纯电动汽车"之诺1E"寻找电池制造商。

然而这个"橄榄枝"也并不是谁都能接得住。华晨宝马向宁德时代提交了七百多页的动力电池系统需求规格书，详细到不同工况下能量及功率要求，上百道质量管理要求。

为了顺利完成合作，双方成立了100+人的电池联合开发团队，涵盖电芯、系统架构、机械设计、测试验证、质量管理等所有电池包的关键技术领域，最终成功开发了华晨宝马首款电动车电池"之诺E1"。

与华晨宝马合作之后，宁德时代走完了动力电池研发、设计、开发、认证、测试的全流程，也为它后续的发展积累了经验、品牌背书。这是当时唯一一家走入跨国汽车企业动力电池供应链的中国企业。

有了宝马的"助攻"，宁德时代顺利拿下宇通、北京普莱德的订单，这两家公司也是真正将宁德时代推向整车产业配套的功臣。为其后期野蛮生长奠定了坚实的基础。可以说，到后期，汽车主机厂的半壁江山都与宁德时代有合作。

成长奇迹：7年时间从0到1300亿。

除了把握住了风口、汽车巨头的助攻，宁德时代的成长奇迹更多源于自身。

宁德时代主营业务为新能源汽车的动力电池，属于产业链的核心位置。早在2008年，宁德时代的创始人之一黄世霖就带领团队成功开发出拥有自主知识产权的动力电池管理系统（BMS）。在众多动力电池企业还沉迷于磷酸铁锂电池领域之际，宁德时代早就瞄准了三元锂电池。

2016年，新能源汽车市场的主流材料为磷酸铁锂，装机量占比超过70%；而到2017年，能量密度更高的三元材料迅速崛起，装机量占全年总市场装机量的44%。三元材料电池也有望在2018年国内新能源汽车装机比例中超过50%。

从产能分布上看，2017年，宁德时代总产能14亿，其中，三元材料产能8亿，高于磷酸铁锂产能6亿。事实上，直到2015年，宁德时代的动力电池系统销售还仅为2.19GWh，在国内动力电池企业中排名第四。而这一数字在2017年翻了近6倍，近12GWh的动力电池系统销量让宁德时代一举成为国内第一的动力电池生产商，且超越了松下（特斯拉供货商）成为世界第一。如表15-1所示。

表15-1

2017年全球动力就电池企业销售排行榜			
排名	企业	国家	销量（GWh）
1	宁德时代	中国	12
2	松下电器	日本	10
3	比亚迪	中国	7.2
4	沃特玛	中国	5.5
5	LG化学	韩国	4.5
6	国轩高科	中国	3.2
7	三星SDI	韩国	2.8
8	北京国能	中国	1.9
9	比克	中国	1.6
10	孚能科技	中国	1.3

数据来源：GGII。

在拥有一百四十多家动力电池企业的国内市场中，仅宁德时代一家就独占27%的市场份额，超出沃特玛15个百分点（国内行业老二比亚迪因其电池业务目前全部内部消化，与动力电池领域其他公司暂无可比性）。

图表2017年动力电池市场份额情况（销量）

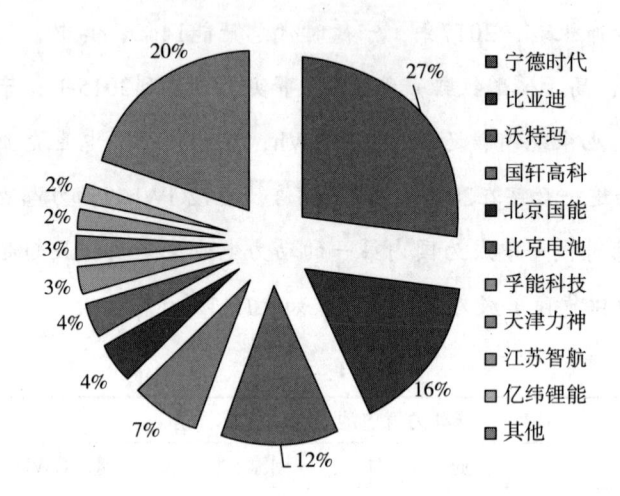

- 宁德时代 27%
- 比亚迪 16%
- 沃特玛 12%
- 国轩高科 7%
- 北京国能 4%
- 比克电池 4%
- 孚能科技 3%
- 天津力神 3%
- 江苏智航 2%
- 亿纬锂能 2%
- 其他 20%

至2017年底，宁德时代的总产能为17.09GWh。为满足市场需求，宁德时代IPO所募集的53.52亿元资金，主要将投向湖西锂离子动力电池生产基地项目和动力及储能电池研发项目。

据介绍，湖西锂离子动力电池生产基地项目预计在2020年左右可以完成建设，届时宁德时代将新增产能24GWh。

风口渐退，宁德时代深度绑定下游厂商经过前两三年高速发展后，目前新能源汽车行业已经出现产能过剩、毛利水平下滑现象，尤其是受原材料涨价、新能源车补贴退坡等影响，动力电池的价格、成本持续承受来自上下游的压力，作为行业龙头的宁德时代也难避免毛利回落。

财报显示，宁德时代动力电池系统的销售均价均趋于下降，已由2015年的2.28元/Wh降至2017年的1.41元/Wh，累计降幅为38.26%；不过，动力电池系统单位成本也在持续下降，由2015年的1.33元/Wh降至2017年的0.91元/Wh，累计降幅为31.78%。

表15-2

项目	可比上市公司	2017-12-31	2016-12-31	2015-12-31
应收账款周转率（次）	国轩高科	1.20	2.50	1.69
	坚瑞沃能	1.15	1.43	2.27
	成飞集成	1.58	3.16	1.66
	亿纬锂能	2.10	3.85	3.85
	可比上市公司	1.51	2.74	2.37
	本公司	2.80	3.06	4.12
存货周转率（次）	国轩高科	2.68	4.51	3.17
	坚瑞沃能	1.33	1.38	2.50
	成飞集成	0.81	2.60	1.23
	亿纬锂能	1.88	4.32	4.14
	可比上市公司	1.68	3.20	2.76
	本公司	4.92	6.36	4.95

截至2017年底，宁德时代的存货周转率达4.92，也远超可比上市公司平均水平。如表15-2所示。

露出霸主意图，争夺行业话语权。摆脱上游约束，拿到行业的话语权，确保高毛利率，宁德时代渐显霸主意图，顺理成章地作出了选择：杀入上游资源厂商。

动力电池上游的两大核心资源：锂、钴。

早在2015年，宁德时代便完成了对国内领先的三元前驱体生产厂商——广东邦普的收购，成功将锂电池梯次利用产业链形成循环闭环。

宁德时代通过广东邦普，将废旧锂离子电池中的镍钴锰锂等有价金属通过加工、提纯、合成等工艺，生产出锂离子电池材料三元前驱体，使资源在电池产业中实现循环利用。

2016年，宁德时代运用锂电池回收技术生产的锂电池正极材料三元前驱体的毛利率达26.8%，高于行业均值的22.67%。

2017年，宁德时代动力电池的正极材料价格波动率相对于2016年已经下降了11个百分点。

动力锂电的技术瓶颈，主要在正极材料/隔膜、负极材料、电解液，而宁德时代的核心供应链中，以国内原材料、设备供应商为主，已形成完善的国产供应链体系。

同时，下游深度绑定客户，宁德时代与上汽成立合资公司，与蔚来深度合作，进入宝马、大众、北汽、吉利、长安等车企的供应体系，占领先发优势。

从而，成功超越国内巨头比亚迪、沃特玛、国轩高科，甚至全球巨头松下，晋升世界第一。

此外，在掌握核心技术的前提下，产销量的规模效益以及持续的研发投入带来技术进步和工艺流程改进，使得生产效率与能量密度不断提升。

表15-3

项目	2017年1-6月	2016年度	2015年度
国轩高科	5.55%	7.04%	5.03%
坚瑞沃能	4.68%	4.65%	4.03%
成飞集成	9.43%	5.12%	5.83%
亿纬锂能	3.56%	4.08%	3.88%
平均值	5.81%	5.22%	4.69%
公司研发费用占主营业务收入比例	10.96%	7.39%	4.96%

2015—2017年，宁德时代研发费用分别为2.81亿元、10.80亿元和16.03亿元，占主营业务收入的比例分别为4.96%、7.39%和

8.37%，研发占比稳步提升远高于行业平均水平。如表15-3所示。

目前，宁德时代动力电池的能量密度，最高可达240Wh/Kg。在快充技术上，宁德时代也已经实现充电30分钟续航500公里。

如今，宁德时代已飞出巢穴，这只"独角兽"能否在海外市场迅速立足也将成为真正的考验。

B CATL夺得动力电池独角兽？

作为中国锂电力量的领军人物，宁德时代夺下了2017年全球锂离子动力电池销量榜的冠军。中国锂电也已突破日韩包围，并正崛起为全球锂离子动力电池行业的领导者与重要力量。于是，作为新一代国之重器的锂离子动力电池，以宁德时代为代表，走进了《大国重器》第二季的聚光灯下。有着《大国重器》的加持，这不《挑下日韩，夺得大众，CATL将成为新能源动力电池的独角兽？》。据澎湃新闻的消息：宁德时代新能源科技股份有限公司获得了大众集团MEB电动车项目平台的大额订单，成为其动力电池供应商。知情人士表示，此前一同竞标企业包括LG、三星、松下及国内的力神等多家企业，最终由宁德时代斩获这笔大单，成为目前大众集团在中国境内唯一、全球内优先采购，其动力电池将应用于大众的MEB平台。宁德时代相关人士对记者表示，尚处于静默期，不便对此置评。这条关于动力电池的消息之所以如此引人关注，我们先来了解一下大众的MEB平台。大众的MEB平台是大众集团专为纯电动车型量身定制的全新模块化技术平台，其有极强的扩展性，可基于此打造出车身轴距、续航里程不同的电动车。据了解，在大众的规划中，该平台将诞生紧凑型SUV、中型SUV及中型轿车等多种车型。MEB平台是大众集团在"柴油门"

事件后，倾集团之力全力推动的新能源"护城河"。3月5日，在瑞士日内瓦车展前夕，大众集团发布了4个品牌的5款新车，其中最新的I.D.Vizzion车型是基于MEB平台打造的第四款概念车，该车型续航里程超过650公里，内部仅有简单的座椅和扶手，没有方向盘和仪表盘，搭载了最高等级L5级的全自动驾驶技术。动力部分，I.D.Vizzion配备一个111kWh的电池组，要比特斯拉的电池更大。电池组被置于车底，这带来了更多空间且降低了车辆重心，同时还确保了理想的车身重量分布。I.D.Vizzion搭载两台电机，能够实现四轮驱动。据介绍，这套动力系统最大功率为225kW，一个75kW的电机来驱动前轮，一个150kW的电机来驱动后轮。简单来说，MEB也将在中国成为大众的标志——做个比喻，80、90年代的大众在中国（的图腾符号）是桑塔纳、最近十年是朗逸/帕萨特，而在2020年之后将是I.D.。MEB的中国化脚步及产能规划，在今年1月，大众乘用车中国CEO冯思翰在接受采访时表示，大众MEB平台将会在2020年实现国产化。在2020—2022年期间，会有8款MEB平台车型进行本土化生产，同时还有3款进口的MEB平台新车引入。2017年11月，大众中国发布了中国市场的新能源产品规划，计划到2020年生产40万辆新能源汽车（如果平均以每辆车带100KW的电池组，这将是令人恐怖窒息的数据），五年后提升至150万辆。到2025年，大众中国将推出近40款本土化新能源汽车；这些动力电池的需求得需要我国的所有动力厂都得给大众汽车生产电池。大众集团拟投入200亿欧元推动电动化进程，计划在2025年每年销售300万辆电动汽车，其中I.D.家族车型占三分之一，规划中国市场销售65万辆。2017年9月，大众集团曾公开表示，到2025年，为保证电动汽车运营产线，需要超过150GWH的锂电池产量，为此大众

第十五章 中国赛道股的逻辑梳理

开始在中国、欧洲、北美地区分别寻找合作伙伴。大众预计，这将为电池行业提供500亿欧元的合作订单。与大家简要回顾一下CATL的发展历程：CATL于2011年12月16日在中国福建宁德成立，是一家汽车动力电池系统提供商，专注于新能源汽车动力电池系统、储能系统的研发、生产和销售，致力于为全球新能源应用提供解决方案。2015年和2016年，CATL动力电池系统销量分别为2.19GWh和6.80GWh，连续两年在全球动力电池企业中排名前三。今年GGII数据显示，2017年1~9月全球动力电池出货量排名中，CATL排名第二，仅次于与特斯拉有着密切关系的松下，在国内产量排名中则位居第一，并坐拥1350亿元估值。如今，CATL在宁德、青海、溧阳三地建有生产基地，中德两大研发中心，现有产能超过8Gwh并在扩充产能中。预计2020年，CATL动力电池产能将会达到50GWh。再来看看CATL的营销之路和客户朋友圈：与松下主要绑定新能源电动汽车特斯拉的"从一而终"不同，CATL典型的是"一女多嫁"。CATL的崛起非常具有传奇色彩，经过给宝马供应电池的磨炼之后，顺利牵手亚洲第一大客车宇通两年（2014—2016年），迅速脱胎换骨，再加上中国新能源汽车飞速发展，政策补贴支持，天时地利人和兼具，短短几年时间，就可以与比亚迪一较高低了并在2017年果断超越。据不完全统计，CATL已经与四十多家车企进行合作，包括上汽、吉利、东风、长城、一汽、华晨宝马、北汽、广汽、长安等，可以说是占据了中国新能源汽车大半壁江山，主场优势相当明显；同样客车市场方面，牵手宇通、大小金龙等几乎把国内的客车主机厂一网打尽。且与部分车企不仅仅是动力电池供应关系，继上汽集团牵手CATL后，东风汽车、长安汽车也相继直接与间接入股CATL。六大国有汽车集团，CATL已集齐三家；国际布局上，CATL早就开始给宝马、奔驰等外资公司供应电池。已成为汽车行业炙手可热的"明星"企业。随着电动车时代可能到来，动力电池供应商似乎正在获得更大的话语权，而CATL这样的企业崛起，很可能对汽车零部件的供应格局产生重要影响。

凭借宁德时代在动力电池领域的技术储备及多年的耕耘、资本市场的加持及顺利牵手众多一线国际大厂，宁德时代也在积极出海。宁德时代除计划在中国再建一家工厂外，还将目光投向了海外。宁德时代董事长曾毓群在接受媒体采访时表示，宁德时代正从欧盟三个地点中选择一个，作为其在海外首个工厂的所在地，目前已接近寻址。外媒援引一位熟知该计划人士的消息称，宁德时代已在德国、匈牙利和波兰进行相关考察。从内部来看，2017年9月，汽车双积分制细则正式落地，将在2018年4月1日正式实施，给中国的汽车产业指了一条必须走的道路——电动车。外部环境来看，继韩系动力电池在2016年受制于动力电池目录后，2017年棒子又搞事，部署"萨德"，中韩关系降至冰点，LG与SDI能对CATL造成挑战的动力电池将难以入华（现代在华混动车的动力电池来自CATL）；而松下则忙于处理与消化来自特斯拉的订单，在中国市场姗姗来迟且中国的合作伙伴迟迟未见落地；作为全球销量最大的纯电动乘用车LEAF的御用动力电池AESC已被国人收入囊中，估计还在内部整合中。霎时间，CATL在动力电池方向几无对手，或许借助资本市场的力量，再加上本次夺得大众MEB项目东风，在众多动力电池企业中迅速确定一超的地位，成为行业的独角兽。这里或许也有政府的某种期许，毕竟《大国重器》不是谁想上就可以上的。故事的结局如何演绎，市场与时间会给最佳答案！

C 深度分析 找出了宁德时代的四大核心竞争力!

宁德时代新能源科技有限公司（Contemporary Amperex Technology Co., Limited，简称CATL）成立于2011年，其核心团队实际剥离于曾经ATL下属的动力电池部门。公司在2017年已经成为全球最大的动力电池厂商，在各项产品竞争力榜单中也常年位居国内第一。自2009年的"十城千辆"开始，我国一直大力支持电动车行业发展，也希望借此实现我国汽车产业的"弯道超车"。弯道超车并不仅限于整车厂商，在中游关键零部件领域集中力量，突破现有产业链格局更为现实。对于电动车来说，已经具备技术储备、产业链齐全等优势的动力电池环节成为天然最佳突破口。而宁德时代就是有望改变传统汽车产业链格局的"大国重器"。我们从3家券商的数百页研报中，精选了四条关于宁德时代的核心竞争力分析，涵盖其发展和壮大过程的很多重要节点和公司策略，一定会给你很多启示。CATL之所以能成为这"一超"，其核心竞争力可以总结为以下几点：

①核心团队出身ATL，团队稳定且拥有深厚的技术积累。

②重视前端研发，拥有完善研发体系，从电芯到PACK再到电池材料及设备，拥有众多专利。

③产业链布局高屋建瓴：坚守"电芯+回收"两个核心环节，通过深度研发绑定产业链其他环节，形成产业链闭环。

④生产质量体系严格，产品安全可靠。

⑤市场地位突出，规模效应作用凸显。

⑥战略布局眼光深远，卡位优质客户并率先出海。

D 宁德时代：全球锂电新王者 中国制造新名片。

2017年问鼎全球动力电池销量第一宝座公司脱胎于ATL，以汽车动力电池系统及储能系统起家，2015年收购广东邦普，进军电池回收领域。由此形成以动力电池为核心，储能电池和电池回收两翼齐飞的格局。从2011年成立到2017年登顶动力电池销量世界第一，短短6年时间铸就动力电池王者，足以体现公司强大的发展动能。新能源汽车大发展，迎接电池黄金时代根据GGII数据，2017年我国动力电池出货量44.5GWh，同比增速44%；新增动力电池装机量约36.4GWh，同比增长29%；动力电池产值达725亿元，同比增长12%，2018年有望突破800亿元。GGII预计2020年我国动力电池产量有望达到146GWh，三年复合增长率达49%。2020年以后有望实现"油电平价"，车将由政策驱动转变为市场驱动，内生增长动力更强。公司核心竞争力铸就全球动力电池王者公司技术实力雄厚，核心竞争力优势明显。主要客户有宇通、上汽、北汽、吉利、福汽、中车、东风、长安、宝马和大众。2017年公司配套车型数达到390款，供货车企数达64家，远远领先于竞争对手，最高系统能量密度达151.4Wh，在同行业处于优势地位。公司在三大降本途径均有布局，未来凭借自身的精细化工艺管理、规模效应、技术领先优势，有望在电池成本掌握主动权。公司募投项目计划建设24条动力电池生产线，产能达24GWh。与上汽集团成立合资公司时代上汽，合作项目在溧阳落地，一期规划18GWh产能，将于2018年底投产，2020年合资公司有望形成36GWh的动力电池生产能力。2018年一季度行业略超预期，公司表现亮眼2018年以来新能源汽车放量带动动力电池装机量大增。根据GGII数据，2018年1-5月我国实现动力电池装机12.67GWh，同比增长224%。其中公司以5.4GWh装机量占据超过42%份额。首次覆盖给予"强烈推荐"评级我们预计2018—2020年EPS分别为1.44、1.92和2.55元。当前股价对应18-20年分别为33、25和19倍。风险提示：新能源汽车销量不及预期，电池价格下跌超预期。

2018年6月24日

虽然时隔多年，现在看到这两份关于宁德时代的研报，依然能感觉到当时小伙伴儿们对宁德时代的重视和喜爱，特此感谢这两位小伙伴的付出和努力。

这些分析都很到位，其核心就在于：

一方面，认识到了锂矿、锂电池和新能源汽车在未来几年的光明前景。

另一方面，深刻认识了宁德时代作为锂电池行业的龙头地位。

后来，我仔细看了两位小伙伴的分析报告后，通过技术分析，我把我的理解和分析详细地跟浙江一位大佬级人物聊了聊。此人也是股市的老兵了，做股票有两个习惯：一是喜欢实地考察公司；二呢，喜欢做上市公司的股东，现在A股里还有不少股票10大股东里还能见到此人的身影。我把宁德时代的这些东西搜集整理后，以及通过技术分析得到的结果告诉了他后，他很感兴趣。我知道2018年那时候他手握30亿现金呢，我让他在宁德时代65元附近可以先建仓5个亿，他也欣然答应了。4年后，也就是2021年8月份他找到我，唉声叹气，向我诉苦，告诉我如果知道宁德时代现在涨这么疯，当初何止5亿，10亿都敢砸进去。其实那时候，我已经知道他根本都没买，要不然也不会如此悔恨。而此时，股价已经500多元，如图

15-17所示。我也不便多说什么。只好安慰他，市场有的是机会，不用太懊恼。

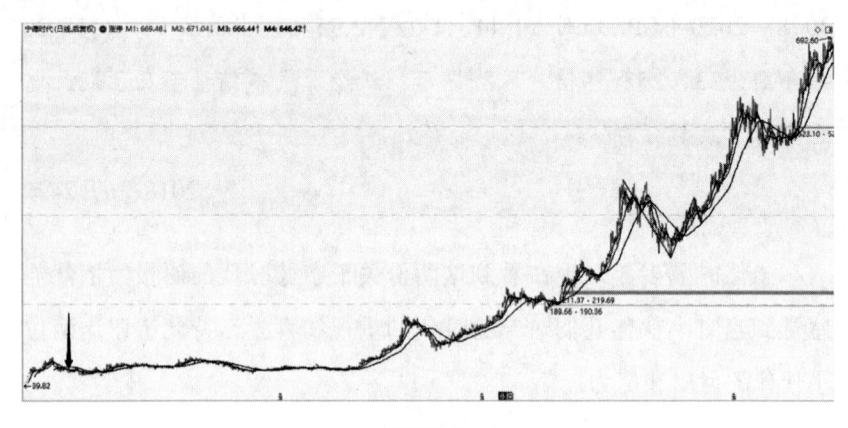

图 15-17

认知这个东西，一定是即时的。虽然事后可以验证我们的判断，但是，当初的认知决定了未来我们的道路和方向。

股票最大的魅力，就是它永远会给你机会，也会给你足够改错的机会。同样，也会通过实际的走势验证你的判断，纠正你的错误，并且会对你正确的认知给予巨大的回报。

第三个阶段：风光电储，就是指以风能、光伏和电力为基础的储能。

相比较储能的前两个阶段来说，风光电储这个就相对比较分散，这里不详细赘述。主要风电设备龙头股大金重工为代表。如图15-18所示。

第十五章 中国赛道股的逻辑梳理

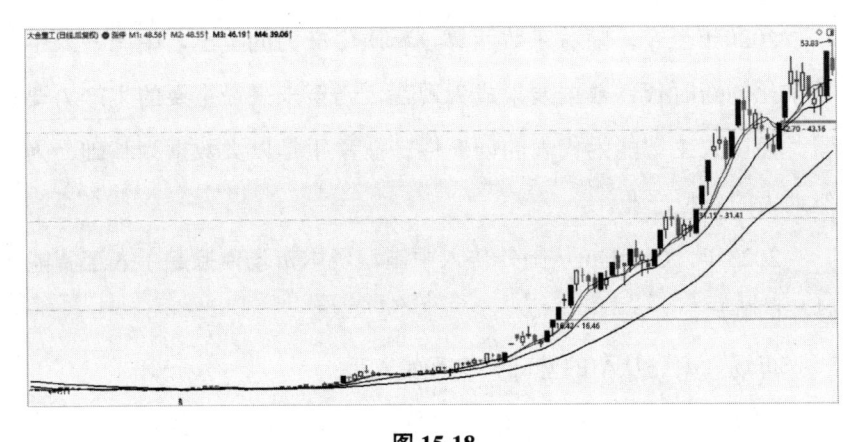

图 15-18

2023年，市场进入一个新的纪元，一个新的超级赛道诞生：AI。

AI被称为第四次工业革命。

AI的新主要体现在以前的人工智能仅仅停留在工业制造方面，而现在的AI是以大数据为重要生产要素，以科技创新为驱动力的全产业链，全链条的行业，覆盖面更广，市场容量更大。

纵观新中国1949年以来，我们进行了三次解放生产力的历史。

1949年以来到80年代初期，中国处于新中国建设的起步阶段，需要大批的劳动力和劳动性密集产业，无论是农业，还是工业，都需要人力作为基本生产力，劳动力便成为了此时最重要的生产力要素。

80年代到2006年到2020年。2006年，中国废除了千年的农业税，全面取消农业税，实现了土地和劳动力的分离，农民可以不用被束缚在土地上，可以外出务工，实现更大的财富增长。同时期，房地产的迅速崛起，更是成为中国GDP的支柱性产业。土地要素成为了改革开放以来近40年最重要的生产力要素。

2020年至今，随着东数西算，新质生产力的提出，中国进入了数字化创新时代，数据要素成为现在，乃至未来最重要的生产力要素。而以人工智能为代表的创新性产业，正是以大数据为基础，为驱动力的新型产业。

2023年，ChatGpt从国外传入中国，资本市场便掀起了人工智能炒作的旋风。

市场，率先从AI的基础架构开始入手：

AI芯片、GPU算力、算法大数据、数据中心大模型、智能终端：机器人。

第一个阶段：率先从ChatGpt开始，以海天瑞声为代表。海天瑞声得益于ChatGpt，一个月时间涨幅高达4倍之多，为后市AI的炒作拉开了序幕。如图15-19所示。

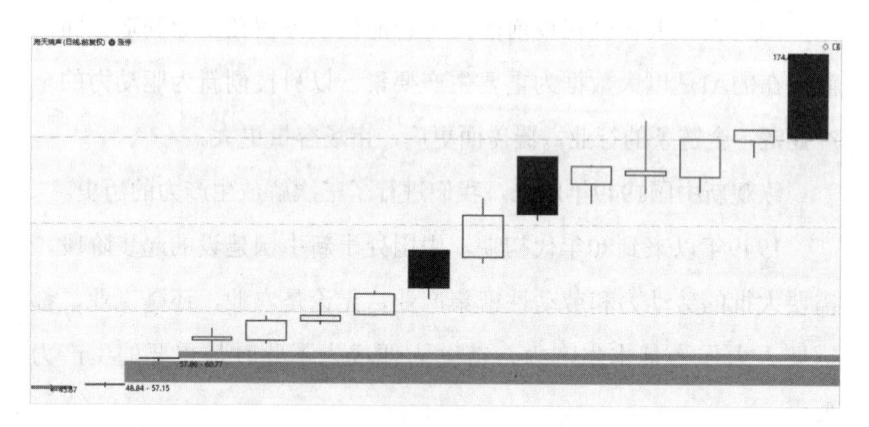

图 15-19

第二个阶段：百花齐放。AI各个分支龙头集体爆发。

AI芯片龙头英伟达1年时间涨幅高达8倍之多。算力龙头鸿博股份半年时间涨幅高达7倍碳。CPO龙头半年时间近8倍。

其中，尤以英伟达走势最为亮眼。得益于AI全球的发展趋势和市场强烈的需求，作为AI产业链的最上游GPU，英伟达成为了最受全球市场瞩目的明星股。截止到本书成书之日，英伟达依然还在延续它亮眼的走势，持续性地创出新高。如图15-20所示。

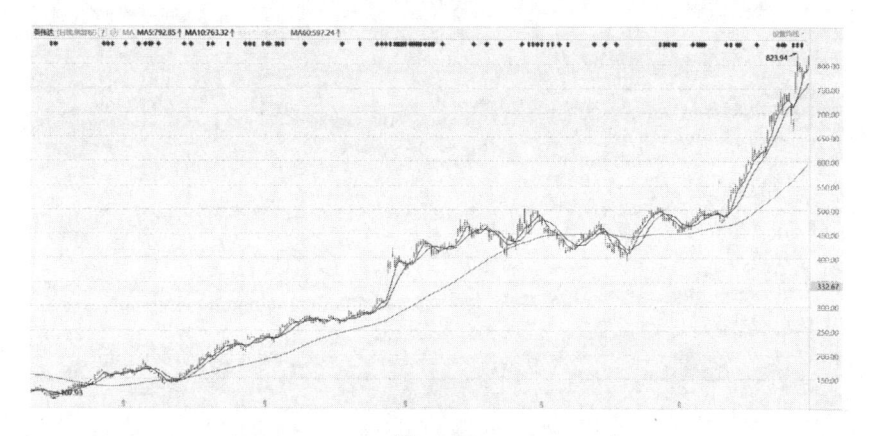

图 15-20

AI这个超级赛道不仅仅在改变着我们的思维理念和生活方式，还必将在现在的中国，乃至未来的中国，甚至全世界产生深远而重要的影响。

第十六章 说说赛道股的玩法

这一章节，其实应该安排在《义阳博弈量能平台》后面。

之所以把它安排在此处，是因为我们用了两章节来介绍赛道股和自2020年以来中国资本市场赛道股的发展史，这一章节主要讲的是赛道股的系统性玩法，是对上两个章节的有效补充和完善。那么，赛道股具备什么特质，以及怎么玩赛道股呢？这是个重点，也是我们今天要重点展开的。赛道股有几个典型的特征：

政策性。A股是典型的政治市、资金市和政策市，极度依赖于国家政策。说直白点，A股就是政治的晴雨表。国家的重大创新和改革，在A股表现得尤为突出。新能源汽车从特斯拉开始传入中国，前前后后经历了十余年。在这个产业链条中，从锂矿的炒作到锂电池，再到充电站、充电桩，到如今华为汽车、比亚迪等国内头部新能源汽车车企的崛起。国家的政策性扶持，对于这个产业链的形成、发展过程起着决定性的作用。

持续时间长。赛道是一个周期性行业。从启动期，到成长期，到成熟期，再到衰落期，是一个从无到有，从发现到认知，再到发展壮大，最后到衰退的过程，持久且漫长。

市场容量大。赛道，是一个全产业链，覆盖产业链方方面面的行业。从产业链的上游到中游，再到下游，以及到终端应用，覆盖面极其广泛。市场容量往往以千亿，甚至万亿计，甚至像新能源汽车和AI赛道更是以十万亿、百万亿计。足够大的市场，足够大的行业容量，决定着未来市场的前景和潜力。

资金介入之深。资金介入之深，不仅仅指的是有大资金参与进来，从布局到发展，以及到赛道进入快车道，资金运作的周期非常的长。

以上特征决定了赛道股和情绪周期的玩法是有很明显的不同，既要有足够大的市场容量，又要保持高景气度和巨大的赚钱效应，同样还要有做长期持股的认知和足够的耐心，这就决定了赛道股的走势多以趋势为主。

今天我们结合赛道股的特征和《义阳博弈量能平台》这套战法来创立一套新的战法，或者说新的交易体系更合适。

义阳在《博弈量能平台》中有两句话，我深受启发。

量能突变：散户要在股市中赚钱，必须跟着（主力）资金走，这已经是当前中国股市的一种特色、一个颠扑不破的真理。既然资金进场必须留下痕迹，什么痕迹值得我们去关注呢？量能突变。何谓量能突变呢？找到当天的成交量比前一天成交量（也可以比前一段时期）放大一倍以上，换手率在1%以上的个股就找到了量能突变的个股。

量能平台：以量能（成交量）最大的那天K线的收盘价为标准，在这个收盘价格划一根横线，这根线就作为主力资金性质的判断标准，这个也称为量能平台。第一次的量能平台与第二次的量能平台在达不到10%的情况下上涨或下跌的可能性更大。

第十六章 说说赛道股的玩法

而且，义阳还用了一张图作为展示，对于理解上面的量能突变和量能平台再形象不过了。

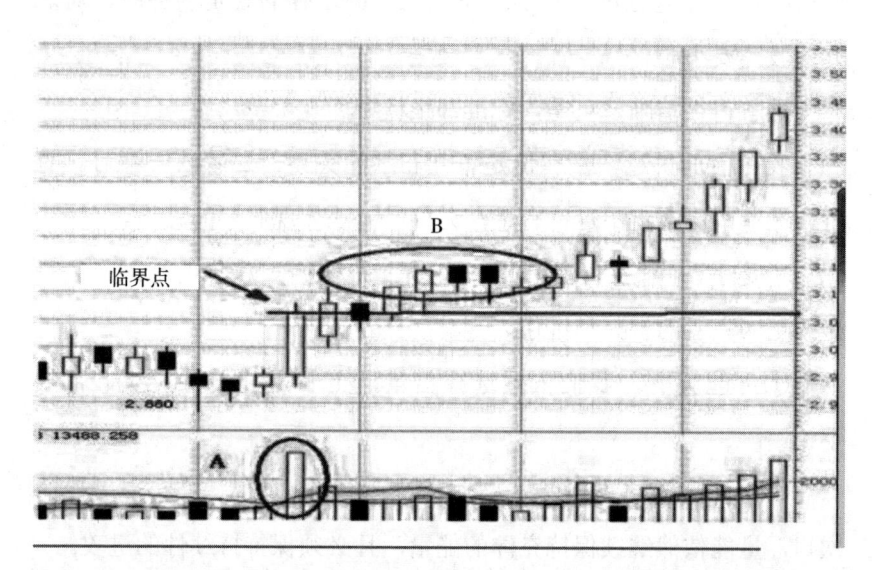

据我所知，义阳的这套理论与黑马王子的量学理论有异曲同工之妙。就像前面我讲的，二者同样存在一个很大的缺陷和弊端，太过于强调量能的重要性，而忽视了K线，准确点来说，是忽视了涨停板对于整个走势的意义，甚至忽略了位置和空间对于一只票在整个走势中的决定性意义。

有鉴于此，我今天会带领大家开启一套全新的交易体系。

首先，量能突变，多大比较合适呢？关于这点，义阳说的很明白：找到当天的成交量比前一天成交量（也可以比前一段时期）放大一倍以上。那么，到底是几倍呢？1倍？2倍？3倍？天量？

其实，义阳在这里并没有给出一个具体的标准。

其二，怎么判断量能平台是否优质呢？以及怎么判断资金是否是优质资金呢？

229

义阳给出的答案是这样的：最关键的是把主力放量的性质分为优良的和不优良的，在量能平台上运行的股票就是强势股，这样的股就要参与，并且风险较小，反之在下面运行的就是弱势股，对这样的股票要小心。

回答得很清晰，可是，标准却很模糊。

我在前面讲过，量和价是鱼儿和水的关系，二者缺一不可。有价，无量，股票走不远；有量，无价，无法体现股票的强势。

于是乎，我们在吸取义阳《博弈量能平台》精华的基础上，我做了更为完善的补充和进化。

①量能突变，我们依然选择倍量，至于是几倍量，我们暂且不论。

②量能平台，我们否掉，改为持续性。就是说，在量能突变的次日，量能依然继续保持充沛的能量，且必须保持持续性的进攻。

③K线，我们选取涨停板。主板10CM，创业板选取20CM，科创板选择20CM，北交所30CM。

④涨停出现的位置和空间，需要突破大平台。这个大平台，既可以选取60日、120日、周线、月线。关键的一点，这个涨停需要彻底解放套牢盘，而且形成极高的辨识度。

那么，就会有人问了：你说的持续性，是持续多久呢？

这里讲的持续性，首先以倍量为基准，次日维持持续上攻的动能即可。至于持续多久，那需要看这个持续性是否能确认股票走势的上涨趋势，以及是否确立股票走势的强势地位，甚至能否打开市场空间为参考标准。

综合以上5点，"龍图腾"新的赛道股体系就横空出世了。我们就拿2023年的赛道股AI龙头中际旭创举例说明。如图16-1所示。

第十六章 说说赛道股的玩法

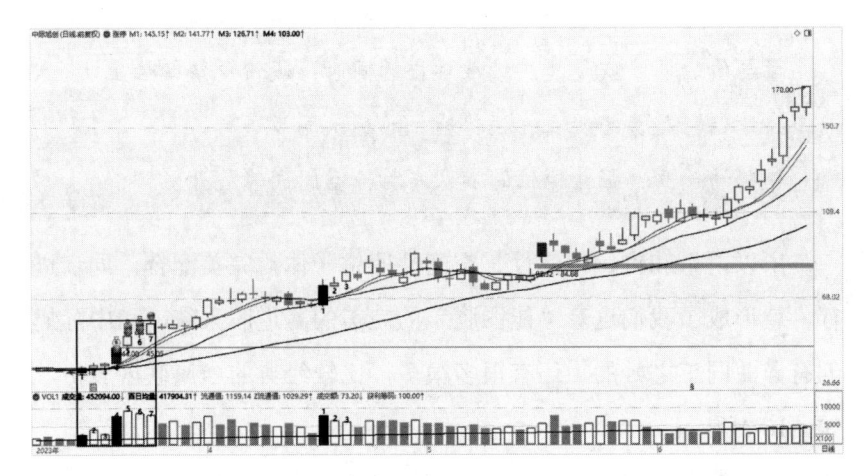

图 16-1

中际旭创在5倍的行情走势中，只做了四个动作。

第一步：倍量涨停，确认强度。2023年3月23日，放出了3倍量，同时，以32亿的成交量收货涨停板。

第二步：持续性。从2023年3月17日开始到3月27日，持续攻击7天时间。

第三步：确认趋势。持续7天时间的攻击，确立了中际旭创的上涨趋势，以及在CPO概念中的强势地位。

第四步：打开空间，彻底打开上行通道。7天的持续性攻击，不仅确立了上涨趋势，以及确立了强势地位，更重要的是日线、周级别甚至是月级别形成共振，上行空间被彻底打开。

据统计，中际旭创从3月17日到3月27日总共7天的持续进攻中，总成交额高达197.2亿元，总涨幅高达72%。那么，主力在干嘛？答案只有一个：底部吸筹，完成建仓的同时，确立上升趋势，确认龙头地位，打开空间。而这些一连串的动作，都是同时进行的，且同步完成的。

> 量与价的同步：量能持续性攻击的同时，股价也持续性上攻。
> 持续性与趋势的确立、强势地位的确认同步进行。
> 趋势的确立，强势地位的确认与打开空间同时展开。

所以，量和价、持续性、空间性四位一体，完美配合，同步进行，就形成了我们这套"龍图腾"的完美的赛道股系统。和中际旭创有异曲同工之妙的，还有很多很多，比较经典的当属联创股份。如图16-2所示。

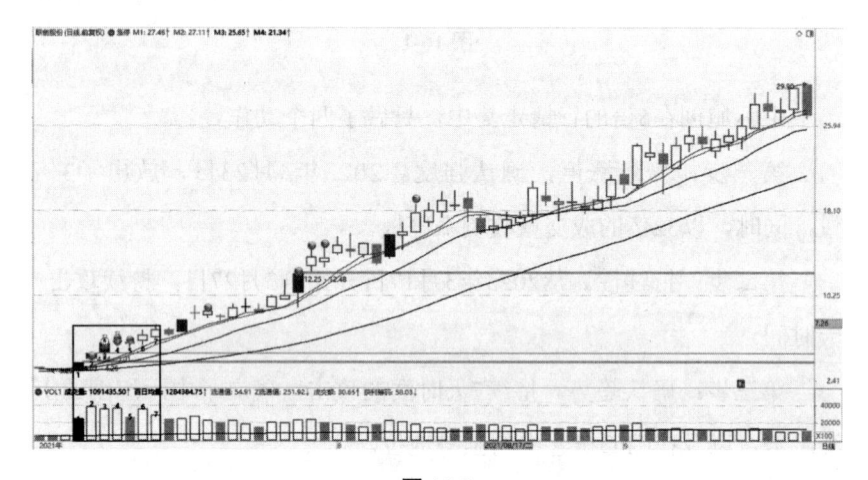

图 16-2

联创股份从2021年7月5日倍量涨停开启了三连板后，资金持续攻击了7天。总成交额高达123.6亿元，涨幅110.2%。在这七天里，联创股份在低位搜集了大量的廉价筹码，一路上行，最终开启了10倍的疯狂之路。

那么，相比较这种趋势票，有没有更为犀利的玩法呢？答案是肯定的。比如翠微股份就是经典代表。如图16-3所示。

第十六章 说说赛道股的玩法

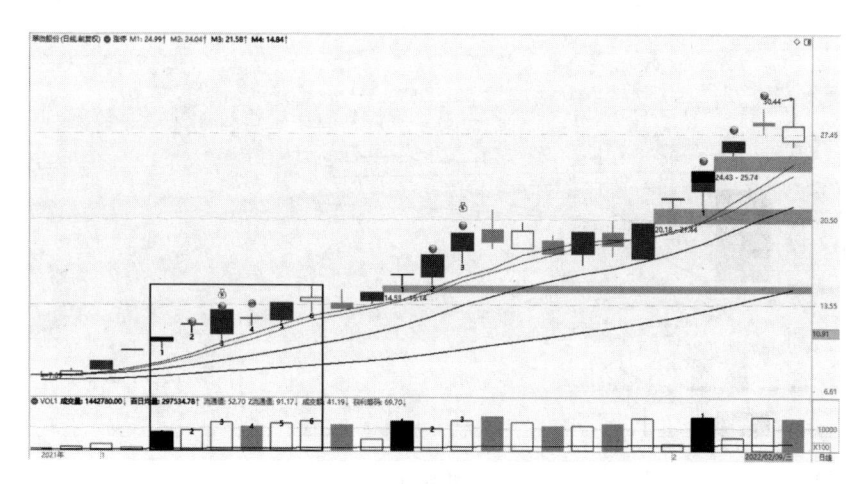

图 16-3

我们经常在股票的操作中，会因为主力的某一个动作就贸然冲进去。结果，不仅被套，而且出现持续性的亏损。问题到底出现在哪里呢？根本性的原因，就是在某些所谓的"龙头股"，即伪龙头，它的走势是不是具备持续性，是不是连贯性的，是不是持续性的进攻，走势是不是可持续的。

倍量，是主力进场的明显标志，这个无需质疑。涨停，是强势的标志，是力度的象征。倍量涨停，就成为了赛道股的一个约定俗成的标配。那么，问题来了。倍量不涨停，是否可行呢？是否具备可持续性呢？答案是肯定的。关键在于一点：持续性的进攻是否带来趋势的改变，是否确认强势地位，是否能打开上行空间。以下这种形态，虽然具备持续性，可并没有确立趋势，并没有确立强势地位，更没有打开上涨空间，属于典型的"伪龙头"，在实际操作中不可取。如图16-4所示。

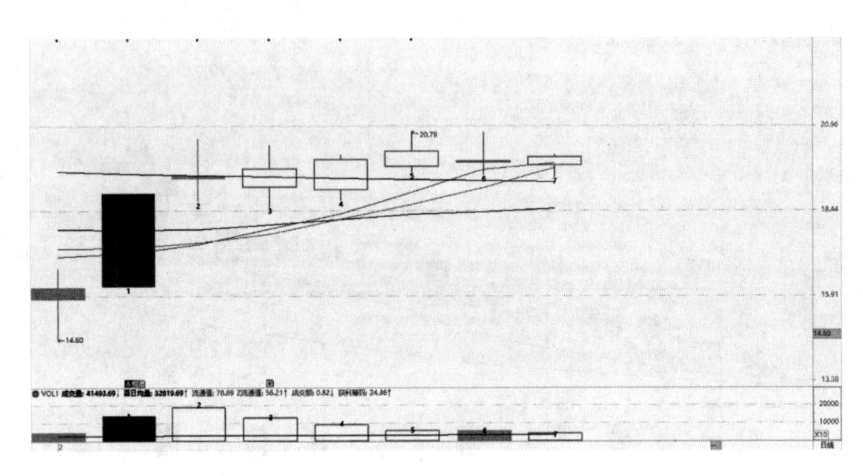

图 16-4

有一种玩法，属于倍量的变种。倍量后并未形成涨停，可是却依然具备持续性，依然形成趋势。最经典的当属中科信息。如图16-5所示。

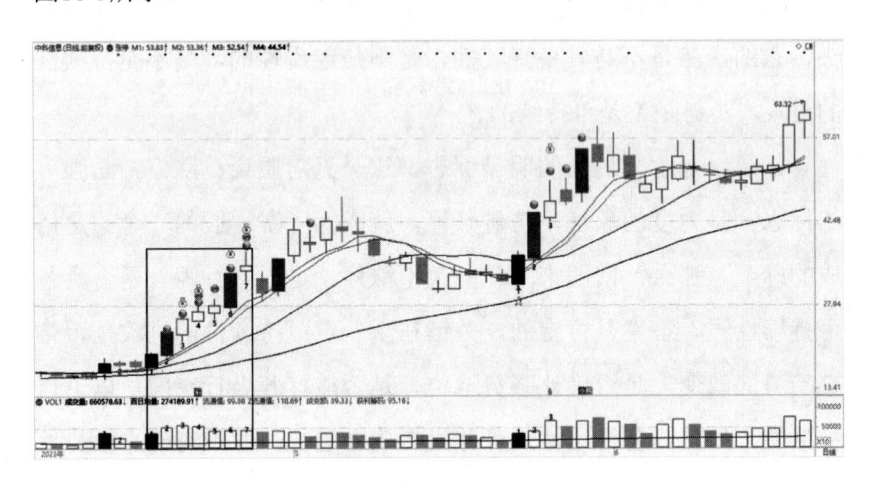

图 16-5

中科信息在这个走势中完成了四个动作。

第一，倍量后的次日涨停，形成了强势的攻击形态。

第二，以倍量的方式，拉开了持续性攻击的序幕。

第十六章 说说赛道股的玩法

第三，持续的三天攻击，确立了上涨的趋势。

第四，持续攻击，打开了上行的空间。

正因为有了这四个动作，中科信息作为拥有国资背景的AI核心标的便开启了上涨趋势，在短短的三个月时间，实现了5倍的利润。

这种玩法，倍量当日，K线上并未形成涨停板，却呈现了极强的攻击形态，次日在继续保持充沛量能的情况下，以涨停板的方式确立了龙头地位，彻底打开上行空间。

凡此两种玩法，是我结合了义阳《博弈量能平台》的核心要素，融合了赛道股的特征独创的一套新的交易体系。

其中的核心要义在于，主力在底部吸筹的同时，不断拉高建仓，且以持续的进攻作为建立趋势的目的。在这个动作中，主力既不惜成本地拉高股价建仓的同时，还确立了趋势，为后市的拉升奠定了坚实的基础。

第十七章 "龍图腾"龙头战法之交易体系

2009年，上海。下班路上的公交车上，前排一位白发苍苍的老人，看起来大概70来岁的样子，背靠着座椅，低头看着手机里红红绿绿的数字，数字在不停地跳动。

这恐怕要算是我对股票的第一印象。我当时就在想：一个古稀之人，都可以看得懂这些东西，为什么我就不可以呢？怀着好奇心，我直接就去了新华书店，买了关于股票类的书籍，便开启了自学之路。

2012年，辞掉茅台的工作，我开始全职进入股市。2013年，我初识了我人生中的第一个老师。只是很可惜，这个启蒙老师前前后后只打了三个月的照面，就彻底消失了，从此杳无音信。也正是因为这位老师，开启了我龙头战法的生涯。虽然时至今日，他的很多战法对我依然很受用，可是随着十多年的资本市场变化，有些玩法，甚至有些观念已经过时了，但是，启蒙的力量，加上对于龙头的强烈好奇心，促使着我在这条路上一直坚持走了下去。

2017年正月，我的儿子出生了，给他取名：张一龙。2019年3

月，我离婚了。

婚姻的失败，对于我这个乐天派来说，是一次致命性的打击，至少毁灭了我对一些美好东西的憧憬和向往。也正是因为这种极度消沉、低落的心理导致了我2019年全年心神俱疲，完全无法正常交易，人性的弱点在这一年暴露无遗。

我想起了美国伟大的作手利弗莫尔，这个全世界超一流的作手，因为信仰和婚姻失败带来的精神崩塌，最终在双重压力下，选择了以自杀这种最极端的方式来结束自己伟大而传奇的一生。

利弗莫尔，是辉煌的。虽职业生涯四次失败，却未能击倒他，每次跌倒，都能东山再起。可是，婚姻和感情的失败，却毁了他的一生，着实令人惋惜。

我们又何尝不是如此呢？往往毁灭我们的，并不是职业本身和我们擅长的东西，却恰恰是一些与我们职业本身毫不相干的事情，这就是一直潜伏在我们心底最深处的恶：贪婪和恐惧。这种人性的弱点，往往会在你不经意间，犹如浑水猛兽侵蚀你的思想，干扰你的判断，影响到你的正常交易。

2019年这一年，夜里5点左右才有困意，躺床上的时候，困意全无。醒来的时候，已经11点左右，就是这么个极其糟糕的状态持续了整整一年之久。香烟和茶，成了那段日子我最好的伙伴，烟雾缭绕中，这上十年投资交易的经历如电影般浮现在我的眼前，有的清晰，有的已经模糊了，有痛苦，有欢乐，有亢奋，更有失落……复杂的情绪循环往复，交替撕扯，乱了我的心智。

很感谢30来岁这个年龄，心智最为成熟，创造力也是最为旺盛的年龄。有一天夜里，我突发奇想，是否有一种交易，可以无视这种情绪的变化，完全不受情绪因素的干扰，在交易过程中，所

第十七章 "龍图腾"龙头战法之交易体系

有的交易客观而真实,杀伐果断,虽然无情,甚至冷漠到在交易中没有任何感情因素的掺杂,既没有因为恐慌而错失良机,也没有因为贪婪而失去理智,这个世间有没有这么一套科学而系统的交易体系呢?

我联系到了多年的好友,一位外表儒雅的小伙伴,虽然年少,却极富才华。我把我的龙头理念和思维告诉了他。很快,一套初具模型的交易系统就出来了。

通过涨幅排行和成交量进行排序,综合涨幅和成交量两个最为关键的因素,把二者融合起来,选取一定的比重系数进行综合排行。

可是,问题来了。涨幅系数怎么选取呢?成交量这个系数又怎么选取呢?

选取涨幅和成交量各自二分之一比重吗?到底是以成交量为基准呢,还是以涨幅作为基准呢?这些,都是个问题。由于这套系统方案并没有侧重点,甚至是系统参数模糊不清,做出来的交易系统一定是糟糕的。换句话来说,就是到底以涨幅,还是以成交量作为先决条件呢?当时,并没有一个定论。虽然这套交易系统从理论上讲是完全行得通的,但是在实际交易过程中会模棱两可,没有侧重点,最关键的是找不到属于我们最核心、最为理想的交易标的,最终这套方案被彻底否决了。

那么,我们可不可以按照一定阶段或者某段时间按照涨幅进行排行,选取前排的标的,借助成交量作为辅助参考呢?这样是否可行呢?很显然,这在某一阶段行情中是行得通的,可是在剩余的半年时间里这套系统运行非常失败。也就是说,这套系统只能断断续续地维持半年时间,甚至只能维持短短几个月时间进行有效交易，依然做不到稳健、持续性的盈利。最终，这套系统又宣告失败了。

两套系统，耗费了我们日日夜夜将近半年的时间，情况很糟糕，依然不尽如人意。

盈利断断续续……

系统不持续……

交易没有持续性……

脑子划过一道闪电，灵感突然来了！对，我们系统的根本问题就在于系统不持续，没有可持续性！

持续性，这个词儿好，理念更好，瞬间我的思维便打开了，豁然开朗，我们的系统应该更加侧重于可持续性，对，可持续性！我不想因为运气原因操作了某只龙头后，还要为下一只龙头而发愁，我们不做乞丐，不做讨饭的人，不因为这顿饭吃饱了，还要为下一顿饭没有着落而发愁。这就要求我们的系统首要条件必须做到：持续性以及可持续性。无论市场如何发展，我们的系统能够源源不断地给我们提供核心标的，让我们的交易做到可持续性盈利。

怎么做到可持续性呢？可持续性的参考基准是什么呢？持续性的标准又是什么呢？我便尝试性地选取了以倍量作为基准量，以倍量涨停作为参考基准。很快，这套完美的交易体系便诞生了。

> 倍量作为基准量
> 倍量涨停作为参考标准
> 以资金的持续性进攻作为可持续的标准

第十七章 "龍图腾"龙头战法之交易体系

2019年年底，中国暴发新冠疫情，医药股普遍上涨。联环药业和达安基因给了我们很好的启发。如图17-1和图17-2所示。

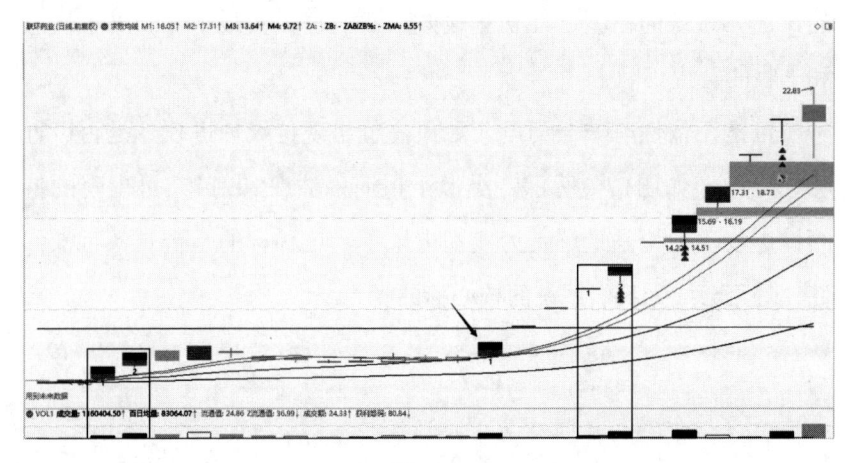

图 17-1

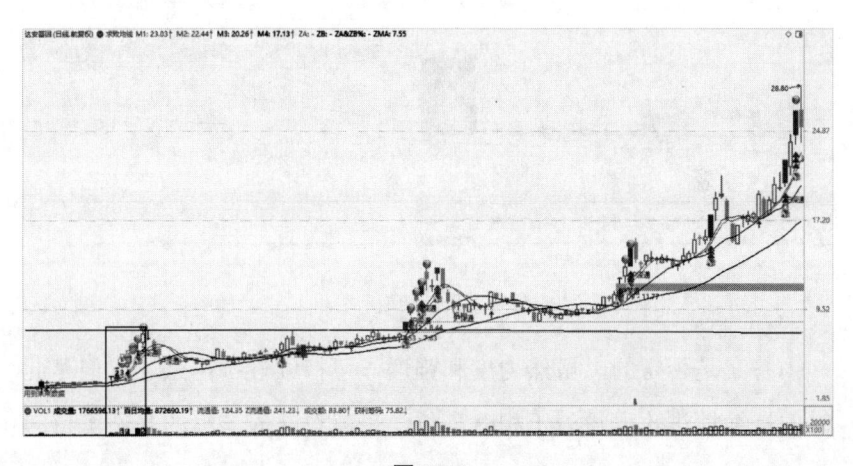

图 17-2

联环药业以倍量涨停作为启动点，开启了连板走势。达安基因底部倍量涨停，资金持续性地攻击了7天，开启了后市近8倍的涨幅。倍量，意味着什么？倍量涨停，又意味着什么？持续性地进攻，又意味着什么呢？

好开心，思路一下子就打开了，豁然开朗的同时，更坚定了我对完善系统的信心和决心！这种感觉太美妙了！好似拿到开启宝藏的钥匙。系统的模型已经初见成效，我们也在实战中体验到了快感和丰收的喜悦。

可是，依然有一个问题，如果高位出现持续性进攻，是否可行呢？比如，如图17-3所示，类似于银河磁体在2021年8月出现的持续性进攻，无论是量还是力度都出来了，这种标的是否具备可操作性？是否会成为我们系统的核心标的呢？

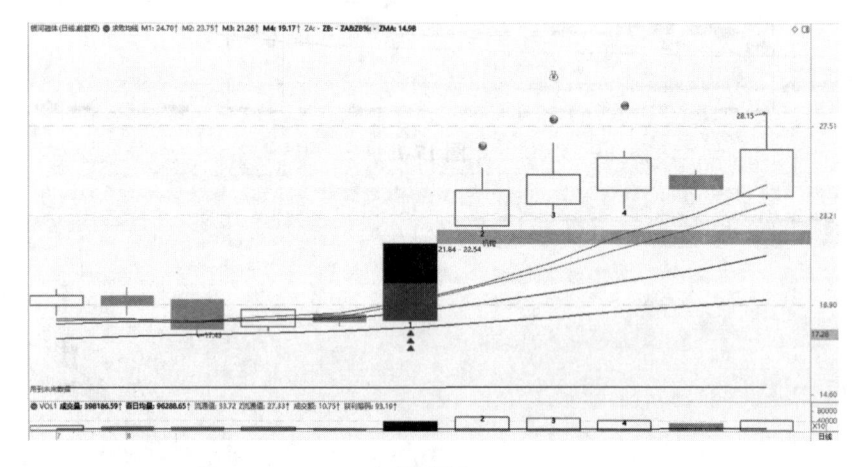

图 17-3

答案是否定的。虽然力度和强度，可持续性都出来了，但是此时的持续性进攻已经处于相对高位，也就意味着该标的是不可持续的，高度有限，利润有限，空间更有限。

于是，我们便在系统中加入了很重要的一条标准，而且，这条标准被列为我们系统的首要准则：低位。于是，系统的四条准则便出来了。

第十七章 「龍图腾」龙头战法之交易体系

> 低位
> 倍量作为基准量
> 倍量涨停作为参考基准
> 以资金的持续性进攻作为可持续的标准

低位，这点很重要。

低位，出现倍量涨停，且出现持续性进攻的进攻。

从理论上来讲：倍量涨停出现在低位，本身就表示主力进场的标志，且以持续性进攻作为信号，就说明，主力在低位要持续性的拿货，要拿很多货，而且是以大兵团作战的方式发动进攻，那么后市行情该是多么的猛烈啊！

就好比打仗一样，我们要的不是单兵作战冲锋陷阵，要的也不是间歇性冲锋，这都不足以显示主力要势在必得拿下堡垒，攻下对方城池的决心和意志，我们要的是大兵团、集团性的、持续性的进攻。

力度，有了。强势，有了。可持续性，有了。辨识度，有了。趋势，形成了。空间，打开了。那么，龙头股便自然形成了。

君正集团和联创股份，便是龍图腾系统的集大成者。如图17-4和17-5所示。

君正集团在底部频繁出现主力建仓的信号。倍量涨停启动，连板后，出现了持续性的倍量涨停攻击，无论是持续性方面，还是趋势的确认，还是主力的意图，都淋漓尽致地体现在了走势中。

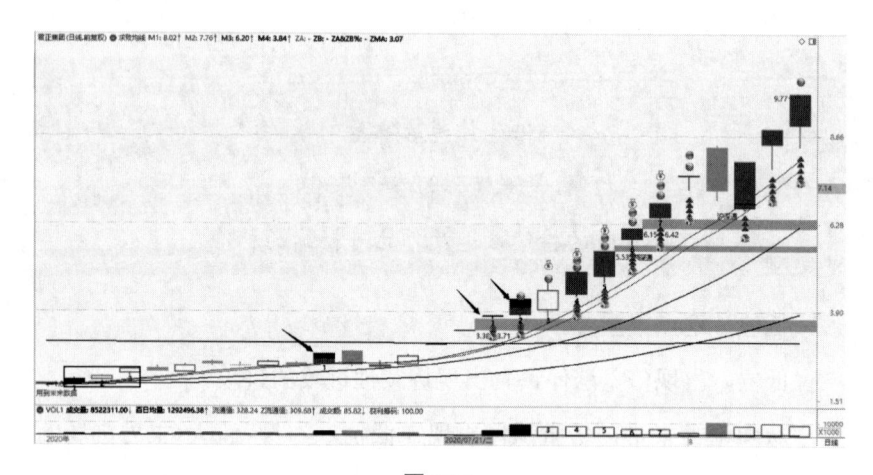

图 17-4

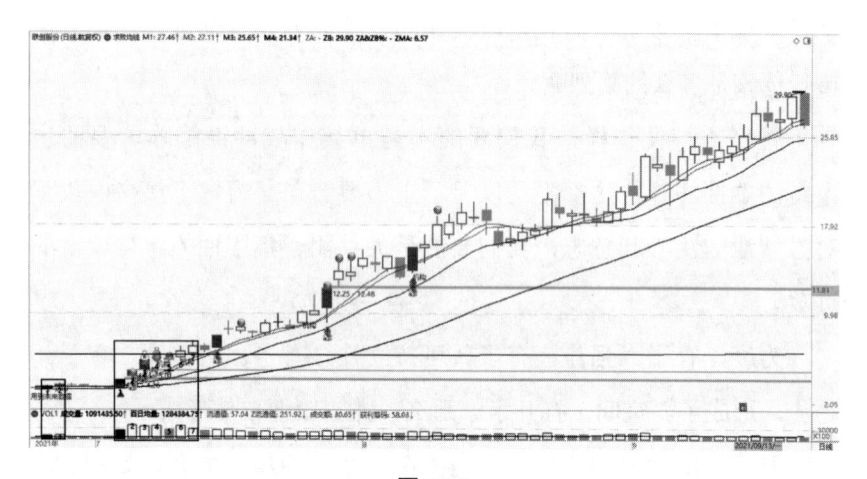

图 17-5

联创股份在2021年7月5日涨停后开启三连板，资金持续性攻击了7天。在这7天的持续性进攻中，主力高举高打，边拉升边建仓，涨幅高达110.2%，成交额高达123.6亿。这就是主力大兵团建仓的积极信号，意味着后市将开启一波波澜壮阔的走势。从7月5日到9月23日，10倍股就此诞生。

紧接着，又一个问题出现了：如果出现了倍量后，不涨停，这套系统性玩法是否可行呢？

答案是肯定的。比如中国稀土，如图17-6所示。

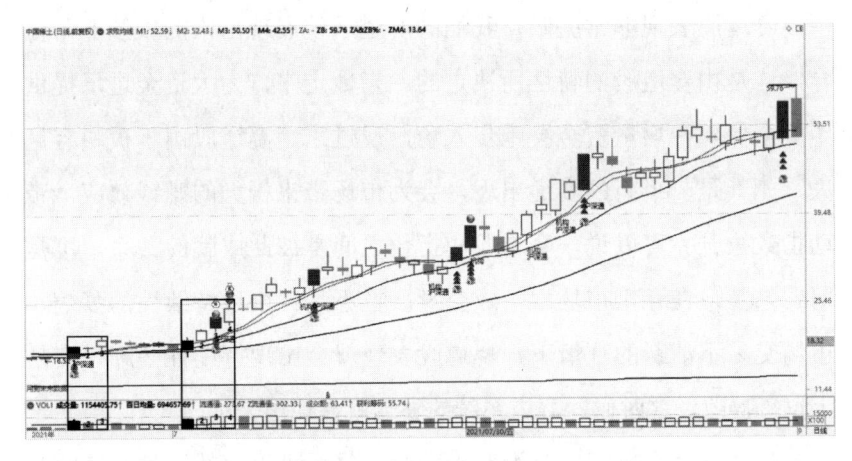

图 17-6

2021年6月21日出现倍量涨停后，持续三天攻击。

2021年7月2日，倍量出现，可是当日并未涨停，直到持续性攻击后的第三天才出现涨停，此时，力度出来了，态度也出来了，更为关键的是经过了持续4天的攻击，上行空间彻底打开了，后市便掀起了一波猛烈的走势。

2020年，是中国赛道股的元年。

很幸运，2020年赛道股的盛行为"龍图腾"开启了思路，也为我们交易系统的可持续性提供了理论保障，我们一边进行实践，一边收获丰收的喜悦。可以这么说，是市场成就了"龍图腾"，完善并丰富了"龍图腾"的理念和体系。

自此，我便将这套完美而成熟的玩法纳入到了"龍图腾"体系中，专门针对赛道股，我称之为"赛道系统"。

近些年，市场很奇怪，往往会出现两极分化的现象：半年赛道行情，半年题材行情。

赛道股的玩法，并不能贯穿全年始终。你会发现，在增量市场中，赛道股表现非常亮眼，我们的赛道系统展现出来的成绩非常优异，这是由赛道股的特性所决定的。指数走牛，为大资金进场提供了安全保障，增量资金会跑步入场，反过来，赛道股由于板块容量大，尤其是一个新的赛道出现，会为市场带来极大的赚钱效应，带动指数拉升。可以说，赛道股和指数之间是彼此成就的关系。可是问题来了，在存量市场中，成交量严重不足，出现持续性的萎缩，市场交易不活跃的行情下，赛道股表现就会出现持续性萎靡，交易上每每挫败。这时候，赛道系统的弊端就显现出来了。

那么，怎么办呢？有没有一种交易体系可以填补这种行情的空白呢？答案是肯定的，情绪周期便应运而生了。

情绪周期，是结合了连板梯队，周期性理论和情绪冰点三者为一体的连板玩法，就是我们俗称"数板"战法。它是存量市场的产物，当市场成交量持续性萎缩，交投不活跃的情况下，小盘股因为盘子小，更容易被带动，题材和概念股很容易被市场炒作。

前面章节中，我们有专门对情绪周期以及情绪周期怎么玩做了详细而系统的说明。在此，就不做赘述。

通过实际操作，我们发现，情绪周期并非一直都是那么顺利。由于情绪周期是特定时期出现的产物，明显存在几个严重的弊端。

①情绪周期，是存量市场下的产物，成交量非常之小，显然不能带动指数。而且，由于资金主要以小盘股为主要攻击对象，个股成交量严重不足，非常不利于大资金参与。

②情绪周期对监管政策非常敏感，一旦出现监管过严，高压政策，个股立马崩塌。

第十七章 「龍图腾」龙头战法之交易体系

③情绪周期是以市场最高板作为攻击目标，而且，我们知道，市场有且只能有一个最高板，这就决定了情绪周期这种玩法容错率极低，而且买卖方面过于一致，大多参与者只能以集合竞价和打板方式参与，一旦出现利空，"核"按钮随时可以按下，当日出现大阴线，次日很容易出现大幅低开，给参与者带来大幅的亏损。

鉴于以上情况，我们便开发出了两套交易系统：

> 赛道系统
> 情绪周期

这两大交易系统，便构成了"龍图腾"最核心的交易体系。

二者都是市场在不同时期，不同行情下诞生出来的产物，更是应对不同市场环境下的不同交易策略，二者互为补充，合二为一，相辅相成。

附录：关于杰西·利弗莫尔

在华尔街，历史总是在重演，今天发生的事，昨天发生过，明天也必将发生。

华尔街没有新鲜事，因为投机像群山一样古老，股市上今天发生的事，过去曾经发生过，将来也必然再次发生。

历史总是在不断重演，而在华尔街比在任何其他地方都更频繁、更有规律。当你阅读近代史的股市兴衰记录，一定会震惊地发现：无论是股票投机业还是股票投机商，今昔差别是如此之小。游戏没有改变，人的本性也没有改变。

（美）杰西·利弗莫尔

杰西·利弗莫尔，美国伟大的交易大师，龙头战法的鼻祖。

作为龙头战法的鼻祖级人物，他的一些操作理念，对于龙头选手借鉴意义非常之大，今天我们就做一个专题，对利弗莫尔的身世和投资理念，以及思想做一个大概的梳理。

杰西·利弗莫尔生前照片

先介绍下利弗莫尔的身世和投资生涯。

杰西·利弗莫尔，1877年7月26日出生于美国一个贫困家庭。14岁时，他在波士顿潘恩韦伯证券经纪公司担任小职员，每周收入5美元，并很快开始了他的交易生涯。16岁时，他辞去工作，成为全职投资者，并赚取了人生第一个1000美元。

21岁时，由于经常赢钱，他被赌行拒之门外，带着10000美元来到华尔街。22岁时，他首次破产，但23岁凭借借来的500美元东山再起。24岁时，他在北太平洋铁路公司股票上赚取了人生第一个大钱，资产从10000美元增至50000美元，但很快又破产。

30岁时，他通过做空联合太平洋铁路公司赚取了250000美元，但因听信错误建议损失了40000美元。1907年金融危机期间，他通过大量做空一天内赚取了100万美元，并在市场反弹中大赚，净资产达到300万美元。

31岁时，他因听信错误建议做多棉花期货而第三次破产。38岁时，他东山再起。41岁时，他几乎垄断了棉花市场，时任总统威尔逊甚至介入以制止他。

1924年，他在小麦和玉米期货中赚取了1000万美元。1929年大萧条期间，他通过做空赚取了1亿美元，并成立了杰西·利弗莫尔家

附录：关于杰西·利弗莫尔

族信托基金。55岁时，他第二次离婚。58岁时，由于新规限制，他第四次破产并患上抑郁症。60岁时，他付清了80万美元税单。62岁时，他开设了一家财务顾问公司。

63岁时，1940年，杰西·利弗莫尔在纽约曼哈顿的一家酒店开枪自杀，结束了他传奇的一生。尽管他的个人生活充满波折，但他在交易领域的成就和对后世的影响使他成为金融史上的传奇人物。

这就是美国历史上伟大的作手杰西·利弗莫尔传奇而伟大的一生。

杰西·利弗莫尔留给我们的宝贵财富，除了他传奇的一生和关于交易方面伟大的方法和理念之外，还有被后人传颂不朽的经典之作《股票大作手操盘术》。

这本书，成书于1940年，此时的利弗莫尔已经身患严重的抑郁症，濒临破产。1940年3月，利弗莫尔的儿子建议父亲写一本关于股市交易的书，于是，《股票大作手操盘术》便问世了。起初，这本书的销量并不好，主要是两方面原因：第一，利弗莫尔的投资理念和方法充满争议，各界对他的书褒贬不一；第二，这本书成书太晚了，在他一帆风顺的年代，这本书肯定会卖上百万美元。可是，这个世界是现实的，是残酷的，没有人会喜欢输家。尽管后来利弗莫尔为这本书的出版东奔西走，但是，依然销量惨淡。直到后来，杰西·利弗莫尔家族信托基金旗下的利弗莫尔证券对《股票大作手操盘术》这部杰西·利弗莫尔亲笔著作进行了重新印制和再出版工作，同时特意将书籍定价定得很低，全世界才完全了解这部书的真正价值和伟大意义。

今天，我们结合利弗莫尔的亲笔传世之作《股票大作手操盘术》和以利弗莫尔为主人公的传记《股票作手回忆录》这两部书，来领略下全世界最伟大的作手无与伦比的思想和交易理念。

关于市场和情绪

以前，曾有人夸我善于解读行情，但我对行情的专业解读现在帮不了我了。在场内交易，也许我就能迅速调整交易策略以适应面临的情况。但我现在的交易规模会对股价产生影响，我的交易策略还是行不通。简言之，我并没有掌握股票投机的精髓，只了解其中重要的一部分，这一部分对我一直很有价值。我掌握了这些，还是亏了钱，更别提那些对股票一窍不通的外行新手了，他们还怎么指望赚钱呢？

我很快意识到自己的交易方法有问题，但又无法确定问题究竟出在哪里？交易偶尔会非常成功，但突然又会遭到接二连三的打击。

我知道，这不是我自己有问题，而是方法有问题。我不知道能不能说明白，但是，我从来不会抱怨市场。我从不责备行情，因为我知道，责任永远不在市场，对市场发火一点儿好处都没有。可我一点儿也不生气，生气是没有用的。多次的经验让我认识到，发脾气的投机者注定玩完。

求败：专注市场，专注行情，向内求，而不是抱怨和发脾气，因为这样根本解决不了实质性的问题，而且对自己一点儿好处都没有。甚至你可以解读到一个伟大的作手对于情绪的管理。

附录：关于杰西·利弗莫尔

关于股票和走势

股票具有不同的个性，有的敏感多变，有的理性稳定。有经验的交易员会了解并顺应个股特性，因为个股行为在不同条件下是有章可循的。市场趋势明朗时，个股会沿特定曲线运动。

趋势初期，股价上涨伴随大成交量，之后会有缩量回调，这是正常现象（求败：缩量上涨）。如果回调幅度不大，属于正常范围，我们不必担心。但如果出现反常波动，如价格突然大幅下跌，这是危险信号，需要警惕（求败：浅回调）。

投资者对危险信号应保持敏感和警戒。一位投资大师告诉我，面对危险信号要果断撤离，待市场稳定后再行动。这避免了不必要的损失和恐慌。

投机是我的职业，我保持客观，通过记录和分析股市，了解市场情况。真正的趋势需要时间发展，一旦发现价格与形态不符，便是我采取行动之时。我住在山间，能耐心地让市场有空间从容地完成变化。

关于等待时机

"赢得了一时，赢不了一世"这句话在股市交易中同样适用。市场时机好时，投资和投机股票或许能带来收益，但想要持续不断交易且只赢不输是不可能的。只有愚蠢的人才会沉迷于市场。理论上讲不通，实践中也做不到。

要成功交易和投资，我们必须了解股市中下一次重要的波动形态。投机本质上是预测未来的市场波动。要正确预测市场波动，首先需要明确预测的前提，并注意突发情况，因为市场由人组成，人的情绪波动很常见，行为难以预测。精明的投机者会耐心等待，观察市场，伺机而动。只有当市场行为确认了他们的判断，他们才会采取行动。例如，你可以分析一则与证券相关的消息对市场的影响，以及这则消息对市场交易人员心理的影响。如果你认为市场会上涨或下跌，请先不要急于下结论，只有当市场本身的行为已经证实了你的看法后才能做出决定。股票市场的涨跌效应实际上未必如你所预料的那样明显。除非有市场本身的确认，否则我们不应妄加揣测，更不能贸然行动。先等待，再出手，这样无论判断对错，都有一定的余地。

总结我的交易心得，如何等待并把握时机至关重要，我认为这是投机成功的首要因素。

关于龙头股

如果你不能在强势股上赚钱，那么你压根儿就不可能在股市里赚到钱。

市场运作通常领先现状6～9个月。价格波动背后有一股强大的趋势力量（求败：趋势的力量）。在市场中，应避免关注过多股票，集中精力分析少数几只股票，操作起来更容易。我曾因投资过多股票而亏损。

当清楚某个行业股票的未来走势时，要抓紧机会交易投资。龙头股的研究是重点，如果龙头股交易都不能盈利，其他股票的机会更小。龙头股会随时间变化，新的龙头股会出现，旧的龙头股会淡出视线。要关注行情并确立阻力点，顺应最小阻力方向交易。

价格会根据遇到的阻力改变运动方向，沿阻力最小的方向运

附录：关于杰西·利弗莫尔

动。股价首次突破100、200或300点后，通常会继续上涨，此时买入能赚钱。我的经验告诉我，股价突破后几乎总会继续上涨30-50个点，突破300点后上涨速度更快（作者注：如图1和2标注处都是突破介入时机，具体到龙头股操作中，需要注意首次突破是否是有效突破，是真突破还是假突破，交易者需要仔细辨别）。

股价涨跌的原因可能很久后才知道，但知道了有什么用？需要在现在采取行动，而不是明天。不要随便买进与板块中的领涨股步调一致的股票。

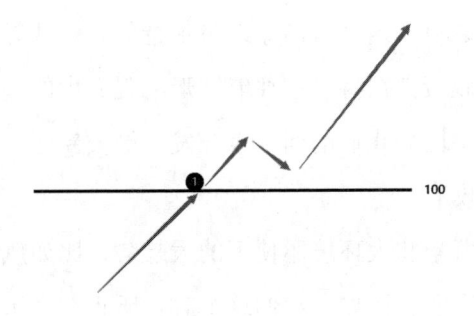

图1

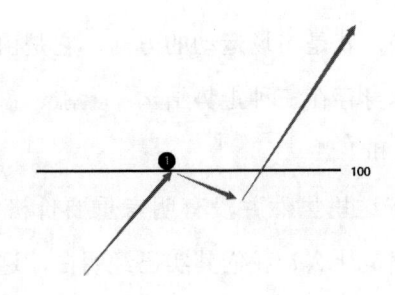

图2

求败：本段内容，可以说是利弗莫尔经典中的经典。文中揭示了三个重要的核心点。

第一点，"市场运作，总是领先于现状6个月。"这句话虽然只有短短的几个字，却足以说明一个重要的东西。通俗点儿理解，市场运作是什么？说白了，就是吸筹过程。现状，是什么？就是目前股票的当下走势。这句短短的话中，揭示了股票的运作周期。

第二点，"在这些重要的价格波动背后有一股不可抗拒的力量。"那么，这股神秘而强大的力量究竟是什么？那就是趋势的力量。我总结趋势大致可以分为三种类型：

政策性趋势。这种有国家政策加持的行业或者个股，有国家强大的意愿和政策性扶持，往往能够形成强有力的趋势行情，短期内是不可逆的。比如我们的西部大开发，雄安新区，上海自贸区等等国家级重大政策。

大时代背景和大环境驱使下的大趋势，比如风口，赛道和正在崛起的朝阳产业。比如，我们这个时代所正在经历的新能源汽车，人工智能等等，都是时代所酝酿出来的，并在当下和未来能够改变甚至引领时代潮流的产业。

第三种趋势，就是市场运动的方向，它是由事物本身的结构所决定的。股票本身存在三种走势结构：上涨、盘整和下跌，而趋势只有两种：上涨和下跌。

利弗莫尔在这里虽然并没有明言重要价格波动背后这股不可抗拒的力量到底是什么？我们其实已经明白，这种神秘且强大的力量，就是趋势的力量。这种力量，是不以个人意志为转移的，"顺势而为"方为正道。

第三点，利弗莫尔隆重揭示了"最小阻力位"理论并以实战

附录：关于杰西·利弗莫尔

讲解了最小阻力位的实际运用，这无疑是对资本市场一个重大的贡献。前文中，我们已经讲过了阻碍股价上行的三个要素：

> 恐慌盘
>
> 获利盘
>
> 套牢盘

关于人气的作用

股票炒作的基本原则，是要拉抬股价以便卖出。

炒作旨在激活市场，以便能以理想价位抛出股票。这是一种利用大盘作为媒介的广告艺术，目的是让股票看起来走势强劲且健康。基恩之所以成为杰出的作手，是因为他从一开始就遵循原则，让股票真正强劲。炒作本身并无不当，只要不恶意误导。炒作者需寻找愿意冒险的买主，但失败者常将责任归咎于炒作者。炒作目的是将股票以最佳价格卖给散户，分散持股对市场更有利。成功地炒作需要引诱散户接盘，否则无意义。

要让股票上涨，首先要让它真的涨起来，通过活跃交易吸引关注。大盘是最强宣传工具，让股票热门可达到宣传效果。场内交易商喜欢活跃股票，会随着股价上涨而买入，成为炒作助力。

我会炒热股票吸引投机者注意，随着买盘增多，我会逐步卖出股票。当需求减弱，股价停止上涨，我会等待时机。如果股票下跌，我会通过回补空头支撑股价，阻止恐慌性抛售。

我通过在高价时做空积攒空头，以无风险购买力支撑股票。我的任务是拉抬股价或卖出大宗股票，为自己赚钱，不依赖客户资助。

炒作的关键是将股票炒至高位后分散出货。当买盘不再推高股价时，我会停止买入并开始卖出。炒作中，我始终遵循最小阻力方向操作，与普通交易者无异。一旦股票表现出乎意料，应立即停止炒作，避免损失。炒作中，我始终牢记自己是普通交易者，面临的问题与其他人相同。炒作的目的是激活市场，以最有利价格脱手持股，同时避免亏损。

求败：这部分内容，利弗莫尔把炒作的目的和炒作的手段或者说方式，说的非常直白，非常通透。

炒作的目的，很简单，就是激活市场，让自己能够在某个合理的价位卖出自己的筹码，股票也是如此，就是以最好的价格卖给散户。

而炒作的方式，就是通过利用大盘作为传播媒介起到广告宣传的作用，让股票活跃起来，且一路上涨，而且要让这只股票走势非常强劲，让这只股票变成大热门，达到足够吸引市场交易者的目的。此时，股票的交投最为活跃，且成交量最大，出手也最容易，进而达到出货的目的。

关于内幕消息

无知、贪欲、恐惧和过度的希望都是投机者的死敌。世界上所有的法规和交易规则都无法消除人类的这些本性。

我从不依赖内幕消息，对股市也持谨慎态度。我认为依赖内幕消息交易是愚蠢的，那些人像醉鬼一样沉溺于自己编织的幸福之中，他们被希望束缚，相信奇迹。华尔街专家都知道，内幕消息会

附录：关于杰西·利弗莫尔

让人快速破产，比任何灾难都彻底。

成功没有捷径，依靠内幕消息只会堵塞前进的道路。要在股市立足，必须对自己的判断充满信心。如果依赖别人的内幕消息，就会对他产生依赖，一旦他消失，我将无所适从。依靠别人的指示是永远赚不了大钱的。

经验告诉我，相信自己的判断比依赖内幕消息更能赚钱。这是个聪明人的游戏，我花了五年时间学会靠自己的判断进行明智投资，这是赚大钱的唯一途径。

求败：我本人是极度厌恶内幕消息的，因为我深知，无论消息有多重磅，多神秘，一切的走势只能够反映在走势结构当中，而作为交易者，我唯一且只能信任的就是通过眼睛看到实际的走势，从而为我的交易提供唯一有价值的帮助。

关于交易

我的头脑，只关心交易问题。

我的经验告诉我，只有在确信自己正确时才出手，这样通常能赚钱。我亏损的原因是未能坚持交易原则：在市场信号出现前不采取行动。成功需要把握时机，但我那时并不懂这一点。这也是许多华尔街投机者失败的原因。"华尔街傻瓜"认为他们需要不停地交易，但没有人有理由天天买卖股票，也没有人能保证每次交易都是理智的。

我深有体会，当我根据经验仔细分析市场，谨慎操作时，我就能赚钱；而当我频繁交易时，就像没头苍蝇一样，必然会亏钱。在交易大厅里,我进场的欲望常常压倒了理智。频繁交易是盲目的,是许多专业投机者亏损的主要原因。他们把股票交易当成了固定收入的工作,总觉得每天应该赚些钱回家。

我那时还年轻,不懂后来学到的东西,也不知道15年后的经历会让我大彻大悟。20年后的我会耐心等待,直到股票上涨30个点后才安全地买进。

普通的投机者太专注于股票的小波动,而真正的投机应该是关注大趋势。普通股民天天关注股市,却看不透一周的行情,而专业的投机者却能预见一年的行情。熊市和牛市由大势决定,交易者的任务是分析市场大势。

赚大钱要靠大波动,而不是短期波动。要判断个股和大盘的长期趋势。明白了这一点,我就向前迈进了一大步。

股票交易的基本原则是:上涨时不要问为什么,持续买进自然会推动股价上涨。如果股价经过长时间上涨后突然回档并开始下跌,即使偶尔有小幅反弹,也表明最小阻力方向已经从上涨变为下跌。情况就这么简单,没有必要寻求解释。知情人是少数,他们不会透露真相。股民应该认识到这一点。

关于关注和专业

"利弗莫尔,别想着在你所从事行业以外的地方赚到钱。"

一个人长期从事某个行业,会形成一种习惯性的态度,这让他与普通人不同。专业人士与业余人士的区别,就在于这种态度的不同。在投机市场上,一个人是赚钱还是赔钱,取决于他看待事情的态度。普通人往往认为自己的操作只是游戏,思考不深刻;而专业人士则追求正确行事，认为只要做对事情，赚钱是自然的结果。投机者应该向职业大玩家学习，有远见而不是只看重眼前利益。

我从不与人合伙，总是独自交易，依靠自己的判断赚钱。股价的涨跌不依赖于朋友或伙伴的帮助，因此我不需要告诉任何人我的交易。我有许多生活上的朋友，但在股票交易上，我总是独自一人，因为这是一个人的游戏。

从对赌公司开始，我就独自交易，这样我的思维才能充分发挥。我必须独立观察，独立思考。当股市朝有利方向发展时，我感受到了基本行情这个最强大的盟友。尽管它有时反应迟钝，但只要耐心等待，它总是可靠的。我依靠逻辑分析而非行情分析能力或时机预感，这让我赚了不少钱。

我一生的事业都在华尔街，我还没有在华尔街以外的地方赚到过钱。我用华尔街赚来的钱投资其他事业，却赔了不少。我曾想投资佛罗里达州的房地产，结果遭遇经济泡沫；也曾投资石油钻井、飞机制造以及基于新发明和高新技术的产品，但常常是投多少赔多少。

有一次，我想说服一位朋友帮我投资实业，但他听了我的计划后建议我不要在非专业领域投资。他说如果我需要5万美元投资，他会选择我擅长的领域，而不是实业。这让我意识到，我应该专注于自己擅长的领域。

关于人和人性

一个人要想在投机交易中有所作为，就必须彻底了解自己。

市场当时对我非常有利，我的判断也是正确的。赚几百万的机会就在眼前，但我却让感激之情影响了操作，受丹·威廉斯的建议制约，这比与亲戚共事更加让我感到不自在。亏损后，我总是后悔，想象情况本可以不同，这种情绪让我心烦意乱。我意识到投机者很容易暴露弱点。尽管在丹·威廉斯公司我的做法可以理解，但作为投机者，我让违背自己判断的看法影响了操作，这是不明智的。感恩是美德，但在股市上不适用，因为市场不会因为你的忠诚而奖励你。尽管如此，我也不会仅为了股市交易就改变自己感恩的本性。但生意终究是生意，作为投机者，我应该坚持自己的判断。

亏损并没有困扰我，我总认为可以从中学到东西，视之为交学费。投机者有很多种，大多数人关注公司的存货、收入等数字资料，而少数人会关注人的因素。我认识的一位最高明的投资者，是一个德裔宾夕法尼亚人，他只相信自己的研究和观察。

他曾持有艾奇逊—托皮卡—圣菲铁路公司的股票，但后来因为对公司总裁挥霍的管理风格感到不满，决定卖出股票。与之形成鲜明对比的是特拉华—拉克万纳—西部铁路公司的总裁山姆·史隆，他的节俭和效率给这位投资者留下了深刻印象，使他决定全力买进该公司股票，结果证明这是非常成功的投资。艾奇逊—托皮卡—圣菲铁路公司后来破产，而特拉华—拉克万纳—西部铁路公司的股票让他的股本翻了一番又一番。

这个故事的动人之处在于它的绝对真实性，以及这位投资者在特拉华—拉克万纳—西部铁路公司的投资远超过他在其他股票上的成功。

求败：交易，是一件需要足够专注且专业性的事业。不仅要专注市场和行情，更要专注于自己本身。

"龍图腾"的格言就是："龙头，我们专注，但，我们更专业。"